JN061371

ブッダ臨終の説法

完訳 大般涅槃経

4

田上太秀
Tagami Taishu

大法輪閣

まえがき

本書は『大般涅槃経』第三十一巻から最後の第四十巻までの現代語訳である。品名では師子吼菩薩品、迦葉菩薩品、憍陳如品の三品にまたがる。南本でも同じ品名に相当する。（既刊の第一冊の一八―二〇頁を参照されたい。）

本現代語訳は十巻を区切りとしているため、師子吼菩薩品は前冊から継続していて、本書は師子吼菩薩品第十一の五から始まる。

本書の第四十二章から第四十四章まではブッダと師子吼菩薩との対話である。ここではブッダになる可能性（仏性）を説き、その可能性が私たちの身体に内在することをどうしたら知ることができるかを説いている。

次の四十五章から第五十六章まではブッダとカッサパ（迦葉）菩薩との対話である。

ここのハイライト部分は第四十八章である。ここに種々の難問についてブッダが明快な解答を与えている。また、第四十九章の乳とヨーグルトの因果関係に関する内容はこれまでの『大般涅槃経』の説明と同様に本経典の特色といえよう。最後にブッダはカッサパ菩薩に真の仏道修行を説き、これによってブッダになる可能性を見ることができると教えている。言ってみれば、この部分は本経典の結論になろう。

第五十七章から第五十九章はブッダの最初の弟子となったアンニャー・コンダンニャ尊者とブッダとの対話である。対話とはいっても、ここの大部分は九人のバラモンとの対論を記述したものである。今日的内容を含み、仏教思想の根幹を教えていて、種々な喩えを駆使した説法は現代人の考え方に刺激を与えるだろう。

本書にも前三冊と同様に高度な内容が多く見られるが、読者には、適切な、そして日常的な比喩に助けられて理解する上でさほど困難を感じられないのではないかと考える。

今回も本書が刊行されるまでに桑室一之氏、ならびに井上敏光氏にたいそうお世話になった。また、本書をもって『大般涅槃経』（北本）四十巻を完訳したことになるが、予定された一九九七年九月に最後の第四冊を刊行していただけたことは、大蔵出版の皆様、ならびに直接担当された桑室一之氏、井上敏光氏などのご援助によるもので、心から感謝を申し上げる。

平成九年二月三日

訳　者　誌す

お詫び　本文中に性差別や障害者差別など人権差別にかかわる表現がみられ、それらはもとより削除されるべきであるが、翻訳書の性質上、内容をありのままに伝える意味で、削除しないで刊行したことをお許し願いたい。

新装再版に際して

この翻訳書が刊行されてから二十年あまり経ちます。出版当時は大学の講義や研究などのほかの所用も多く、原稿の校正をひとりで行ったために目が届かないところが多々あった。それでも大蔵出版の編集部では大目に見て下さり、出版して下さった。

このたび大法輪閣編集部から新装再版したいとの申し出があり、改めて原本を読み直して翻訳文や語彙の表現に訂正する箇所がかなりあった。

新版時とおなじような作業となり、編集部の石原英明氏にはほんとうにご面倒を掛けてしまった。ここに心から感謝の意を表したい。

令和四年四月三日

田上太秀

ブッダ臨終の説法④

目　次

装幀　山本太郎

凡例

1、現代語訳の本書の題名「ブッダ臨終の説法」は原典の題名「大般涅槃経」（大いなる完全な死についての経）とはかけ離れているが、経典の内容を汲んで臨場感を出すためにつけた。

2、涅槃の語には種々の訳語があるが、本書では「妙寂」と訳した。現代の国語辞典などでは、「妙」に不思議な、深奥な、言葉に尽くせないなどの意味があると説明し、また「寂」は相対の世界を超えた安らぎの境地とか、ひっそりした静けさの漂うさまとか、僧の死とかの意味を持つとある。現代語辞典で理解できる範囲の言葉を使うとすれば、「妙寂」が解りやすい。

3、会話文では、大括弧は「　」で、その中の会話文は『　』で区切りを付けるのが一般的であるが、本書ではこれを逆にした。ブッダの会話部分が長く、箇所によっては数ページにも亙ることがあるために、大括弧を『　』に統一した。また、（　）は訳語の原語・漢訳語を表わす。〈　〉は自分の思念している文や独り言の文を表わす。

4、人物名の訳はパーリ語・サンスクリット語・漢語などで表わされていて統一していない。有名な人物、たとえば舎利弗をパーリ語で表わすとサーリ・プッタであるが、この表現は我々にはなじみがなく、『般若心経』や他の有名な経典では「舎利子（しゃりし）」「舎利弗（しゃりほつ）」の呼称が知られている。本書では舎利子で表わした。目連の場合も原語の表示では舌をかみそうな名前で我々にはなじまない。彼の場合も目連と訳した。このように、わが国でいささかなりとも仏教の知識を持つ人たちに知られている人物に関しては原語の呼称はさけた。また、カタカナ表示の場合、パーリ語かサンスクリット語のいずれかに統一することが研究者の良識であるが、ここではそれをあえて避けた。たとえば「迦葉」をパーリ語ではカッサパ、サンスクリット語ではカーシャパと表示するが、我々の発音ではこの場合、パーリ語の「カッサパ」が受け入れやすい。したがって本書では「カッサパ菩薩」と表示した。このように我々が発音しやすい、そして抵抗なく読み進むことができるようなカタカナ名にした。

5、本文の上部にある、たとえば 123a、123b、123c の表示は大正大蔵経第十二巻のそれぞれ「一二三ページの上段、一二三ページの中段、一二三ページの下段」という意味である。

6、本書は厳密にいうと四十巻本『涅槃経』の完訳ではない。文中、前後の文章のつながり、あるいは文体の流れなどの上から、どうしてもだれかが説明のために挿入したとしか考えられない部分、あるいは現代人が読んでもまったく意味がないと思われる部分、また、会話体でやりとりする部分で同人物が何度も繰り返される部分などは原文の数行を割愛したところがある。

解　説

各章のあらまし

第四十二章では、心を慎み、静かに保ち、世間の動き、そして自らの行ないを正しく観察すること、そしてブッダになる可能性、業、そして業の果報などについて深く、そして正しく理解することの重要性を叙述している。

ブッダになる可能性を見るには、正しい注意と正しい理解を習得しなければならないと述べ、その可能性を見たら、その時、妙寂を得るという。さらに妙寂を得て、ついには無一物の境地に達するのであるが、経典はその無一物の境地に達するには信心を具足すること、正しい習慣を具足すること、善い友だちと親しくなることなどの他七種の事を成就すればいいと教える。その内容はごく日常的な項目をあげており、無一物の意味がなにも所有しないという意味でない点に注意しなければならない。

次に妙寂を得るためにさまざまな善行を積むが、人の行為は善行だけでなく、悪行も積む。そこで業（行為）の問題が説かれる。ここでは業に必ず結果をもたらす業と、結果をもたらすことが不確かな業があるという。ブッダは業の果報は衆縁和合によってうけるものであるから、決定した果報と不定の果報があると説いている。とくに種々の比喩を用いて説法しているので理解しやすい。

第四十三章の中心的内容はガンジス河で沐浴しながら追剥ぎを恐れる人、また、花を摘んでいるうちに河に入る人などの例を挙げて、七種の人がいると説くものである。

これは生死の大河の七種人の喩えであると説き、この七種人の喩えはこの経典の最終巻まで説き継がれている。この『大般涅槃経』は大乗経典であるのに八正道の実践を強調しており、この章で八正道はブッダになる可能性を見るための修行だと述べている。

さらに五蘊とブッダになる可能性との関わりを種々の喩えを用いて説く。ここでブッダは「ブッダになる可能性は肉体ではないが、肉体を離れてはない。また、五蘊ではないが、五蘊を離れてはない。……五蘊を離れて別の実在があるだろうか」と説いている部分は注目すべきである。

第四十四章は菩薩、妙寂の教え、ブッダの誕生の三つについて、これらは俗人の思量をはるかに超えた不可思議の領域であると説いている。そして菩薩に十六の不可思議、妙寂に八つの不可思議があるという。

第四十五章、第四十六章の二章ではブッダの侍者であったスナカッタ僧の行状をカッサパ菩薩に説明し、彼こそ一闡提であると述べる。ブッダは「彼は世間に因果の道理はなく、業なんてないと言ったためにまったく善根をなくしてしまった。彼は一闡提という下賤の人になりさがった。地獄に永久に住むと予言していい」と述べている。

第四十七章では方便説法の具体的例を詳細に説いている。たとえば一つの名称を種々の名称で言い換える例、一つの意味を表わすのに多種の呼び名で表わす例、多種の意味を多種の名称で表わす例など、あるいは全体の内容を簡略に説いたり、簡略に説きながら、全体の内容を示唆したり、第一義を説きながら世俗の真理を、世俗の真理を説きながら第一義を示唆したりする例などを比喩を用いて説いている。

第四十八章では目次にあるとおり、当時インドの仏教界で問題となっていたであろう問題を挙げて、これについてブッダから解答を引き出している。

第四十九章に、ブッダは「ブッダになる可能性は中道である。感覚器官でもなく、感覚器官の対象物でもない。だから中道である」、「ブッダになる可能性は内のものでもなく、外のものでもない。内のものであり外のものである。これを中道という」と述べている。二つの極端を離れた歩み、考え方が中道と一般には理解されているが、ここの中道はブッダになる可能性と絡めて説いている点が興味深い。さらに乳とヨーグルトの関係を挙げて、中道を説いている点も注目すべきである。

第五十章は、ブッダは人々に対していかに配慮して説法しているかを述べている。具体的に、原因についての言葉、結果についての言葉、因果についての言葉、喩えについての言葉、道理に合わない言葉、世間に流行している言葉、随意の言葉など七種の言葉の使い分けをしている例を詳述している。

第五十一章には、再びガンジス河の七種人の喩えを引き、種々の人物像を挙げて説く。とくに後半に七種人の各各に男僧、尼僧、そして信者の実名を相当させて説明しているところは面白い。

第五十二章ではガンジス河の七種人を引いて、いわゆる四沙門の聖者が七種人のいずれの人に相当するかを述べている。

第五十三章では、虚空についての諸説を紹介している。そしてブッダが「ブッダになる可能性は虚空と同じである」と説いたことへの人々の誤解を解くために、「虚空は無であるから、内にあるものでもなく、外にあるものでもない。ブッダになる可能性は恒常であるから、内にあるものでもなく、外にあるものでもない。だからブッダになる可能性は虚空のようである」と説いている。

第五十四章は、世間と争わないブッダを叙述している。ブッダは世間と争わないことにしたとカッサパ菩薩に告げた。その理由として世間の知慧者があると説けばあると説き、ないと説けばないと説くことにしたからだと述べている。そこでカッサパ菩薩が世間と争わないようになるにはどうすればよいかと訊ねた時、ブッダは、信心を持つこと、正しい習慣を守ること、善知識と親しくなること、物事をよく思慮すること、なに事にも努力すること、教えられたことを正しく記憶すること、正しく理解すること、正しい言葉を使うこと、正法を好むこと、人々を憐憫することの十項目を学ぶことにより、世間に染まらない、世間と争わなくなると説いている。

第五十五章では、煩悩の種類と煩悩が起こる原因と結果について説く。ブッダが「カッサパ菩薩、一つの器の中に入っている種々の種子が水や雨を注がれると各々芽を生じることと同じで、人々も同じである。器は一つであるが、渇きに似た欲望のはたらきによって種々の煩悩を増長する」と説いているところはみごとな喩説ではないか。

第五十六章は、この経典の結論となるところで、ブッダになる可能性、妙寂を得るための修行を詳しく説いている。欲と感覚作用をいかに制御し、業についての理解、十二種の因果関係を熟知すること、そして仏道は三十七種の修行に尽きることを説いている。

この章で最も注意すべき言葉は、「世尊、仏道修行とはなんですか」とカッサパ菩薩が訊ねたのに対して、ブッダが「カッサパ菩薩、万物がそれである」と答えたところである。カッサパ菩薩はこの意味がすぐに理解できなかったので、その趣旨を問うた。そこでブッダは次に種々の比喩を用いて説明するが、この部分は何度も熟読すべきであろう。

第五十七章はブッダとバラモンたちとの対論が紹介されている。

まず、闍提首那（じゃだいじゅな）というバラモンとヴァシシタというバラモンがブッダの妙寂常住説を論難する。両者の質問は同じであり、ブッダの両者に対する解答は同じであるが、説き方に違いがある。

次にセーニカというバラモンは霊魂の有無についてブッダと対論する。次のカッサパというバラモンは身体は、命そのものか、命とは別異のものかについてブッダに質問して対論する。

プラーナというバラモンは世界は恒常か無常か、有限か無限か、身体が恒常か、命が恒常か、ブッダの死後はあるのかないのか、などについて質問して対論する。清浄というバラモンもプラーナと同じ内容の質問をするが、答えの意味は同じであるが、説き方が異なっている。

ヴァッチャゴッタというバラモンは世間に善と不善という区別、善といわれるもの、不善といわれるものなどについて教えてもらいたいと質問し、対論する。

つづれ着のバラモンといわれる人物は煩悩によって人は再生するとブッダが説いているのに対して、身体と煩悩の先後関係はいかにと問うた。

次の弘広というバラモンは八正道は煩悩をすべてなくす効力を持っているかどうかを訊ねる。

第五十八章はブッダの臨終に際し、従弟の阿難尊者がいなかったのか、阿難尊者を探して呼び寄せてくるようにアンニャー・コンダンニャ尊者にブッダが頼む場面が描かれている。そして阿難尊者は二十有余年ブッダの侍者として付き添い、修行したが、その間八不可思議を身に付けたとブッダが称える。阿難尊者を多聞第一と呼ぶに至った理由を述べている。

第五十九章は、百二十歳という高齢のスバドラというバラモンが業の報いがどのような形で来世に現われるか、そして解脱はどのようにしたら得られるかを質問したのに対して解りやすく説明している。

そこでブッダはものの真実を観察する心を持ったら、苦の生存を断つことができるといい、そのものの真実を観察する心とはいわゆる不思量の思量であると説いている。その不思量の思量についてさらに詳しくブッダは説き続ける。

法数一覧

それぞれの法数については、本文を読むうえで予備知識程度の簡単な説明に止どめ、詳しいことについては仏教関係の辞書で調べられることを望む。

一乗（いちじょう）　原語では一つの乗物という意味であるが、一はすべてを統一した「全」という意味がある。そして乗は「教え」という意味である。したがってすべての教えを統一した、包含した、総合した、完全な教えという意味で、別にブッダの乗物、あるいはブッダの教えと理解されている。

一味（いちみ）　文字どおりひとつの味、それは塩味のことをいう。あらゆる河川の水は大海に流れ込み、みな塩味になってしまうところから、このようにすべての事象も真理も帰するところ無差別であり、平等であることを表わす言葉。

一子地（いっしじ）　一人っ子を愛する親の心に似た、すべての人々に対するブッダの慈愛の境地をいう。

二根（にこん）　男性の生殖器と女性の生殖器の二つをいう。

二十五有（にじゅうごう）　三界、あるいは六趣を二十五種に分類したもので、生類が住み、輪廻する領域を細分化したにすぎない。神話のなかで作られた世界観であり、現実となんの関わりもないので、詳細は省く。

二乗（にじょう）　乗はもと乗り物という意味だが、仏教用語では人々を悟りに導くために用意された教えを喩えたもの。これに声聞乗・縁覚乗・菩薩乗の三乗があるが、このなかで前の二つを菩薩乗に劣る乗り物として二乗と蔑称する。

二辺（にへん）　対立する二つの極端な見解のこと。たとえば有と無、得と失などをいう。宗教的には苦行主義と快楽主義の対立、来世の存在を認めるか認めないかの対立など。

三悪（さんあく） 三悪道のこと。

三悪身（さんあくしん） 三悪道に堕ちることが決まっている身体のこと。

三有（さんう） 三界のそれぞれの生存領域のことで、有とは生存の意味。三界の生存の言い換え。

三界（さんがい） 生類が生死を繰り返し輪廻する迷いの世界を三つに分けてみた世界。さまざまな欲望が渦巻く領域とこれより少しましな、婬欲と貪欲を離れた生類が住む領域と、これよりましな、物質欲を離れ、高度な精神的境地に達した生類が住む領域の三つの世界をいう。

三帰（さんき） 三宝帰依の略。ブッダ（仏）・教え（法）・修行僧の集まり（僧）は仏教教団の柱にあたるもので、これを宝石に喩えて三宝という。これを頼りにし、心の支えにして信仰することを三帰、また三帰依という。

三垢（さんく） むさぼり・怒り・おごりの三つをいう。これらは三毒ともいわれる。

三結（さんけつ） 聖者の流れにはいった人が断つ三つの煩悩のこと。結は煩悩をいう。我見と、誤った習慣を解脱のもとになると考えること、正しい道理を疑うことの三つをいう。

三業（さんごう） 身口意（しんくい）の三業といい、体で行なうこと、口に言うこと、心に思うことの三つのはたらきをいう。それぞれが善いことを行なえば三善業といい、悪いことを行なえば三悪業という。

三三昧（さんざんまい） すべてのものには私とか私のものはなく、空であると観察する三昧（空三昧）、空であるから、ものには差別する特徴はないと観察する三昧（無相三昧）、特徴がないから、願いも止めるべきものはなにもないと観察する三昧（無願三昧）の、三つの三昧。

三十二相八十種好相（さんじゅうにそうはちじゅっしゅごうそう） ブッダに備わる偉大な、すぐれた特徴を挙げたものである。三十二相は主となる瑞相で、八十種相は副となる瑞相。一般には三十二相で表わされ、三十二大丈夫相、三十二大人相という表現もある。興味あるものを挙げよう。全身の毛が一つ一つ右巻きになっている。眉間に白い右巻きの毛がある。目が青い。歯が一般人より八本多い四十本もある。舌が広く、長く、顔を覆い、耳にまで届く。男性であるが、男根が馬のように隠れている。（童貞の意味か）

三請 ブッダは相手が質問した時に、それにすぐに答えず、三度同じ質問をして願い（要請）出たところで、おもむろに答えたといわれる。これを三度の請いという。

三障 煩悩の障りと悪業の障りと悪業の報いの障りの三つをいう。詳しくは原典四二八cに説明されている。

三乗 三つの乗物、あるいは三つの教えという意味。三つとは声聞（教えを聞くことをたのみにして修行している者）、縁覚（悟りを独り占めにして、味わっているブッダ）、菩薩（病める衆生の救済を生きがいとして、修行に明け暮れる者）の三様の修行者の教え、あるいは生き方。

三塗 地獄・餓鬼・畜生の三悪道をいう。三悪趣ともいう。

三千大千世界 仏教神話にある世界観で、今の太陽系を一世界としてこれを千個集めたものを小千世界、小千世界を千個集めたものを中千世界、中千世界を千個集めたものを大千世界といい、この三つを総称して三千大千世界という。この三千大千世界が一ブッダの教化領域といわれる。

三尊 一般にブッダと縁覚（孤独なブッダ）と阿羅漢（ブッダにつぐ聖者）の三人をさすが、涅槃経では三宝をさしている。

三点 ブッダの教えそのもの（法身）・知慧（般若）・解脱の三つが一如である意味をサンスクリット語

の悉曇文字形で表わしたもの。

三病人　一、治療しやすい病に罹った人、二、治療しにくい病に罹った人、三、治療が不可能な病に罹った人の三つをいう。

三宝　ブッダ（仏）・教え（法）・修行僧の集まり（僧）は仏教教団の柱にあたるもので、これを宝石に喩えて三宝という。

三法衣　三衣ともいう。僧侶が個人で所有を許された三種の衣。大衣と七条衣・五条衣の三つ。大衣は正装の衣服で托鉢に出かける時や王宮に招待された時に着用する物。七条衣は礼拝や聴講や反省会などの時に着用する物。五条衣は日常の作業や就寝の時に着用する物。

三悪道　六趣（六道）のうち、地獄・餓鬼・畜生の生類の住む世界のこと。これら三つの世界は生類の世界でももっとも厳しい苦しみを受けるところであるが、それは極悪行を重ねた者だけが生まれ変わってくるところであるために、悪道と呼ばれている。

三無為　三つの不変の原理。虚空と、知慧によって得たニルヴァーナと、未来に生じるべき条件が欠けて、再生することがない状態との三つ。

三漏　本能的欲望によって起こる煩悩と生存への執着によって起こる煩悩と道理への無知によって起こる煩悩の三つの煩悩をいう。漏は心の汚れというほどの意味。

四果　上座部仏教では修行の段階を四つに分けて考える。果はさとりのことをいい、聖者のさとりを段階的に四つに区別したものである。聖者の流れにはいった人のさとり、欲の世界に一度だけもどり、そこから再び修行生活に入り、さとりにはいった人、決して欲の世界にもどることなくひたすら最高のさとりを求めて修行する人のさとり、次にすべての煩悩を断ち切り、最高の聖者の位に達した人のさとりなど四つがある。最後の聖者を阿羅漢という。

四過 言葉の上で四つの過ちをいう。二枚舌・悪口・嘘・べんちゃらの四つで十悪のなかに数えられる。

四海 古代インド人が考えた神話における世界の中心となるスメール山（須弥山）を囲む四方の大海をいう。

四事 本経典では飲食と衣服と寝具と医薬の四つのことで、これらは修行僧の必需品である。

四食 一、段食とは肉や野菜などの実際の食べ物、二、触食とは感覚によって身体を保持、維持するもの、三、思食とは思想や希望などによって身体を保持、維持するもの、四、識食とは心によって身体を保持、維持するもの。

四沙門果 修行者が修行を積んで到達するさとりの境地の四段階をいう。沙門とは仏教の修行者のこと。果はさとりのこと。さとりとは修行の果報として得るもので、現代語訳すれば「理解」と訳すことができよう。

四趣 三悪道にアスラ（阿修羅）の住む領域を加えたもの。

四衆 四部衆ともいう。男の出家者（比丘）、女の出家者（比丘尼）、男の在家信者（優婆塞）、女の在家信者（優婆夷）をいう。仏教教団を構成するメンバーのこと。

四重禁 四重罪・四波羅夷罪ともいう。女性と通ずること、盗み、殺人、聖者であると偽ることの四つをいい、これを犯すと教団から修行者は追放される。

四種果報 一、黒黒果報、二、白白果報、三、雑雑果報、四、不黒不白不黒不白果報。詳しくは原典の五八五cを参照されたい。

四種天 四種の天のことで、原典の四九四bを見よ。

四種比丘 一、最後に仏道を極めた比丘、二、仏道を教えるだけの比丘、三、仏道を守ると誓っただけの比丘、四、仏道を汚す比丘。

四種無 一、まだ生じていない時の無、二、消滅してしまっている時の無、三、各々が異なって相似のものがない時の無、四、極まってない時の無。

四姓（ししょう） 一般には「しせい」と読まれる。インドの四つの階級をいい、一般には「四つのカースト」として知られる。

①バラモン（バラモン教の司祭者）のカースト
②クシャトリヤ（王族）のカースト
③ヴァイシャ（庶民）のカースト
④シュードラ（奴隷）のカースト

四生（ししょう） 生類の生まれ方に胎生・卵生・湿生・化生の四種類あるとする。胎生は哺乳動物のように子宮から生まれるもの、卵生は魚や鳥などのように卵殻から生まれるもの、湿生は湿気のある処から生まれる虫など、化生は突然になにもないところから生まれるものである。

四正勤（ししょうごん） 四つの正しい努力という意味。すでに生じた悪を除こうと努力すること、悪を生じないように努力すること、善を生ずるように努力すること、すでに生じた善を増長するように努力することなどの四つ。これらはさとりを得るための修行方法の一つである。

四聖諦（ししょうたい） 四諦とも表わす。諦とは真理という意味。したがって四聖諦とは四つのすぐれた真理ということ。仏教の根本教説で、世間のあらゆる生存はみな苦であること（苦諦）、その苦なる生存を起こす原因は、のどの渇きに似た飽くなき欲望であることと因果道理について無知であること（集諦）を認識して、この生きざまに比べて理想とすべき生きざまはなにかを説き、欲望を鎖（しず）め、ものの道理を正しく観察してとらわれのない境地にいたること（滅諦）、そしてその境地にいたるために正しい修行を修めるべきであること（道諦）を説いたもの。

四真諦（ししんたい） 四つの真理（四諦）のこと。

四禅（しぜん） 三界のなかの一つで、欲界の上で清浄な世界といわれるが、まだ物質性が残っているところという。

瞑想によって達せられる境地を象徴するものを四つに分けていると考えられているが、今日、この境地をいくら説明しても、わが国ではだれも経験していないのでどんな境地であるかを知るよしもない。

四大（しだい） 大とは要素という意味。地・水・火・風の四つをいう。

四大毒蛇（しだいどくじゃ） 四毒を蛇に喩えたもの。四毒の項を参照されたい。

四顚倒（してんどう） 顚倒とは逆さまに見ることで、四つの誤った考えや生き方をいう。本文中に説明があるので省く。

四天王（してんのう） 四王天、あるいは四大天王ともいう。古代インドの神話に出る守護神であったが、仏教に取り入れられてブッダに帰依して守護神となった。東方は持国天（じこくてん）、南方は増長天（ぞうじょうてん）、西方は広目天（こうもくてん）、北方は多聞天（たもんてん）（毘沙門天（びしゃもんてん））が配置されている。

四道果（しどうか） 妙寂に向かうための四種の道であるが、内容は余りにも専門的であるのでくわしいことは省く。

四毒（しどく） 地・水・火・風の四つの要素から身体は構成されるという考えかたをもとに、煩悩は身体から生じることは結果として地・水・火・風から生じるとなる、したがって原典では地・水・火・風は四つの毒と考えた。

四如意（しにょい） 如意とは神通力の基礎という意味。神通力を獲得する基礎となる意欲・思念・努力・思惟の四つをいう。

四念処（しねんじょ） 四念住ともいう。さとりを得るための四つの修行方法をいう。身体は不浄である、感覚は思うようにならない、心は無常である、ものに私の物や私はないなどと観察して、修行することが仏教では求められている。

四暴水（しばくすい） ガンジス河・シンドゥ河・ヴァクシュ河・シーター河の洪水。

四百四病（しひゃくしびょう） 人の身体は地・水・火・風の四つの要素からなっているが、これらがそれぞれバランスを崩すといろいろの病を生じる。風の要素で起こる風病、地の要素で起こる黄病、火の要素で起こる熱病、水の要素で起こる痰病のそれぞれに一〇一病あるといわれ、合計して四〇四種の病があると考えられている。

四兵（しひょう） 古代インドの四種の軍隊のこと。象の軍隊、馬の軍隊、戦車隊、歩兵隊の四つ。

四病（しびょう） 四つの悪欲のこと。原典の五二七aを見よ。

四魔（しま） 人々を迷わせ、悩ませる邪魔者の四つ。魔は善行を妨害するものをいう。

①むさぼりや怒りなど身心を悩ます魔（煩悩魔（ぼんのうま））

②さまざまな苦しみを引き起こす肉体や感覚器官などの魔（陰魔（おんま））

③人々の生命を奪う魔（死魔（しま））

④人々の善行を妨害する鬼神（他化自在天）という魔（他化自在天魔（たけじざいてんま））

四無量心（しむりょうしん） 四無量ともいう。限りない、量り知れない、利他の心を四つ挙げたもの。博愛の心を表わす慈、生類の苦しみへの同情を表わす悲、生類に喜びをあたえ、一緒に喜び合う心を表わす喜、そしてすべての生類を差別なく救済しようとする平等の心を表わす捨の四つ。

五陰（ごおん） 五蘊（ごうん）とも表わす。あらゆる存在を物質と精神との五つに分類したもの。物質一般、肉体を表わす色（しき）、感受作用を表わす受、表象作用を表わす想、意志、あるいは形成作用を表わす行（ぎょう）、そして識別作用を表わす識の五つで、受・想・行・識の四つは感覚器官のはたらきであり、これを総じて心と考えている。狭義には、五陰は我々の身体を構成する要素と考えてよい。

五戒（ごかい） 仏教で制定されている多くの規律のもっとも根本となる規律で、生きものを殺さない、盗まない、嘘をつかない、不倫をしない、酒を飲まない、の五つの規律のこと。

五逆罪（ごぎゃくざい） 五逆ともいう。母を傷つけること、父を殺すこと、ブッダの身体に傷をつけ、出血させること、仏教教団の平和を乱し、分裂させることなどの五つの罪を犯すことをいい、重罪として扱われる。この重罪を犯した人は無間（むけん）地獄という、地獄のなかでももっとも重い罰を受ける地獄に堕ちると仏教経典は揃って説く。

五蓋（ごがい）　心にとって障害となる、むさぼり、怒り、寝ぼけたような無知蒙昧、躁鬱（そううつ）、疑いの五つをいう。

五見（ごけん）　見とはここでは誤った見解という意味。五つの誤った見解とは、身体に実体的自我があり、ものはわがものであるという考え、すべてのものは刹那的であり、また永続的であるという極端に偏する考え、因果の道理はないとする考え、自己の見解がすべてであるとする考え、外道の戒律や誓いをもって解脱できるとする考えなどである。

五眼（ごげん）　ブッダたちが備えている眼のことで、肉眼（人々の苦しみ、患う姿を見る目）・天眼（てんげん）（六趣に住むあらゆる生類の身心の苦しみを見る目）・慧眼（えげん）（人々の心の内容の違いを読み取る眼）・法眼（人々をブッダの教えのなかに導く眼）・仏眼（自由自在な三昧の境地にはいり、解脱の境地を見る目）の五つ。

五根（ごこん）　根とは本来能力を意味するが、一般には感覚の能力、感覚器官をいう。この意味では眼・耳・鼻・舌・身（触覚器官）の五つを指す。別の意味の五根がある。それはさとりを得るための、すぐれた能力である信（信仰）・勤（努力）・念（思念）・定（瞑想）・慧（知慧）の五つをいう。

五事施（ごじせ）　一、物、二、力、三、安心、四、命、五、成し遂げること。

五辛（ごしん）　ニラ・ねぎ・ニンニク・生姜（あるいは山椒）などの臭みのつよい五種の野菜のこと。仏教教団では臭みが強いこと、そして精力がつくことで食することを禁じた。

五塵（ごじん）　眼・耳・鼻・舌・身・意の六つの各々が感覚す

る対象物の色・声・香・味・触・法を六塵というが、この中から法を省いたものが五塵である。六塵の項を参照されたい。

五通（ごずう）　五つの神通力（じんずうりき）のこと。神通力は人力を超えた量り知れない自在力をいい、一般に知られている六神通のうち、飛行・変身などの神通力を除く五つの神通力のこと。

五通仙（ごずうせん）　五神通力を習得した仙人という意味。「五通」を見よ。

五大（ごだい）　地・水・火・風に空を加えた五つの要素。

五道（ごどう）　五道の道は世界を意味する。仏教の世界観では地獄・餓鬼・畜生・修羅・人・天の六種の世界を考えているが、修羅を除いて五道という。

五熱炙身（ごねつしゃしん）　五体、つまり頭・両手・両足を火で燃やし、太陽の熱に炙（あぶ）って苦行すること。仏教以外の異教で行なわれ、今日でもインドで行なわれている。

五比丘（ごびく）　原典では四八八ａと五一四ｃの二ヶ所に出ているが、それぞれ人物が異なる。前者はベナレスの鹿野苑（ろくやおん）において釈尊が悟りを開いた後、はじめて説法した相手で、釈尊がヴァイシャーリーでアーラーラ仙人やウッダカ仙人のもとで修行していたころからの修行仲間。コンダンニャ、ヴァッパ、バッディヤ、アマーナーマ、アッサジの五人。後者は富豪の息子ヤサと彼の友達四人、すなわちプンナ、ヴィマラ、ガヴァンパティ、スバーフの合わせて五人をいう。

五欲（ごよく）　眼・耳・鼻・舌・皮膚の感覚器官が、それぞれ色（光）・声（音）・味・触りなどに接して起こす執着の欲望をいう。また、金銭欲・色欲・飲食欲・名誉欲・睡眠欲を五欲ということもある。

五力（ごりき）　さとりを得るための、すぐれた能力のこと。五根が順次にそれぞれ欺瞞・怠惰・怒り・恨み・怨みなどの五つの障害を克服することをいう。

六牙（ろくげ）　六牙白象（ろくげびゃくぞう）の略。ブッダを懐妊した時、生母マーヤー夫人が六つの牙を持つ白象が胎内に入る夢を見たといわれるところから、ブッダの懐妊を象徴する言葉となった。

六師（ろくし）　六師外道の略。『ブッダ臨終の説法』第二巻三三一頁以下に既に出る。

六趣（ろくしゅ）　六道ともいう。趣も道も世界という意味である。六つの世界という意味で、地獄・餓鬼・畜生・修羅・人・天という六種の生類の住むところをいう。

六種震動（ろくしゅしんどう）　六震ともいう。大地が揺れる種類とその時に起こる音を挙げたもの。横揺れ・縦揺れ・直下型揺れ（湧きだすような揺れ）という大地の三つの揺れの種類、これはドカンという音をともなう地震、ゆさゆさと来る地震、ゴォーという音をともなった地震を加えて六種震動という。これはブッダが説法する時の瑞相を表わす喩え。

六処難（ろくしょなん）　六種の得がたいことをいう。原典の四九九aを見よ。

六塵（ろくじん）　塵とは感覚の対象物をいう。感覚の対象物は人の心を迷わし、汚すものと考えて、鏡の表面に積もる塵に喩え、色・声・香・味・触・法の六つを六塵と仏教では呼ぶ。

六大（ろくだい）　宇宙に存在するすべてのものを合成し、その本質を構成する地・水・火・風・空、そして識（精神的要素）の六つをいう。大は要素という意味。

六大城（ろくだいじょう）　本書第四十章に出る王舎城、舎衛城、サーケータ都、ヴァイシャーリー都、ベナレス都、そしてチャンパー都の六大都市をいう。

六天（ろくてん）　天界は十九天あるが、そのなかでもっとも低い天界であり、人間界とまだ完全に縁を切っていない天界、つまり性欲が少し残っている神々の世界、それを六欲天、また六天という。下から順に四天王三十三天（ここの主は帝釈天）・夜摩天・兜率天（とそつてん）、化（け）楽天（らくてん）・他化自在天をいう。

六入（ろくにゅう）　入とはサンスクリット語でアーヤタナといい、入ってくる処、あるいは入ってくるものという二つの意味に解釈できる。入ってくる処の意味では六入は眼・耳・鼻・舌・身・意の六つのことである。入ってくるものの意味では六入は色・声・香・味・触・法の六つである。

六念処（ろくねんじょ）　仏法僧の三つの柱と布施をすること、正しい習慣を守ること、天に生まれることの三つとをすべて心静かに念じ続けることをいう。これを念仏・念法・念僧・念施・念戒・念天という。

六波羅蜜（ろくはらみつ）**（多**（た）**）**　六度ともいう大乗仏教の求道の人たちが実践すべき修行項目である。波羅蜜多の原語はパーラミターといい、完成・完全という意味である。具体的には向こう岸に渡ったということである。施すこと、正しい習慣を守ること、辱しめに耐えること、怠けないこと、あらゆることに注意すること、道理を正しく理解することの六つが完成されることを教えるもの。

六味（ろくみ）　苦い、酢っぱい、甘い、辛い、塩辛い、淡い、の六つの味のこと。

七覚支（しちかくし）　心の状態に応じて存在を観察する上で注意・方法を七つにまとめたもので、さとりを得るための修行項目。教えのなかから本物を選び取り、偽物を捨てる方法、努力する気持ちを持ちつづける方法、本物の教えを実行する喜びを持続する方法、身心を軽やかに快適にする方法、ものにとらわれる心を捨てる方法、心を集中して乱さない方法などの七つ。

七種衆生（しちしゅしゅじょう）　ガンジス河における七種の人のこと。一、いつも沈んでいる人、二、しばらくは水面に浮いているが、また沈んでしまう人、三、水面に浮いてから、そのまま浮いている人、四、水面に浮いてから四方を見る人、五、見渡してから行く人、六、行ってはまた止まって浮いている人、七、水中も陸上も自在に行く人。

七種果（しちしゅか）　一、方便による結果、二、報恩としての結果、三、近付きによる結果、四、残余としての結果、五、平等な結果、六、果報としての結果、七、遠離による結果。

七種語（しちしゅご）　一、原因についての言葉、二、結果についての言葉、三、因果についての言葉、四、喩えについての言葉、五、道理に合わない言葉、六、世間に流行している言葉、七、随意の言葉。

七宝（しちほう）　「しっぽう」とも読む。七種の宝石のことだが、その種類は経典によって異り、一定していない。一例を挙げると、金・銀・瑠璃（るり）・玻璃（はり）（水晶のこと）・車磲（しゃこ）（貝の一種）・珊瑚（さんご）・瑪瑙（めのう）の七種。

七方便（しちほうべん）　真の聖者（見道）の位に入る前の準備段階の三種の賢者（三賢位）と四種の善根を修める賢者（四善根位）を総称したもの。

七滅諍法（しちめつじょうほう）　教団の争いを鎮めるための七種の決まり。

七漏（しちろ）　悟りを得るために障害となる七つの煩悩。見・修・根・悪・親近・受・念の七つをいう。

八解脱（はちげだつ）　あらゆる煩悩を離れた最高の瞑想の境地（滅尽定（めつじんじょう））に至る八種の解脱。一々についての説明は省略するが、最後の境地になると外界の空間や心境を超越した根源に至り、その根源になる場がつねに現実に示される境界に達するという。要するにもとの境地に戻るようである。

八自在（はちじざい）　八大自在我ともいい、八種の神秘的力をいう。仏教以外の哲学学派で説かれていたのを大乗仏教が取り入れた一、一身を示して多身とする。二、一塵のような身を示して三千大千世界に満つ。三、三千大千世界を満たす身をもって軽く空を飛ぶ。四、無量の形を見せてそれぞれに心を持たせる。五、すべての感覚器官を自在にさせる。六、すべてのものを得ても、如来の心は得たという意識がない。七、一偶の意味を説いて、量り知れない時を経てもその意味が尽きない。八、如来は至る所に遍在して、しかも虚空のようである。

八大河（はちだいが）　経典でいう、スメール山の南に位置するジャンブドヴィーバ（閻浮提（えんぶだい））洲に流れるガンジス河・ヤムナー河・サラユー河・ヒラニャヴァティ河・マヒー河・シンドゥ河・ヴァクシュ河・シーター河の代表的な八つの大河。これらのうち、ガンジス河・シンドゥ河・ヴァクシュ河・シーター河の四つは多くの経典に四河として出る。

八大人覚（はちだいにんがく）　大人（だいにん）とは力量のすぐれた人物のことで、菩薩をはじめとするすぐれた修行者たちをさす言葉。八大人覚とはこれら修行者たちがつねに心がけている、少欲や知足などの八種の事柄をいう。

八背捨（はちはいしゃ）　「八解脱」に同じ。

八部衆（はちぶしゅう）　仏教を守護する八種の神で、天龍八部衆・龍神八部ともいう。

①天　サンスクリット語でデーヴァといい、仏教の経典では神、また、神が住む場所をも意味する。仏教の世界観の一つ、三界、あるいは六趣のなかで最高の場所に位置することで、ここにも低い段階から高い段階へと順序がある。文献によると二十七種の神が住んでいるともいわれる。このなかでもっとも低い段階に住む神が四天王である。

②龍　サンスクリット語でナーガといい、蛇、とくにコブラを神格化したものといわれる。仏典ではブッダを守護し、仏法を聞くものとして八大龍王が挙げられるようになる。『涅槃経』のなかにも龍王の名前が頻繁に出てくる。

③夜叉（やしゃ）　サンスクリット語でヤクシャといい、恐ろしい鬼神であるが、人に恩恵を与える神ともいわれ、森林に住んでいる。水と縁が深い神として知られる。

④乾闥婆（けんだつば）　サンスクリット語でガンダルヴァといい、天国の音楽家である。仏教のなかではこの神は人が死んだあと新たな生を受けるまでの一種の霊魂と考えられた。

⑤阿修羅　サンスクリット語でアスラといい、闘争を好む鬼神といわれる。この神はもとは善神であ

ったが、インド神話のなかで帝釈天の敵とみなされて悪神と考えられた。仏教ではブッダに帰依し、ブッダを守護する神となっている。

⑥迦楼羅　サンスクリット語ではガルダといい、金翅鳥と訳される。これについては人名・動物名一覧を参照。

⑦緊那羅　サンスクリット語でキンナラといい、美声の持ち主で、天国の歌手である。あるいは楽士ともいわれる。姿は半人半獣（頭部は馬、体は人）である。仏教では守護神として知られる。

⑧摩睺羅迦　サンスクリット語でマホーラガといい、蛇神である。仏教の守護神。

八魔　既出の四魔に、世間には常住なもの、安楽なもの、実在のもの、清浄なものはないという四つの誤った見解を加えたものを八魔という。原典の四九七aを見よ。

八万四千　実数ではなく、無数とか一切とかの言葉を数字で表わしたものと考えていい。たくさんという意味。

八味水　甘い、辛い、塩辛い、苦い、酸っぱい、淡い、渋い、見分けがつかないの八つの味の水をいう。これを基にしてブッダの妙寂の教えに常住・寂滅・不老・不死・清浄・無垢・不動・快楽の八つをいうこともある。

八戒斎　八斎戒に同じ。一日一夜に限って男女の在家信者が守る八つの戒め。一、殺生しない、二、盗みをしない、三、交合しない、四、嘘をつかない、五、酒を飲まない、六、装身具を付けたり、化粧をしたり、歌舞をしない、七、ゆったりしたベッドに寝ない、八、昼以降断食する。

八勝処　八解脱を修めた後、自己の内外のあらゆる事象を観察することに熟達し、自在に清浄と不浄の境地を見ることができる状態をいう。

八智　始めて菩薩の仲間入りをした段階で取得した汚

れのない八種の知慧。

八法（はっぽう）　本経典では世間の八法というが、浮き世の八つのならわしというほどの意味。利益と損失、誉れと誹り、非難と称賛、楽しみと苦しみなどの八つ。

九十六種毒虫（きゅうじゅうろくしゅどくちゅう）　毒虫の種類は不明であるが、経典が喩えとして挙げた意図は古代インドに現われた諸宗教、たとえば六師外道それぞれから独立した弟子十五人がそれぞれ唱えた宗教が合計九十六となるので、これを毒虫に喩えたのであろうか。

九孔（くく）　両眼・両耳・両鼻・口・大小便の排泄口の九つの孔。

九部経（くぶきょう）　九分教とも表わされる。十二部経と同じくブッダの教えの全集であるが、これが最初にまとめられて、この成立のあとに教えを追加して十二種の分類が成立したと考えられている。

〔沙弥〕十戒（しゃみ じっかい）　沙弥とは七歳から二十歳未満の出家者をいい、見習い僧である。この出家者たちが守る十種の規律のこと

十相（じっそう）　原典の五二七ａを見よ。

十遍処（じっぺんしょ）　迷いの世界のあらゆる煩悩を離れるための十種の観察法。つまり地・水・火・風・青・黄・赤・白・空・識の十とおりに世間を無二無辺だと観察する瞑想を行なうもの。

十方（じっぽう）　十方世界ともいう。十の方角のことだが、東西南北上下四維と呼んでいる。四維とは東南・西南・東北、そして西北の四つをいう。それぞれの方角に生類が住む領域があるところから十方世界という。

十号（じゅうごう）　ブッダに対する十種の称号。

①如来　修行を成就した人
②応供（おうぐ）　供養と尊敬を受けるに値する人
③正遍知（しょうへんち）　正しく理解し尽くした人
④明行足（みょうぎょうそく）　知慧と行ないが完成した人
⑤善逝（ぜんぜい）　彼岸に渡った人
⑥世間解（せけんげ）　世間を知り尽くした人

⑦無上士　この上ない人

⑧調御丈夫（じょうごじょうぶ）　人々の調教師

⑨天人師（てんにんし）　神々と人々の先生

⑩仏世尊　真理にめざめ、尊敬すべき人

十地（じゅうじ）　最初の段階よりも長く積み重ねた修行の段階にはその内容に大きな違いがある。これは菩薩の修行過程を十段階に分類したものだがブッダの世界に入る最後のステージである。

十時差別（じゅうじさべつ）　一、膜の時、二、泡の時、三、皰の時、四、肉団の時、五、肢の時、六、赤子の時、七、幼児の時、八、少年の時、九、壮年の時、十、老衰の時。詳しくは原典の五八八bを参照されたい。

十善（じゅうぜん）　殺し・盗み・不倫・嘘・二枚舌・悪口・おべんちゃら・むさぼり・怒り・誤まった見解などの十悪を行なわないこと。

十二因縁（じゅうにいんねん）　人々の老いや死を代表とする四苦八苦はいかにして成立するかを考察し、その原因を追究して十二の項目の系列をたてて説いたものである。学派によると、人々が過去に積んだ業によって現在の果報を受け、また現在の業によって未来の果報を受けるという因果の関係を十二に分類して説いたものである。くわしくは仏教辞典を参照されたい。

十二入（じゅうににゅう）　十二処ともいう。十二の拠り所、あるいは場という意味。眼・耳・鼻・舌・身・意の六つの感覚器官とその対象である色形・音声・香り・味・触れられるもの・考えられるものの六つの総称。

十二部経（じゅうにぶきょう）　十二部ともいう。仏教の経典を内容の上で十二種に分類したもので、これをもってブッダの教えを全部まとめたことになっている。つまりブッダの教えの全集と考えていい。

十八界（じゅうはちかい）　人の存在を構成する要素として十八種あるとするもの。六根（眼・耳・鼻・舌・身・意の知覚器官）と六境（色形・音声・香り・味・触れられるもの・考えられるものの対象の世界）と六識（六根の認識作用）の総称。これをもって主客すべての世界とする。

十八不共法（じゅうはちふぐほう） ブッダにだけしかない、だれにも共通するものでないブッダ特有の特徴が十八あるということ。十種の特有の能力（ブッダの十力）、なにものにも怖じけない四種の能力（ブッダの四無所畏）、つねに生類に眼を注いで心に止めている三つの心構え。（ブッダの三念住）

十八空（じゅうはっくう） 世間は空であると観察する時に十八の視点から見ることを教えたもの。個々の意味は略するが、内空・外空・内外空・空空・大空・第一義空・有為空・無為空・畢竟空・無始空・散空・性空・自相空・諸法空・不可得空・無法空・有法空・無法有法空などをいう。

十八変（じゅうはっぺん） ブッダが人々を教化するために超人的な神通力で種々の姿や動作を表わすことがある。六神通のなかの神足通をもとにして身体から水や火を出したり、水面を歩いたり、空中にすわったり、歩いたり、立ち止まったり、横になったり、大空を覆うように身体を膨張させたり、大きいものを小さく見せたりなど、十八種の変化を見せることをいう。

十力（じゅうりき） ブッダ特有の十種の能力で、十八不共法のなかに含まれる。

十六行（じゅうろくぎょう） 十六行相ともいう。四つの真理で表わされた世界を観察する時、十六種の観察の仕方があることをまとめたもの。

十六心（じゅうろくしん） 四つの真理を理解して、それをとおして世間を観察する段階で生じる八つの智が修行が進むにつれて欲の世界から、さらに上の段階に至っても持ち続けるが、その二つの世界に見られる八つの智を総称して十六心という。

三十六物（さんじゅうろくもつ） 人の身体にある三十六の不浄な物をいう。外相として、髪・毛・爪・歯・目やに・涙・よだれ・つばき・糞・尿・垢・汗の十二種と、構成物として皮・肌・血・肉・筋・脈・骨・髄・脂・肪・脳・膜などの十二種と、内容物として肝・胆・腸・胃・脾・腎・心・肺・生蔵・熟蔵・赤痰・白痰などの十二種とを合わせた数。

三十七助菩提之法　三十七菩提分法・三十七道品・三十七品ともいう。さとりへのステップを総合した修行方法のこと。四念処・四正勤・四如意・五根・五力・七覚支・八正道を合わせた総称。仏教の最初期の経典ではもっとも代表的な実践論である。

九十五種外道　仏教以外の宗教や哲学派などを外道といい、仏教の思想と相容れないところから邪教、あるいは邪法などと軽蔑する時に使う呼称である。外道の原語の意味は宗教改革者・宗祖といい、決して悪い意味の言葉ではない。六師外道は原始仏教文献で有名であるが、他にも十三外道・十六外道・二十外道・三十外道などが挙げられている。『涅槃経』の他『摩訶僧祇律』のなかに九十五種の外道があったというが、具体的な名称は挙げられていない。外道に対して仏教を内道という。

人物・動物一覧

人　物

世尊　ブッダの尊称の一つ。世間で尊敬に値する人。

如来　ブッダの尊称の一つ。真理の側から来た人。

羅睺羅（らごら）　訳文ではラーフラと表わした。ブッダの実子。

摩訶迦旃延（まかかせんねん）　訳文ではマハーカーティヤーヤナと表わした。ブッダの十大弟子の一人。討論第一といわれた。

薄倶（拘）羅（ばくら）　訳文ではヴァックラと表わした。少欲知足で閑静な所を好み、修行に明け暮れた弟子で、一六〇歳で没した。

優波難陀比丘（うばなんだ）　訳文ではウパナンダと表わした。男性の仏弟子。

拘陀羅（くだら）　訳文ではクダーラと表わした。女性の在家信者。

善賢　訳文ではスバドラと表わした。女性の仏弟子。

優波難陀（うばなんだ）　訳文ではウパナンダと表わした。女性の仏弟子。

海意　訳文ではサーガラマティーと表わした。女性の仏弟子。

海徳菩薩　訳文では漢訳名のまま。菩薩の名。

無尽意菩薩　原名はアクシャヤマティであろうが、訳文では漢訳名のまま。他の経典にも多出する菩薩の名。

威徳無垢称王（いとくむくしょうおう）　原名はヴィマラキールティであろうが、訳文では漢訳名のまま。この名称は有名な維摩居士の尊称。男性の在家信者。

善徳　訳文では漢訳名のまま。男性の在家信者。

寿徳　訳文では漢訳名のまま。男性の在家信者。

徳蔓（とくまん）　訳文では漢訳名のまま。男性の在家信者。

毘舎佉（びしゃきゃ）　訳文では漢訳名のまま。男性の在家信者。

浄無垢蔵（じょうむくぞう）　訳文では漢訳名のまま。リッチャヴィー都のクシャトリア出身の男性の青年。

浄不放逸（じょうふほういつ）　訳文では漢訳名のまま。リッチャヴィー都のクシャトリア出身の男性の青年。

恒水無垢浄徳（かんすいむくじょうとく）　訳文では漢訳名のまま。リッチャヴィー都のクシャトリヤ出身の男性の青年。

月無垢王（がつむくおう）　ヴァイシャーリー都の王の名。原名はチャンドラ・ヴィマラであろうが、漢訳名のまま表わした。

阿闍世王（あじゃせおう）　原名はアジャータシャトルであろうが、漢訳名が知られているために漢訳名のままに表わした。マガタ国のビンビサーラ王の子デーヴァダッタにそそのかされて父を殺し、ブッダの死の八年前に即位。のちに大臣ジーヴァカの奨めでブッダに帰依した。

愛徳夫人　阿闍世王夫人。訳文では漢訳名のまま。

三界妙夫人（さんがいみょうぶにん）　阿闍世王夫人。訳文では漢訳名のまま。

無辺身菩薩　訳文では漢訳名のまま。東方の音楽美音という仏国土の虚空等如来の使いとして娑婆世界のブッダの妙寂を見舞うために到来した菩薩。

文殊師利法王子（もんじゅしりほうおうじ）　原名はマンジュシリーであるが、漢訳では文殊師利の表現もある。訳文では周知の文殊菩薩で表わした。完全な知慧を備え、ブッダに代わって説法を行なう菩薩として知られる。

純陀（じゅんだ）　訳文では原名のチュンダで表わした。金属細工人でブッダにきのこ料理を布施したことで有名。じつはこれがもとでブッダは激しい腹痛に見舞われ、亡くなった。

摩訶迦葉尊者（まかかしょうそんじゃ）　原名はサンスクリット語ではマハーカーシャーパであるが、訳文ではパーリ語のマハーカッサパで表わした。衣食住において少欲知足に徹した修行（頭陀行（ずだぎょう））を終生続けた仏弟子。ブッダ十大弟子の一人で、頭陀第一と呼ばれた。

阿難尊者（あなんそんじゃ）　原名はアーナンダであるが、訳文では漢訳名のまま。ブッダのいとこで、ブッダのそばに二十五年間影のように仕えて、つねにブッダの説法を聞き続けたといわれ、聞法（もんぼう）第一といわれた。ブッダ十大弟子の一人。

迦葉菩薩　訳文ではパーリ語のカッサパで表わした。マハーカッサパとは別人物。後者はブッダの臨終に間に合わなかったので単に名前だけ出るが、前者は人々を代表してさまざまな質問をする中心人物。

難陀　原名も漢訳も同じ音であるので訳文では漢訳名のまま。本文ではナンダが布施した乳粥（ちちがゆ）をブッダが食したことでさとりを開いたという。

難陀波羅（なんだばら）　訳文では漢訳名のままで表わした。

金剛密迹（こんごうみっしゃく）　金剛の武器を持ってブッダを守護する神々の総称。密迹力士に同じ。

覚徳　かつてブッダが有徳という名の王であった時、戒律を正しく守った修行者として有名。

有徳王（うとくおう）　ブッダがある過去世でなった王の名。覚徳という修行者を養護するために悪徳修行者と戦った。

耶輪陀羅（やしゅだら）　訳文では原名のヤショーダラーで表わした。ブッダが出家前、太子であった時の正妃。ラーフラの生母。後にブッダの養母マハーパジャーパティと出家。

摩耶（まや）　訳文では原名のマーヤーで表わした。ブッダの生母。ブッダの誕生後七日目に死亡。

波斯匿王（はしのくおう）　訳文ではパーリ語の原名パセーナディで表わした。コーサラ国とカーシー国を統治した国王。ブッダと同年。妻子と共にブッダに帰依し、教団を援助した。八十歳で没したという。

尼乾子（にけんし）**（尼健）**　パーリ語の原名はニガンタ・ナータプッタという。ブッダと同時代の修行者で、ジャイナ教の開祖といわれる。訳文ではジャイナ教で表わした。

摩訶波闍波提憍曇弥（まかはじゃはだいきょうどんみ）　訳文ではパーリ語の原名マハーパジャーパティーで表わした。仏教教団で最初の尼僧。ブッダの養母。ブッダの生母マーヤー夫人は姉にあたる。

瞿師羅（くしら）　訳文ではパーリ語のゴーシタで表わした。本文では『瞿師羅経』（くしらきょう）（南伝大蔵経第一五巻、一八四―一八五頁。大正蔵経経典番号一五）という経典名が見られるが、ブッダの弟子のアーナンダ尊者と問答している短い経典である。この経典では彼はコーサーンビー国の人で広大な果樹園を持つ長者となっている。

歓喜（かんぎ）　訳文は漢訳名のままで表わした。クシナーラ都に住む不可触民。ブッダから将来さとりを得るだろうと予言を受ける。

善賢（ぜんげん）　訳文は原名スバドラーで表わした。王舎城に住む女性。離婚後、ブッダに帰依。女性は男性のように自由に能力を発揮できないことを陳べ、出家して生き方を変えようとした女性。

殺羝徳（くていとく）　原名は不詳。ウッジャイン国に住むバラモン。

舎利弗（しゃりほつ）　原名はサンスクリット語ではシャーリプトラであるが、訳文では周知の漢訳名舎利子で表わした。ブッダより年長で、ブッダに並ぶほど人々に尊敬され、知慧第一といわれた。ブッダ十大弟子の一人。ブッダの実子ラーフラの後見人。

目犍連（もつけんれん）　原名はサンスクリット語ではマウドガルヤーヤナというが、訳文では周知の目連で表わした。女性の修行者ウッパラヴァンナ（蓮華色（れんげしき））と並ぶ神通力第一といわれ、ブッダ十大弟子の一人。神通力で異端者や外道の者を追放してブッダの身辺を護衛したともいわれる。

仙頂（せんちょう）　ブッダが前世インドのある国の王であった時の名前。訳文では漢訳名のままで表わした。原典の四三四c参照。

善住（ぜんじゅう）　前世に存在した王の名前。訳文では漢訳名のままで表わした。くわしくは原典の四三七c参照。

頂生（ちょうしょう）　原名はサンスクリット語でムールダタであろう。善住の子供の名前。原典の四三八a参照。訳文では漢訳名のままで表わした。

憍陳如（きょうじんにょ）　訳文ではパーリ語のコーンダンニャで表わした。一般にはアンニャ・コーンダンニャと呼ばれている。ブッダと六年間一緒に苦行し、後にブッダがさとりを開き、本格的な最初の説法を聞いた五人の仲間の中で、その内容を最初に理解して聖者（阿羅漢）になった修行僧。

釈摩男（しゃくまなん）　訳文はコーリタで表わした。ブッダの従兄弟にあたり、鹿野苑（ろくやおん）で最初の説法を聞いた五人の比丘の一人。

提婆達多（だいばだった）　原名はデーヴァダッタであるが、訳文では漢訳名で表わした。アーナンダ尊者の兄といわれ、ブッダの従兄弟にあたり、ブッダより二十歳も若かったらしい。ブッダに帰依して弟子になり、後にマガタ国王の王子阿闍世の支持を得て、教団の中で力を持つようになる。ある時老境に入ったブッダに引退を勧めるが、呵責される。これを根に持って反逆することになる。彼は阿闍世に父王を殺すようにそそのかし、自分はブッダを殺害しようと計画する。王子は父王の殺害を成功させるが、デーヴァダッタはブッダの殺害に失敗する。この他にも彼は教団に対して恨みを晴らそうとして悪巧みをする。したがって彼は後に典型的な極悪人として知られることになる。『涅槃経』においても同じである。

富蘭那（ふらんな）　原名はパーリ語でプーラナ・カッサパといい、漢訳名は富蘭那迦葉（ふらんなかしょう）ともいう。訳文では原名で表わした。いわゆる六師外道の一人。因果律を否定し、道徳否定論者で有名。善悪の行為の報いはないと説いている。

末伽梨拘舎離（まつかりくしゃり）　原名はパーリ語でマッカリ・ゴーサーラという。訳文では原名で表わした。いわゆる六師外道の一人。すべての生類は輪廻の生活の中で、無因無縁であり、解脱するものも無因無縁であり、自己を支配する力も意志の力もなく、ただ運命・状況・本性に支配されていると主張した。一種の決定論、運命論を説いている。彼はアージーヴィカという古い宗教の一つに所属していた。

刪闍耶毘羅胝子（さんじゃやびらていし）　原名はパーリ語でサンジャヤ・ヴェーラティプッタという。訳文では原名で表わした。いわゆる六師外道の一人。形而上学的な問題についてあいまいな表現に終始し、確定的な答えをしなかったといわれ、彼の意見は不可知論の一種とされ、また懐疑論者ともいわれた。彼はマガタ国の首都に住み、多くの弟子を擁して有名であった。彼の弟子であった舎利子と目連の二人がブッダに帰依したことをきっかけに二百五十人の弟子がブッダのもとに走ったので、サンジャヤは自殺したという。

阿耆多翅舎欽婆羅（あぎたししゃきんばら）　原名はパーリ語でアジタ・ケーサカンバリンという。訳文では原名で表わした。いわゆる六師外道の一人。彼は地・水・火・風の四つの要素だけが実在で、ものはみなこれら四つの要素から構成されており、霊魂の存在はないと主張した。この立場から彼は唯物論者である。また、死後の存在を認めないので現世の享楽を求めることを勧めることから、快楽主義者ともいわれる。

伽羅鳩駄迦旃延（からくだかせんねん）　原名はパーリ語でパクダ・カッチャーヤナという。訳文では原名で表わした。いわゆる六師外道の一人。彼は人の身体は地・水・火・風の四つの要素と苦・楽・霊魂の七要素から構成されると説いた。これらは不変であると考え、霊魂不滅説を掲げた。来世の存在を主張した。

尼乾陀若提子（にけんだにゃだいし）　原名はパーリ語でニガンタ・ナータプッタという。略して尼乾子ともいう。すでに尼乾子で出ているが、ここでは原名で表わした。

韋提希（いだいけ）　韋陀希とも漢訳される。原名はパーリ語でヴェーデーヒーといい、勝身と意訳されている。訳文では原名で表わした。ヴァイデーハ国の王女でビンビサーラ王の妃となり、阿闍世王を産む。後に阿闍世王が父ビンビサーラ王を殺そうとして閉じ込めた牢獄にひそかに蜜を贈り、助けようとしたが発見され殺されそうになった。この『大般涅槃経』ではこのような経緯は書かれていないが、阿闍世王が腫物で苦しんでいるのを見兼ねて種々の薬で手当てをしたが、治るどころかますます痛みは増したことが記されている。

月称（がつしょう）　阿闍世王の臣下で、六師外道の一人プーラナ・カッサパを紹介した大臣。訳文では漢訳名のままで表わした。

蔵徳（ぞうとく）　阿闍世王の臣下で、六師外道の一人マッカリ・ゴーサーラを紹介した大臣。訳文では漢訳名のままで表わした。

実徳（じつとく）　阿闍世王の臣下で、六師外道の一人サンジャヤ・ヴェーラティプッタを紹介した大臣。訳文では漢訳名のままで表わした。

悉知義（しっちぎ）　阿闍世王の臣下で、六師外道の一人アジタ・ケーサカンバリンを紹介した大臣。訳文では漢訳名のままで表わした。

吉徳（きちとく）　阿闍世王の臣下で、六師外道の一人パクダ・カッチャーヤナを紹介した大臣。訳文では漢訳名のままで表わした。

無所畏（むしょい）　阿闍世王の臣下で、六師外道の一人ニガンタ・ナータプッタを紹介した大臣。訳文では漢訳名のままで表わした。

耆婆（ぎば）　原名はパーリ語でジーヴァカ・コーマーラバッチャという。訳文では原名ジーヴァカで表わした。娼婦の子で捨てられたが、アバヤという王子に拾われて長じて医者となる。ブッダ時代の名医として有名。種々の治療例から外科医であったと推測される。

羅摩（らま）　原名はラーマであろう。経典では国王とあるが、『ラーマーヤナ』に出るラーマを指しているのか不詳。訳文では原名で表わした。

跋提（ばつだい）　原名はサンスクリット語でバドリカといい、釈迦族のクシャトリヤ出身で、ブッダの異母弟ナンダたちが出家したあと、釈迦族の王位についた人物であろうか。原典の四七五cに出る。訳文では原名で表わした。

毘盧真（びるしん） 原名はサンスクリット語でヴィルチャという。『阿含経』（あごんきょう）では比丘の名前で知られるが、『大般涅槃経』では国王の名前である。詳細は不明。原典の四七五cに出る。訳文では原名で表わした。

那睺沙（なごしゃ） 原名はサンスクリット語でナフシャであろう。原典では国王の名前となっている。詳細は不明。訳文では原名で表わした。原典の四七五cに出る。

迦帝迦（かたいか） 原名は不明。原典では国王の名前となっている。訳文では漢訳のままで表わした。原典の四七五cに出る。

毘舎佉（びしゃきゃ） 原名はサンスクリット語でヴィシャーカーであろう。原典では国王の名前となっている。詳細は不明。訳文では原名で表わした。原典の四七五cに出る。月光明・日光明・愛・持多人などの名前の国王が原典の四七五cに出るが詳細は不明。

瑠璃（るり） 原名はサンスクリット語でヴィルーダカといい、訳文では原名で表わした。一般の経典には瑠璃王という呼称で知られる。コーサラ国のパセーナディ王の王子で長じて父王を殺害して王位を奪い、その上釈迦族を滅ぼした悪名高い王である。悪性王というあだ名さえある。この経典では悪王となっている。

優陀那（うだな） 原名はパーリ語でウデーナといい、訳文では原名で表わした。ヴァンサ国のコーサンビーの王。ヒマラヤの山中で生まれ、苦行者に育てられた。長じて父王の死後王位を継ぐ。文献によっては王の伝説が異なり、悪王というイメージが作り上げられて、この経典では悪王として取り扱われている。

蓮華（れんげ） 原名はサンスクリット語でプンダリーカといい、訳文では原名で表わした。この名の王としては『百縁経』や『弥勒所問本願経』（みろくしょもんほんがんきょう）に出るが、蓮華王はいずれにおいてもブッダの前世の姿であったという。

人々の病をいやし、身命を顧みずに救済に努めた慈悲深い王として描かれている。『涅槃経』では悪王の一人に挙げている。原典の四七五cに出る。

浄飯 原名はサンスクリット語でシュッドーダナといい、釈迦族の王でブッダの父である。訳文では原名で表わした。

瞿曇 原名はパーリ語でゴータマといい、ブッダの姓である。訳文では原名で表わした。

悉達多 原名はパーリ語でシッダッタといい、ブッダの名である。訳文では原名で表わした。

般遮尸 原名はサンスクリット語でパンチャシキンといい、船遮尸棄とも漢訳する。頭に五つ（パンチャ）の髻（シキン）を持つことでパンチャシキンと呼ばれた仙人。原典では帝釈天の臣下となっている。訳文では原名で表わした。

釈迦牟尼 原名はサンスクリット語でシャーキャムニといい、釈迦族出身の大仙人というほどの意味。ブッダに対する尊称。訳文では漢訳のままで表わした。

不害 原名はサンスクリット語でアヒンサーといい、コーサラ国舎衛城のバラモン出身の青年である。長じて次々と人を殺し、ブッダをも殺害しようとしたが、教化されて出家した。殺した人の指を切り取り、首輪にしていたのでアングリ（指）マーラ（鬘）とあだ名された。音訳して鴦崛魔という。

須毘羅 原名はサンスクリット語でシュビーラであろう。訳文では原名で表わした。詳細は不明だが、原典では王子となっている。原典の四七八c参照。

気嘘 原名は不明。舎衛城の不可触民である。訳文では漢訳のままで表わした。原典の四七九a参照。

阿逸多 原名はサンスクリット語のアジタであろう。ベナレス市のある長者の子。訳文では原名で表わした。原典の四七九a参照。

善賢 原名はサンスクリット語でスバドラであろう。すでに同名の女性が原典に出るが、ここはある村の長者。詳細は不明。訳文では漢訳名のままで表わした。原典の四七九b参照。

広額(こうがく)　ベナレス市の肉商人。訳文では漢訳名のままで表わした。原典の四七九b参照。

龍印(りゅういん)　北インドのある国の王。原名は不明であるので、訳文では漢訳名のままで表わした。原典の四七九b参照。

蓮華・蓮花(れんげ)　原名はパーリ語でウッパラという。同名の女性が文献には数多く出るが、『涅槃経』でも二人の同名のウッパラが出ている。

①原典の四七九bに出るウッパラはウッパラヴァンナ（蓮華色比丘尼）として知られる有名な尼僧。訳文では原名ウッパラヴァンナで表わした。舎衛城の長者の娘で、色白な美女であったことから出家前も出家後も男性の誘惑が絶えなかった。尼僧の中で神通力第一といわれた。

②原典の四七九cに出る蓮花（ウッパラ）は同じ原名であろうが、売春婦である。訳文では原名ウッパラ（?）で表わした。

跋提迦(ばつだいか)　原名はサンスクリット語のパドリーカであろう。訳文では原名で表わした。原典ではある国の王となっているが、おそらくブッダの最初の説法を聞いた五人の比丘の一人であろう。

優波離(うばり)　原名はサンスクリット語でウパーリという。カピラ市の出身で釈迦族に仕える理髪業者であった。ブッダの十大弟子の一人。訳文では原名で表わした。

須達多(しゅだった)　原名はパーリ語でスダッタというが、あだ名としてアナータピンディカという。給孤独(きっこどく)（貧しい人に施しをする人）と訳される。舎衛城の大富豪で、ブッダのために祇園精舎(ぎおんしょうじゃ)を寄進した長者として知られる。原典には同名の貧者も挙げているが、この貧者のことについては不明。

周梨槃特(しゅりはんどく)　原名はパーリ語でチューラパンタカといい、この音訳である。王舎城、あるいは舎衛城の、いずれかのバラモンの出身ともいわれる。出家をしたが、生まれつき愚鈍であったためにものおぼえが悪く、修行がなかなか進まない。そこでブッダは外来者の草履の埃を払う仕事を与え、これを修行として努めるように勧めた。これによって彼はさとりを得たといわれる。訳文では原名で表わした。

難陀（なんだ）　原典の四七九ｃの難陀はブッダの異母弟に当たる人。ブッダの出家後釈迦族を継ぐ人であったが、ブッダに勧められて出家した。ここでは原名で表わした。

優楼頻螺迦葉（うるびんらかしょう）　原名はパーリ語でウルヴェーラ・カッサパという。マガタ国の出身。拝火教を弘め、五百人の教徒を擁していた。二人の弟がいて、彼等もそれぞれ教徒を率いていた。兄がブッダに教化されたことで弟二人も教徒を引き連れてブッダに帰依した。

富多羅（ふたら）　原名はパーリ語でプラーナといい、富蘭那（ふらんな）とも漢訳される。ブッダの弟子五百人を率いて南山で修行していたといわれる尊者である。ブッダの死後マハーカッサパ尊者を中心にしてブッダの教えの編集会議があった時にプラーナと五百人のブッダの弟子たちは遅れて行ったために参加することができなかったといわれる。訳文では原名で表わした。

頻婆娑羅王（びんばさらおう）　原名はパーリ語でビンビサーラという。ブッダより五歳年下。十五歳の時にマガタ国の王となり、王舎城に住む。竹林精舎を仏教教団に寄進し、信者となる。晩年、王子の阿闍世王に殺害される。訳文では原名で表わした。

郁伽（いくが）　原名はサンスクリット語でウグラといい、最首・功徳などの意訳がある。舎衛城の有名な長者。ブッダに帰依して信者となり、多くの教えを受け、よく施しをしたことで有名である。そこで布施第一といわれた。訳文では原名で表わした。

離婆多（りばた）　原名はパーリ語でレーヴァタといい、離日（りおつ）とも漢訳される。マガタ国のバラモン出身。舎利子の弟。兄の出家に惹かれて自ら出家し、瞑想を好み、さとりを得たという。訳文では原名で表わした。

婆私咤　原名はヴァシシタという。バラモンの出身の女性で、六人の子を一度に失い、狂乱状態になり、裸で町中を走り回ったという。ブッダに出会い、本心に戻り、帰依し、信者になった。訳文では原名で表わした。

末利　原名はパーリ語でマッリカーといい、摩利とも漢訳される。勝鬘と意訳する。舎衛城の花屋組合の長老の娘で、長じてパセーナディ王の第一夫人となる。訳文では原名で表わした。

尸利毬多　原名はサンスクリット語でシュリーグプタという。室利毬多とも漢訳される。王舎城に住む長者。ブッダを殺害しようとしたが、かえって諭されて、懺悔して信者となる。訳文では原名で表わした。

瞿伽離　原名はパーリ語でコーカーリカという。倶伽離とも漢訳される。提婆達多（前掲）の弟。同名の者が仏典に出る。ブッダの弟子になるが、事件があり、兄と共に教団を去る。訳文では原名で表わした。

須那刹多　原名はパーリ語でスナカッタという。須那刹多羅とも漢訳され、善星・善宿と意訳される。ヴァイシャーリー都のリッチャヴィ族クシャトリヤの出身。仏弟子としてブッダの付き添い人となるが、わがままなことを行ない、ブッダに諭され、それを根に持ってブッダのもとを去る。悪弟子の一人として有名。訳文では原名で表わした。

持一切菩薩　原典の四八二cを参照されたい。詳細不明。訳文では漢訳名のままで表わした。

光明遍照高貴徳王菩薩　本経第二十一巻から第二十六巻までの主人公。光明遍照の表現は無量寿仏、つまり阿弥陀仏の特徴を示している。無量寿仏は八万四千の特徴があり、その一つ一つの特徴から光明を放ち、十方の数えきれない生類を照らし、救済しているという意味がある。この菩薩はこのブッダの一つの姿であろうと考えられる。

阿私陀（あしだ）　アシタの音訳。釈尊の父シュッドーダナ王に仕えた後、出家し、五神通力を得た仙人として知られる。釈尊の誕生直後に将来ブッダになるだろうと予言をしたという。本文はアシタで表わした。

鬱陀伽（うつだか）　パーリ語ウッダカ・ラーマプッタの音訳。本文は原語名で表わした。釈尊は出家してアーラーラ仙人につき、次にウッダカ仙人についてヨーガを学んだ。ウッダカ仙人について一切の思いを払いのけた無念無想の境地に到達したともいわれるが、この境地に飽きたらず、彼のもとを去ったという。

阿羅邏（あらら）　パーリ語アーラーラ（・カーラーマ）の音訳。本文は原語名で表わした。釈尊は出家後、マガダ国に住むアーラーラ仙人のもとをまず訪ね、ヨーガを学ぶ。そこで物質的なものがまったくない、無限の空間に遊ぶ境地に到達したという。釈尊はこれに満足できず、ウッダカ仙人を訪ねたといわれる。

浄住王子菩薩（じょうじゅうおうじぼさつ）　原典の四八八ｃに初出の菩薩。シャーラ樹林の現場で無辺身菩薩に質問する状況が見られる。

満月光明如来（まんがつこうみょうにょらい）　東方に二十個のガンジス河にある砂の数ほどの世界をすぎた先に不動という仏国土があり、その国土からこの娑婆世界の生類を救済する目的と釈尊の臨終を見舞うためにやってきた如来である。原典の四八八ｃからその情景が描かれている。

瑠璃光菩薩（るりこうぼさつ）　原典の四九〇ａに初出。質問者の一人。

那提迦葉（なだいかしょう）　パーリ語ナディー・カッサパの音訳。ウルベーラ・カッサパ（既出）の弟。ウルヴェーラ村とガヤー村との間のネーランジャラー河ぞいに住み、三百人の弟子を率いた拝火教徒。本文は原名で表わした。

伽耶迦葉（がやかしょう）　パーリ語ガヤー・カッサパの音訳。ウルヴエーラ・カッサパとガヤー・カッサパ（既出）の弟。

ネーランジャラー河沿いのガヤー村に住み、二百人の弟子を率いて修行していた。

須跋陀羅（しゅばつだら）　サンスクリット語スバドラの音訳。本文は原語名で表わした。釈尊がなくなる直前に出家し、最後の弟子となった。詳しくは原典の五一四ｂに出る。本文は原名で表わした。

菴羅果女（あんらかにょ）　パーリ語アンパパーリーの音訳。菴婆羅（あんばら）の略語。ヴェーサーリーのヴァイシャ出身の娼婦。ブッダに帰依して自分のマンゴー樹林を釈尊に寄進し、出家し弟子となる。訳文は原名で表わした。

耶奢（やじゃ）　パーリ語ヤサの音訳。一般には耶舎の音訳が多い。ベナレスの町の商人の息子。大金持ちの家に生まれ、贅沢三昧の日々を送っていたが、ある日感じることがあって出家、釈尊に帰依した。訳文は原名で表わした。

富那（ふな）　パーリ語プンナ・マンターニプッタが正式の名前で、このプンナの音訳。マンターニは母の名前で、母マンターニの子（プッタ）であるプンナという意味。バラモン出身。コンダンニャ長者の妹の子。説法第一として知られ、十大弟子の一人。訳文は原名で表わした。

毘摩羅闍（びまらじゃ）　パーリ語ヴィマラの音訳。ヤサの四人の友達の一人で、ヤサが出家したことを聞き、一緒に出家した。訳文は原名で表わした。

憍梵波提（きょうぼんはだい）　パーリ語ガヴァンパティの音訳。ヤサの友人の一人。ヤサの出家を聞いて一緒に出家した。商人の息子。訳文は原名で表わした。

須婆睺（すばこう）　パーリ語スバーフの音訳。ヤサの友人の一人。ヤサの出家を聞き、出家した。訳文は原名で表わした。

鴦掘魔羅（おうくつまら）　パーリ語アングリマーラの音訳。指鬘（しまん）とも意訳される。舎衛城に住むバラモンで、人殺しをたのしむ男。ある時釈尊を殺害しようとして、逆に教化されて改心し、出家し弟子となる。訳文は原名で表わした。

婆熙伽（ばぎか）　パーリ語ヴァンギーサの音訳。舎衛城に住むバラモン。ヒンドゥ教の聖典に詳しく、頭蓋呪を使って祈禱をして諸国を歩いた。ある時釈尊に出会い、教化されて出家し弟子となる。訳文は原名で表わした。

瞿曇弥（くどんみ）　パーリ語ではキサー・ゴータミー（痩せたゴータミー）と言い習わされている。舎衛城に住む貧しい家の女。結婚して男子を生んだが、その子は間もなく死んだ。その子を抱き、蘇生する薬を求めて歩いたが、釈尊は彼女に死人がでていない家を探し、その家からケシの実をもらってきたら、蘇生させてやるといわれる。しかしそれは到底かなえられないことを悟った彼女は釈尊の教えに帰依して、出家した。いつも粗末な衣を着ていたので、粗衣第一の比丘尼として有名となる。訳文は原名で表わした。

闡那（せんな）　パーリ語チャンナの音訳。この音訳に相当する人物は釈尊が出家する時に馬の轡を引いた御者であるが、原点にある人物は一般に闡陀（せんだ）、あるいは闡怒（せんど）の音訳に当たる人物であろう。シャカ族の奴隷の子として生まれ、釈尊の里帰りの時に出家したが、高慢心から悪事を続けていた。のちに発奮して修行に励んだ。訳文は原名で表わした。

師子吼菩薩（ししくぼさつ）　原典の第二十七巻から第三十二巻までの主人公。

祇陀（ぎだ）　パーリ語ジェータの音訳。パセーナディ王の王子。所有していた樹園をアナータピンディカ長若（スダッタ長者のあだ名）に売ったことが結果的には舎衛城に仏教教団の活動拠点ができることになった。有名な祇園精舎がそれである。祇園の祇はジェータの名前である。

無勝（むしょう）　パーリ語アッサジ（?）の音訳か。バラモン出身の青年。原典の五四二cに初出。

宝称（ほうしょう）　パーリ語ヤサ（?）の音訳か。ベナレスに住む富豪の息子であろう。原典の五四二c以下にある内容から判断すると既出のヤサのことであろうと考えられる。

阿尼樓駄（あにるだ）　サンスクリット語アヌルッダの音訳。阿那律の晋訳で知られる。釈尊の従兄弟。釈尊の臨終に立ち会い、荼毘に付した後の処置に当たった弟子。知慧の眼を得ていることで、天眼第一と称えられ、十大弟子の一人である

須菩提（しゅぼだい）　パーリ語スブーティの音訳。既出のアナータピンディカ長者の弟の子である。祇園精舎落成式の当日、釈尊の説法を聞いて出家、弟子となる。釈尊の代わりに読法をさせられるほどすぐれた弟子であった。まったく争いをしないことで第一、あるいは空を理解することで第一といわれた。

迦羅富（からふ）　パーリ語カラープの音訳。一般にカーリの名で知られる南インドのプータナ都のバラモンの家に生まれて、後に王として君臨し、好色にして残忍な王として知られる。原典の五五一 cを参照されたい。

施婆羅（しばら）　パーリ語シーヴァラの音訳。コーリヤ族の王族の出身。母の体内に七年間宿って、ブッダの言葉によって生まれたといわれ、舎利子にしたがって出家。訳文では原名で表わした。

優婆施婆羅（うばしばら）　パーリ語ウパシーヴァラの音訳。訳文では原名で表わした。バラモンのバーヴァリの十六人の弟子の一人であったが、釈尊と対論ののち、帰依出家した。

弥迦羅（みがら）　パーリ語ミガーラの音訳。訳文は原名で表わした。舎衛城の長者。息子の嫁に諭されて釈尊に帰依し、嫁をわが家の嫁でなく、わが母であると称えた。

尼拘陀（にくだ）　パーリ語ニグローダの音訳。訳文は原名で表わした。ニグローダの名は文献に多数見られるが、この原典では舎衛城のバラモン出身の長者ニグローダであろうか。

半闍羅（はんじゃら）　原名は不明だが、原典では「半闍羅長者の母」（ヴィサーカ・パンチャーリープッタの母）となっているから、訳文ではパンチャーリープッタと

表わした。

頂生（ちょうしょう）　原典の五五九ｂにでる人物。パーリ語マーンダーターの音訳。快楽にふけった王として有名である。原典では釈尊が過去世でこの王は過去世の姿であったと述べている。訳文は原名で表わした。

手生（しゅしょう）　原名はハッタカであるが、同名の人物が多く、長者や王子など様々である。原典では王であり、釈尊の過去世の姿であったと述べている。訳文は原名で表わした。

善星（ぜんじょう）　須那刹多（しゅなせった）の項を参照されたい。

迦葉仏（かしょうぶつ）　パーリ語カッサパの音訳で、釈尊以前にこの世界に六仏が現われたと伝えられている。その六番目のブッダが迦葉仏である。釈尊は七番目で、併せて過去七仏と呼ぶ。

優婆摩那（うばまな）　パーリ語ウパヴァーナの音訳。訳文は原名で表わした。舎衛城のバラモン出身。祇園精舎の建立をみて出家したという。釈尊の付き人になり、釈尊の病気治療に大いに貢献した。

須跋陀（すばつだ）　①パーリ語スバーフの音訳。訳文は原名で表わした。原典の五六五ａにでる五神通力を持つ仙人。②パーリ語スバドラの音訳。スバッダとも呼ばれるが、訳文ではスバドラで表わした。原典の六〇二ｂ以下を参照されたい。

善見（ぜんけん）　パーリ語スダッサナの訳。訳文は原名で表わした。原典の中では過去七仏のうち、第三番目のヴィシュヴァブー仏がこの世界に現われていた時、釈尊がクシナーラ都の王であった時の王の名前がスダッサナであったと述べている。

曇摩留枝（どんまるし）　パーリ語ダンマルチの音訳。訳文は原名で表わした。釈尊がこの世間に現われた頃にはティミンギラという大きな魚（鯨？）であったが、ブッダが出現したことを聞いて、後にバラモンの家に生まれ、ダンマルチと名付けられたという。後に出家。

櫝子（とくし）　パーリ語ヴァッチャ・ゴッタの訳。訳文は原名で表わした。王舎城に住む外道の思想家。釈尊と種々の哲学問答を繰り返した。犢子梵志として仏典によく現われる。

跋波（ばつば） パーリ語バッダパーラの音訳？訳文は原名で表わした。

菩提 パーリ語ボーディの音訳。訳文は原名で表わした。バッガ国の王子。王子は母の胎内にいる時に、乳母に抱かれて育つ折に、成長して王子として自覚した折に、ブッダに帰依したと伝えられる。

巴吒羅（はたら） パーリ語ハッタカ・アーラヴァカの部分音訳？ 原典では長者となっているが、多くの人々を扶養する人のうちで最上の人として知られる人物のようである。

鹿母優婆夷（ろくもうばい） 鹿子母優婆夷とも呼ばれる。パーリ語でミガーラマータといい、これはあだ名である。舎衛城の長者ミガーラはわが子の嫁によって仏教に帰依するきっかけを得た。その後篤信の仏教信者になった。長者は今日の自分があるのは嫁のおかげであるといい、嫁をわが母のように尊敬したといわれる。そこでミガーラ（鹿）長者の子の嫁はわが母であるという意味から鹿子母といわれた。優婆夷は信者のこと。

椀手（えんしゃ） 原名ははっきりしない。原典には悪僧の一人としてでる。原典の五七六bを参照されたい。

低舎（ていしゃ） パーリ語ティッサの音訳。訳文は原名で表わす。舎衛城の人で出家したが、人の悪口をいう癖があり、釈尊に叱責されること数度。悪僧の一人。

満宿（まんしゅく） パーリ語ブナルヴァスの訳。原典の五七六b、五七七aにでる人物は一日一食の戒律を守らず、釈尊に叱責されるなど悪行の誉れ高い悪僧の一人。訳文は原名で表わした。

慈地（じち） パーリ語メッティヤーの音訳。訳文はメッティヤブンマジャカーで表わした。王舎城の出身で、尼僧。一般にメッティヤーとブンマジャカの二人の尼僧とその仲間たちを含めてメッティヤブンマジャカーと呼ぶ。教団の中で不満をぶちまける仲間たちを含めてメッティヤブンマジャカーと呼ぶが、不満をぶちまける仲間たちとして知られる。釈尊に叱責される悪尼僧たちである。

広野（こうや）　パーリ語セーラが本名。訳文は原名で表わした。彼女は王族の人で、アーラヴィー王の娘で、そこでアーラヴィカーと呼ばれた。釈尊に帰依し、出家しさとりを得た。

方　パーリ語ディサーの訳か？　伝説の人といわれるが、奴隷の娘であったとされ、原典では素行がよくない尼僧として挙げられている。原典の五七六ｂを参照されたい。

慢　サンスクリット語マーナの訳か？　訳文は漢訳名のまま表わした。素行が良くない尼僧の一人である。原典の五七六ｂを参照されたい。

浄潔（じょうけつ）　原名ははっきりしない。訳文は漢訳名のまま表わした。原典では素行が良くない長者として挙げられている。原典の五七六ｂを参照されたい。

求有（ぐう）　原名ははっきりしないが、これは恐らくあだ名であろう。世間に執着し、長生きを求めている者という意味であろうか。原典では仏教信者とある。原典の五七六ｂを参照されたい。

舎勒（しゃろく）　パーリ語サータの音訳。訳文は漢訳名のままで表わした。原典では釈種とあるから釈迦族の出身であろう。男女いずれか不明。原典の五七六ｂを参照されたい。

象　原名はハスティンであろうか？長者としてでる。原典の五七六ｂを参照されたい。

名称（みょうしょう）　パーリ語ヤショマティーの訳。訳文は漢訳名のままで表わす。将軍の嫁となったが、釈尊の姿を見て帰依し、のちに釈尊から将来ラトナマティ仏になるだろうという予言を受ける。

光明　原名ははっきりしない。原典では女性の仏教信者とある。原典の五七六ｂを参照されたい。

難陀（なんだ）　パーリ語でナンダーという名の女性は多いが、原典の五七六bにでるナンダーは仏教信者であるというだけで素姓は不明。

軍　パーリ語ウルヴェーラ・セーナーニーの訳か。ウルヴェーラ・セーナーニー村出身の女性の信者というあだ名で原典にはでる。原典の五七六bを参照されたい。

鈴（れい）　サンスクリット語キンカニーの訳か。原典の五七六bでは女性の仏教信者とある。

耶舎（やしゃ）　耶奢の項を参照されたい。

童子迦葉（どうじかしょう）　パーリ語クマーラ・カッサパの訳。母は出家前に妊娠していたことを知らず出家、後に彼を出産した。彼は誕生後パセーナディ王の宮殿で育てられ、成人してから出家した。そこで「少年カッサパ」（クマーラ・カッサパ）と呼ばれた。

十力迦葉（じゅうりきかしょう）　パーリ語ダサバラ・カッサパの訳。文献によって違いがあるが、その一つではコーサンビー国の森である猟師に道を説いたことで天人から戒められたというカッサパゴッタ僧をさすという。五比丘の二番目の人であるともいう。

波吒羅花（はたらげ）　蓮華・蓮花の項を参照されたい。

勝（しょう）　原名ははっきりしない。尼僧。原典の五七六cを参照されたい。

実義　原名は不明。尼僧。原典の五七六cを参照されたい。

意　海意の略であろう。パーリ語サーガラマティの訳。尼僧。原典の五七六cを参照されたい。

跋陀（はつだ）　原名は不明。尼僧。原典の五七六cを参照されたい。

浄　原名は不明。尼僧。原典の五七六cを参照されたい。

不退転　原名は不明。再び俗界に戻らない心境を得た尼僧というあだ名であろう。原典の五七六cを参照されたい。

具足　パーリ語プンナジの訳か。ヤサの友人の一人で、ヤサの出家を聞いてしたがって出家した長者。

鼠狼（そろう） 原名はパーリ語ナクラか。原典では長者としてでる。原典の五七六ｃを参照されたい。

獅子将軍 原名はシンハーであろう。将軍であるから王族の出身。

刀（とう） パーリ語アシバンダカプッタが原名か。初めジャイナ教の信者であったが、後に釈尊に帰依した長者。

善住（ぜんじゅう） 同名の人物がいるが、ここ原典の五七六ｃの人物は女性の仏教信者。

愛法 パーリ語ダンマカーマの訳か。女性の仏教信者。

勇健（ゆうけん） パーリ語ヴィーラーの訳か。女性の仏教信者。

天得（てんとく） 原名は不明。女性の仏教信者。

具身 サンスクリット語ウペータ・カーヤの訳に当たるか。女性の仏教信者。

牛得（ごとく） 原名は不明。女性の仏教信者。

摩訶斯那（まかしな） パーリ語マハーセーナの訳。女性の仏教信者であるが、素姓は不明。

馬師（まし） パーリ語アシュヴァカの訳。またの名をアッサジともいうが、釈尊の最初の説法を聞いた五比丘の一人のアッサジとは別人物。原典の五七七ａのアッサジは一日一食の戒律を守らず、釈尊に叱責されるなど悪行の誉れ高い悪僧の一人。訳文は原名で表わした。

善見（ぜんけん） パーリ語マハースダッサナの訳。かつてクシナーラと呼ばれる町が昔クサーヴァティと改名されていた時、この町を都に発展させて統治した王の名前。

忍辱（にんにく） パーリ語クシャーンティパーラの訳。カリ王の時に活躍した仙人で、カリ王にその忍耐の修行を試されたことで有名。訳文は原名で表わした。

耶耶帝（ややてい） パーリ語ヤヤーティの音訳。王の名。原典の五九二ａを参照されたい。訳文は原名で表わした。

尸毘（しび） パーリ語シヴィの音訳。シヴィゴーシャを都として統治した王で、布施を行なうことを喜びとしたといわれる。ある時、帝釈天が大きな鷲となって王の眼を求めに来た。すると王は両目を与えたので、その心の大きさに打たれ、王の眼を元に復させたという。訳文は原名で表わした。

一叉鳩（いっしゃく）　パーリ語イクシヴァークの音訳。訳文は原名で表わした。オッカーカの別名で、インドの王の一人。スジャータが本名。カピラヴァストゥを統治し、釈迦族の初祖といわれる。

阿竭多（あがた）　パーリ語アガダの音訳。訳文は原名で表わした。仙人の名。原典の五九二bを参照されたい。

婆藪（ばす）　パーリ語ヴァスの音訳か。マガダ国の王であったが、後に仙人になったという。原典の五九二bを参照されたい。

阿叔迦（あしゅくか）　パーリ語アソーカの音訳。過去六仏のヴィパシイン仏の弟子。訳文は原名で表わした。原典の六〇一cにでる。

差摩迦羅（しゃまから）　パーリ語クシェーマンクラの音訳。過去六仏のシッキン仏の弟子。訳文は原名で表わした。原典の六〇一cにでる。

優波扇陀迦羅（うばせんだから）　パーリ語ウパシャンタの音訳。過去六仏のヴィシッヴァフー仏の弟子。訳文は原名で表わした。原典の六〇一cにでる。

跋提（ばつだい）　パーリ語パドリカの音訳。過去六仏のクラクッチャンダ仏の弟子。訳文は原名で表わした。原典の六〇一cにでる。

蘇坻（そてい）　パーリ語スダッターの音訳か。過去六仏のカナカムニ仏の弟子。訳文は原名で表わした。原典の六〇一cにでる。

葉婆蜜多（しょうばみった）　パーリ語パラシャミトラの訳か？　過去六仏のカーシャパ仏の弟子。訳文は原名で表わした。原典の六〇一cにでる。漢訳は婆葉密多（ばしょうみった）の誤りか。

瞿坻（くてい）　パーリ語ゴーディカの音訳。イシギリの王族の出身。六度もさとりを得たが、病のために六度も退転した。七度目にさとりを得るが退転をおそれ自殺したという。

動物

哺乳類

狐
狼
獅子(しし) ライオン
豹(ひょう)
豺(さい) 山犬のこと
犬
狗(く) 番犬のこと
牛
馬
象
羊
水牛
虎
驢(ろ) うさぎうま
騾(ら) らば〈牝馬と雄ろばの混血種〉

鳥

鵄(し) とび
梟(きょう) ふくろう
鷲(しゅう)
烏(う)
鵲(しゃく) かささぎ
孔雀(くじゃく)
鴛鴦(えんおう) おしどり
鳧(ふ) かも
雁(がん)
鸚鵡(おうむ)
鵂鶹(くよく) ははっちょう。九官鳥の一種
白鶴(びゃくかく) つる
娑羅娑鳥(さらさちょう) sārasa? おおとり
迦蘭伽鳥(からんがちょう) 迦陵頻伽鳥(かりょうびんがちょう)。kalavinka
美声の鳥で極楽浄土に住むといわれる。

爬虫類

蛇
蝮(ふく) まむし
亀
鼈(べつ) スッポン

昆虫

蜂
蚊(ぶん)
虻(ぼう)
蝎(がち) かみきり
螂(ろう) かまきり
蚕
蟻
糞ころがし

魚

錯魚 鮫。
鯌魚とも書く。

犢（とく） こうし
鼠
猪
猫
獼猴（みこう） 猿
鹿
兎
駝（だ） らくだ
厠猪（しちょ） 豚のこと
砥弥魚（ていみぎょ） ティミンギラ
（鯨）のことか？
熊（ゆう） 熊のこと

命命鳥（みょうみょうちょう） 耆婆耆婆鳥（ぎばぎばちょう）。jīvanjīvaka
鳴き声を擬して付けられた名。人の顔して鳥の体。両頭を持つ鳥。
鶏
迦隣堤鳥（かりんだいちょう） 迦蘭陀鳥（からんだちょう） kalandaka
かささぎに似て、竹林に群れをなして住む。
鵝（が） がちょう
鴟（し） とび
倶翅羅鳥（くしらちょう） kokila インド特産の黒いカッコウ。美声で知られる。
金翅鳥（こんしちょう） garuda インド神話に出る鳥。ヒマラヤの下に住み、龍を食べる獰猛な鳥。
婆嗜伽鳥（ばきがちょう） valaka? 鶴？
雉
鳩
舎利鳥（しゃりちょう） sārika 朝鮮ウグイスのこと。
鵰鷲（ちょうしゅう） 大鷲、秀鷲。

舎利伽鳥（しゃりかちょう）　śārikā　おうむ

青雀（しょうじゃく）　水鳥の名。鷁（げき）（うに似た鳥）のこと？

鷂（よう）　はしたか

鷁（げき）　鷺に似た水鳥の一種

第四十二章　正しい注意と正しい理解

ブッダになる可能性を見る方法

師子吼菩薩は訊ねた。

『世尊、説法の中でブッダは心を静めて観察すれば、あらゆる煩悩を破ることができると言われたが、それならばなぜその上に正しい観察を修学しなければならないのでしょうか』

『師子吼菩薩、その考え方は正しくない。なぜなら、正しい理解をしている時は煩悩はないが、煩悩がある時は正しい理解が行なわれていないからである。そんな時にどうして心静かに観察して煩悩を破ることができよう。

喩えで説明しよう。明るい時には暗闇はない。暗闇である時は明かりがない。これと同じである。この場合に、明かりが暗闇を取り除くのだろうが、そんなわけではない。よいか。だれに正しい理解があり、だれに煩悩があり、しかも正しい理解が煩悩を破るというのか。もしそれらがないのであれば、なにがなにを破るのだろうか。

正しい理解が煩悩を破るというなら、煩悩と接して破るのか接しないで破るのか。もし接しないで破るのであれば、正しい理解がない俗人たちの煩悩はすでに破られているはずである。もし接して破るなら、最初の段階で煩悩を破っているはずである。もし最初の段階で破っていないのならば、後の段階でも破っているわけはない。もし最初に接してすぐに破ったのであれば、それは接するということではない。かくしてどうして正しい理解が煩悩を破るといえるだろうか。もし接しても、接しなくても煩悩を破るというなら、その考え方は正しくない。

548a また、心静かに観察して煩悩を破る時、その観察だけが破るのか、それとも他のものと協同して破るのかを考えてみよう。

もし単独で煩悩を破るのなら、求道の人たちはどうして八正道を修学するのだろうか。もし複数で煩悩を破るのなら、単独では破ることができないことになる。もし単独でできないのなら、複数でもできないはずである。なぜなら、一人の盲人が色を見られないことは、複数の盲人でも見られないからである。これと心静かに観察することも同じである。

師子吼菩薩、地の堅い性質、火の熱い性質、水の湿る性質、風の動く性質などはある原因とか副次的原因によって作られるのではない。それらの性質は自然（じねん）である。これらの四つの要素と煩悩も似ていて、それらの性質は自ら断絶する。もし断絶するのであれば、どうして正しい理解によって断つのだろうか。この意味から考えて、心静かに観察しては決して煩悩を破れない。

師子吼菩薩、塩の性質は塩辛く、他の物を塩辛くしてしまう。蜜の性質は甘く、他の物を甘くしてしまう。水の性質は湿りであり、他の物を湿らせてしまう。これらの喩えのように正しい理解の性質は滅することであり、教えを滅ぼすと解釈することは正しくない。なぜなら、もし教えが不滅であったら、正しい理解が無理に教えを消滅させようとする理屈が成り立つからだ。

塩の塩辛さが他の物を塩辛くするように、正しい理解の滅する性質が他の教えを滅ぼすというなら、この考え方は正しくない。なぜなら、正しい理解の性質は一瞬一瞬になくなるからである。一瞬一瞬になくなるのに、どうして他の教えを滅ぼすことがありえようか。この意味から正しい理解は煩悩を破ることはないのだ。

師子吼菩薩、世間の形づくられたものが消滅する仕方に二つある。一つは性質の消滅、二つは究極の消滅である。前者の性質が消滅する仕方であれば、どうして正しい理解が滅するといえるだろうか。正しい理解が煩悩を焼くのはちょうど火が物を焼くことに似ているといったら、正しい喩えではない。火が物を焼くと焼け残りがあるが、正しい理解が煩悩を焼くと焼け残りがまったくないからである。斧で樹木を切ったら、その切り口が判るが、正しい理解によって煩悩を破った時にはどんな破った跡があるだろうか。正しい理解が煩悩を排除したら、排除された煩悩は他の場所に出現することになろう。それは六人の外道の思想家が六つの都市を次々と排除されて最後にはクシナーラ都に現われたことと同じ現象である。もし煩悩が他の場所に出現しなかったら、それは正しい理解が煩悩を排除しなかったことを意味する。

師子吼菩薩、世間の形づくられたものすべての性質がもし空であれば、だれがそれを生じさせ、だれがそれを滅ぼしているのだろうか。さまざまな生成があり、さまざまな消滅があることは決まった創造主がいないことではないか。

師子吼菩薩、もし正しい注意を習得したら、このように世間の事象について正しく知り、正しく見ることができる。だからかつて私の説法で「もし正しい注意を習得した人は五つの集まり、すなわち五蘊はいかに生じ、そして滅するかを見るだろう」と説いたのだ。

もし正しい注意を習得しなかったら、世間の事象をはっきりと理解できない。ましてや世間を超えた境地についてはいうまでもない。正しい注意を習得していない人はたとえ平地でも転倒するだろうし、心では他宗の教えに興味を持ち、口ではたわごとを述べ、耳では聞き慣れない言葉を聞き、心には邪教の意味
548b を理解しようとするだろう。変わった文字を使って怪しげな文章を書こうとし、珍しい道を見つけ、その道を行こうとするだろう。もし善なる三昧を習得した人は多大な利益を得て、ブッダの最高のさとりを得られるだろう。

師子吼菩薩、求道の人は二つのことを具足すると多大な利益を得る。一つは正しい注意であり、二つは正しい理解である。管状の草を刈り取る時、力を入れて一気に刈り取るように求道の人はこの二つを修学しなければならない。

根が堅い樹木を抜く時は先に手で徐々に動かせば抜き取りやすいように、この二つの場合はまず正しい注意で動かし、その後で正しい理解で抜くのである。

汚れた着物を洗う時はまず灰汁(あく)を入れて洗い、そしてきれいな水で濯(すす)ぐと、着物は清潔になるように、これら二つのことも同じである。つまり先に教えを暗唱し、その後でその意味を理解するのである。

喩えていえば、勇士はまず鎧や刀をもって身体を頑丈に装束してから全軍を指揮し、敵を討伐するが、求道の人の二つもこれと同じである。

また、金細工師がかね鋏で器に盛った金に熱を加えて自在にかき混ぜながら溶かしていくように、求道の人の二つもこれと同じである。

また、磨かれた鏡が顔や姿をはっきりと映すように、求道の人の二つもこれと同じである。また、先に大地を耕し、後で種を蒔くとか、先に師匠に教えを受けて、その後でその意味を考えるなどの行為のように、求道の人の二つもこれらと同じである。

これまでの喩えで判るように、これらの二つを習得すれば多大の利益を得るだろう。眼・耳・鼻・舌・身などの感覚器官を制御し、いろいろ思うようにならないことにも耐えられる。いわゆる飢餓や渇き、寒さや暑さ、討たれたり罵られたり、獣にかまれたり、蚊や虻に刺されるなどのことに出会っても任務を投げ出すことがなくなる。利益のために悪巧みをすることがなくなる。煩悩に迷わされ、誤った考えに惑わされることがなくなる。つねに善くない思念から離れるようになり、近いうちにブッダの最高のさとりを得ることができるだろう。それは人々の利益を成就しようと願っているからである。

師子吼菩薩、この正しい注意と正しい理解を習得したら、四つの誤った考えや生き方（四顚倒）に誘惑されなくなる。ヒマラヤが東西南北からの風に一度に吹かれても微動だにしないようにである。外道の思想家たちに誘惑されなくなる。帝釈天の旗が移動しないようにである。

種々の呪術に幻惑されなくなる。つねに最高の、第一の安楽を受け、私の深奥な秘密の教えの意味を理解できるようになる。

感覚的快楽を求めず、苦しみに出会っても悲しまず、神々や人々に尊敬され、称賛されるようになる。
548c 世間の苦と世間を超えた境地との違いを善く観察でき、真理の世界そのものを了解し、わが身に究極の常
住・安楽・実在・清浄の四つの徳を得ることになろう。これを完全なる妙寂の安楽という。

正しい注意とは、世間のものはすべて空であると観察することである。正しい理解とは、そのような世間のものに願わしいものはなに一つないと観察することである。正しい平等とは、このような世間のものにはそのものの特徴がないと観察することである。大事なことは正しく注意し、正しく理解し、正しく平等視する時とそうでない時を判断することが求道の人のさとりへの修行といわれるのだ』

師子吼菩薩は最後の言葉についてさらに訊ねた。

『世尊、その時とそうでない時はどのようにして判断するのでしょうか』

『師子吼菩薩、人は楽になるとおごりの気持ちを起こす。説法を聞いておごりの気持ちを起こす。精励しているとおごりの気持ちを起こす。意味が解るとおごりの気持ちを起こす。問答しているとおごりの気持ちを起こす。悪友と付き合っているとおごりの気持ちを起こす。大事なものを人に施すとおごりの気持ちを起こす。善いことをした功徳を得るとおごりの気持ちを起こす。貴族や有力者に尊敬されるとおごりの気持ちを起こす。

このような時には自分自身と周りのかかわりについて正しく注意する心を持つべきである。これをその時とそうでない時を知るという。

修めるべきことを精進・精励していても、まだ得るべきものがなく、解脱の安らぎを得ることがないと後悔の気持ちが生じる。能力がないばかりに感覚的情欲を制御できない。煩悩のはたらきが強いためにかえって習慣や規律を守ることに自信を失うようになる。このような時はそれぞれの教えについて正しく理解する心を持つべきである。これをその時とそうでない時を知るという。

求道の人がもし正しい注意と正しい理解の二つを偏りなく行なうことができなかったら、その時は正しい平等の心はないはずである。二つが等しく行なわれているなら、正しく平等の心が行なわれているといえる。これをその時とそうでない時を知るという。

もし正しい注意と正しい理解を習得していて煩悩を起こせば、その時は正しい平等の心がないというべきである。その時は十二種の説法集を暗唱し、書写し、解説し、ブッダを思い出し、教えを思い出し、修行者の集まりを思い出し、正しい習慣を思い出し、天界を思い出し、正しい平等の気持ちを持つようにすべきである。これが正しい平等の修学である。

以上の三つのことを修学すれば、これによって世間的事象を離れた妙寂の境地を得るであろう』

『世尊、生・老・病・死・色形・音声・香り・味・触り、そして無常の十種の特徴がないのを妙寂といいます。特徴がなければ生まれない、出現しない、作らない、家、島、拠り所、安穏、彼岸に渡る、妙寂、静寂、無病、無一物などはどうしてあるのでしょうか』

549a
『師子吼菩薩、原因も条件もなければ生まれない。なにも起こらないから出現しない。作るはたらきがないから作らない。五つの誤った見解を入れないから家という。四つの大河の洪水を離れているから島という。人々を調教するから拠り所という。煩悩の賊を討伐するから安穏という。煩悩の火が消滅するから彼岸に渡るという。ものをいろいろと疑い、憶測する心を離れるから妙寂という。喧騒を遠ざかるから静寂という。不死を得るから無病という。まったくなにもないから無一物という。

このように世間のものを観察できればブッダになる可能性をはっきりと見るだろう』

無一物を得る方法

『世尊、ではこのように十種の特徴を持たない妙寂を得て最後の無一物までの境地を得るにはどうすればよいのでしょうか』

『師子吼菩薩、次の十種のことを成就すればいい。

一つは信心を具足すること。

つまりブッダなどの三つの柱（三宝（さんぼう））は常住である、十方のブッダは種々の方便をもって教化している、あらゆる生類及び極悪人の一闡提にみなブッダになる可能性があるなどと信じることである。そしてブッダには生まれること、老いること、病むこと、死ぬこと、及び苦行をしたことがあるとか、提婆達多（だいばだった）が修行者たちを乱し、ブッダを傷つけたことがあったとか、ブッダが結局は妙寂に入るとかブッダの正法は滅びるとかを信じないことである。これらを信心を具足するという。

二つは正しい習慣を具足すること。

例えば正しい習慣を厳守している求道の人がいたとしよう。彼が肉体関係を持たなくても女性と会った時に冷かしたり、言葉をかけて談笑したりしたら、内心なにか欲情を持っている。それによって正しい習慣を破ることになり、禁欲の修行を汚し、正しい習慣を汚すことになる。これでは正しく習慣を厳守しているとはいえない。

また、正しく習慣を厳守していても、たとえ女性と肉体関係もなく、冷かしたり談笑したりすることがなくても、壁の外から聞こえる女性の飾り物の触れ合う音や話し声などを聞いて興味を持ったら、自然と欲情を起こし、したがって正しい習慣を破ることになり、禁欲の修行を汚し、正しい習慣を汚すことになる。これでは正しく習慣を厳守しているとはいえない。

また、正しく習慣を厳守していても、たとえ女性と肉体関係もなく、冷かしたり談笑したりすることもなく、種々の音や声を聞かなくても、男が女の後を追いかけているのを見た時とか、女が男の後を追いかけているのを見た時とかに嫉妬の気持ちを起こしたら、自然と欲情を起こし、したがって正しい習慣を破ることになり、禁欲の修行を汚し、正しい習慣を汚すことになる。これでは正しく習慣を厳守しているとはいえない。

549b また、正しく習慣を厳守していても、たとえ女性と肉体関係もなく、冷かしたり談笑したりすることもなく、種々の音や声を聞かなくても、男女が後追いしているのを見なくても、天界に生まれて五欲の快楽を受けたいがために正しい習慣を厳守しているならば、自然と欲情を起こし、したがって正しい習慣を破ることになり、禁欲の修行を汚し、正しい習慣を汚すことになる。これでは正しく習慣を厳守しているとはいえない。

師子吼菩薩、もし正しく習慣を厳守して、習慣を身に付けるだけの目的ではなく、施しを成就するだけのためでなく、人々のためにでもなく、自分の利益のためにでもなく、さとりのためでもなく、妙寂のためでもなく、未熟な修行者のためでもなく、ただ最上にして第一の正義のためであれば、これこそ正しい習慣を具足しているといえる。

三つは善友に親近すること。

善友とは、正しい習慣を守る、多く説法を聞く、人に施す、道理を正しく理解するなどのことについて話し、人々にそれらを実行させる人である。

四つは静寂を好むこと。

静寂とは、身も心も静寂にして、世間のあらゆる事象と深奥な道理の世界を観察することをいう。

五つは努力すること。

努力とは、たとえ頭に火の粉をかぶり燃えることがあっても、つねに四つの真理に照らして世間を観察することである。

六つは専念する力を具足すること。

専念する力を具足するとは、いわゆるブッダを忘れない、教えを忘れない、修行者の集まりを忘れない、正しい習慣を忘れない、天界に生まれることを忘れない、平等の心を忘れないなどである。

七つは優しい言葉で話すこと。

優しい言葉とは、ありのままの言葉、妙なる言葉、先に心を察して訊ねる挨拶の言葉、真実の言葉などである。

八つは正法を守護すること。

正法を守護するとは、正法を愛し、いつも喜んで説法し、暗唱し、書写し、その意味を考え、広く知らせて広めることである。その上、この正法を書写し、解説し、暗唱し、その意味を考え、称えている人を見たら、衣服や飲食物や寝具や薬などをその人に施し、正法のために身命を惜しまない生き方をいう。

九つは同じように修学し、正しい習慣を厳守している仲間がいろいろと困窮していれば、他の人に頼んで托鉢用の鉢や衣や看病に必要な衣服や飲食物や寝具や家などを提供してもらうように交渉することである。

十は道理を正しく理解する力を具足すること。

世間の事象は空であるとか空でないとか、常住であるとか無常であるとか、安楽であるとか安楽でないとか、実在であるとか実在でないとか、清浄であるとか不浄であるとか、ものは永続しないとかするとか、ものは条件によって生じるとか見られるとか、ものは条件によって結果するとか条件がなくて結果するとかなど、いろいろな道理を正しく理解する力を具足することをいう。

以上の十種の特徴を具足すれば妙寂と無一物の境地を見ることができる』

業について

549c 『世尊、先にブッダはチュンダに「君はいまブッダになる可能性を見、そして妙寂を得て、ブッダの最高のさとりを成就するだろう」と告げられたことがありました。これは一体どういうことでしょうか。

ブッダはある説法で次のことを説かれました。

「畜生に施したら百倍の果報を得るだろう。極悪人の一闡提に施したら千倍の果報を得るだろう。正しい習慣を厳守している人に施したら十万倍の果報を得るだろう。もし外道の過ちを正した人に施したら量り知れない果報を得るだろう。未熟な修行者に施したら量り知れない果報を得るだろう。不屈な求道者、最高の段階に到達している求道者などに施したら、その果報は量り知れず、考えることができないほどである」と。

もしチュンダがこのような量り知れない果報を得ていたのであれば、その果報は尽きることがないが、彼はいつブッダの最高のさとりを得ることができるのでしょうか。

また、ブッダは次のような説法をされたこともあります。

「もし重ねて善行と悪行を行なえば、その報いは必ずある。生きているうちに受けるか、次の世に生まれ変わって受けるか、あるいはその次の世に生まれ変わって受けるかである。チュンダは善業を重ねて積んだので、必ずその報いを受けるだろう。その果報を必ず受けたら、どのようにしてブッダの最高のさとりを成就することができるだろうか、どのようにしてブッダになる可能性を見ることができるだろうか」と。

また、ブッダはある説法のなかで説かれました。

「三種の人に施したら、果報は無限である。一つは病人、二つは両親、三つはブッダ」と。

また、ブッダは次のようなことも説かれました。

「ある時、私は阿難に告げた。五欲によって作った悪業が人々からなくなったら、ブッダの最高のさとりを得るだろう。天界の神々の悪業もこれと同じである」と。

ブッダは「真理の言葉」という説法の中で、

「空中にいても、海中にいても、奥深い山中に入っても、世界のどこにいても、悪業から逃れる場所はない」と説かれたことがあります。

アヌルッダ尊者は「世尊、私は昔わずか一食を施しただけで八十兆年の間地獄に堕ちることがなかった」と述べておられます。世尊、わずか一食の施しでもこれほどの果報を得るのですから、ましてやチュンダの信心をもってブッダに施し、満足すべき布施を成就したのはいうまでもないと考えます。もし幸せな果報が尽きなければ、大乗の教えを謗り、殺しなどの五つの重罪、両親を殺すなどの四つの重罪、一闡提の罪などをどのようにして消し尽くすことができるのでしょうか。もし消し尽くせなければ、どのようにしてブッダになる可能性を見てブッダの最高のさとりを成就できるのでしょうか』

『師子吼菩薩、よいところを聞いた。二人の場合だけに限って量り知れない功徳を得ることができ、その功徳は言葉に尽くせない。彼らは世間の生死（しょうじ）の苦しみの海を渡り、煩悩の悪魔を降伏させ、悪魔の旗を破り、ブッダの最高の教えを説法するだろう。

では、その二人とは、一つはよく質問する人、二つはよく解答する人である。

師子吼菩薩「ブッダの十種の力の中で業の力がもっとも深い」について説明しよう。人々の中には業の
550a はたらきを軽く見て信じていない人がいる。そのような人を改心させるために次のように説いたことがある。

業を作るといっても軽い業を作る場合と重い業を作る場合があり、それぞれにまた決定的なものと不確定なものがある。

また悪業を作っても果報がない人もいる。もし悪業が必ずその果報を生むなら、どうして不可蝕民の気嘘が天界に生まれることができたり、悪鬼アングリマーラが解脱を得たりすることがあるのだろうか。この意味から業を作っても必ず果報を受けることもあり、必ず果報を受けないこともあると知らなければならないという人がいる。

このような間違った考え方を打破するために私は「業を作ったら果報を受けないことはない」と説いたのである。

師子吼菩薩、重い業を軽くすることができる場合もあり、軽い業を重くすることができる場合もある。それはすべての人にではなく、愚者と賢者だけである。だからすべての業は必ず果報を受けないが、必ず受けないといっても受けないわけではないことを知らなければならない。

人々の中に賢者と愚者がいる。賢者は正しい理解力をもって地獄で受ける極めて重い業の果報を現在の生涯で軽く受け、愚者は現在の生涯で受ける軽い業の果報を地獄で重く受けるのである』

『世尊、もしそうであれば禁欲の修行から解脱までの種々の修行をする必要はなくなると思いますが、

……』

『師子吼菩薩、よいか、もしあらゆる業が必ず果報を受けるならば、禁欲の修行から解脱までの修行をする必要はない。不確定であるから修行するのである。もしあらゆる悪業を離れたら、幸せな果報を受けるし、もし善業を離れたら、苦しみの果報を受けるだろう。

もしあらゆる業が必ず果報を受けるならば、八正道を歩もうという気持ちを起こすことはないだろう。ところがもしその正道を歩まなければ、解脱はない。あらゆる聖人が正道を歩むのは重い悪業を消して軽い果報を受けたいがためであり、不確定な業には果報がないからである。もしあらゆる業が必ず果報を受けるならば、正道を歩もうという気持ちを起こさないだろう。正道を歩まずして解脱を得ることなんか考えられないし、解脱を得ないで妙寂を得ることも考えられない。

もしあらゆる業が必ず果報を受けるならば、一生涯で作った純粋の善業は、永久に安楽の果報を受け続けるし、一生涯で作った極悪の業は永久に苦しみの果報を受け続けるだろう。もし業の果報がこのようであれば、修行も解脱も妙寂もないだろうし、ある人が作ったらその人が受けるとか、バラモンが作ったらそのバラモンが受けることになろう。もしそうであれば下劣な生まれの者、下劣な人種は存在しないことになろう。人はいつも人として生まれ、バラモンはいつもバラモンとして生まれることになろう。子供の
550b 時に作った業の果報は子供の時に受け、中年及び老年の時に受けることはなくなるだろう。また、老年の時に作った悪業の果報は地獄に堕ちた時、そこで別の身体を持った時に受けることはなくなるであろう。つまり老年の時の悪業の果報は老年になってから受けるというおかしなことになるだろう。老年の時の不

殺生の行為は壮年の時の命とは無関係である。壮年の命がなかったら、どうして老年となるだろうか。それは業が消えないからである。業がもし消えなければ、どうして修行や妙寂があるだろうか。

師子吼菩薩、業には決定的な業と不定な業がある。また決定的な業に果報が決定している業と時が決定している業がある。また、果報が決定していて時が不定であるものもある。衆縁和合（しゅえんわごう）すれば受けることがあり、現世で受けたり、来世で受けたり、来々世で受けたりすることもあるからである。

果報が決定している業

師子吼菩薩、決まって心に善業、あるいは悪業を作り、その後深く反省し、信心することの喜びを持ち、あるいはブッダなどの三つの柱に供養することを誓願すれば、これを決定的業という。賢者の善根は深く、堅固であり、不動である。だから重い悪業であってもその果報を軽くすることができる。愚者は悪行の根が深いため軽い悪業であってもその果報を重くしてしまう。このようなことからすべての業は決定しているとはいえない。

求道の人には地獄の業はない。人々のために誓願を起こして地獄に生まれるからだ。昔、人々が百歳までも生きるような時代にガンジス河の砂の数ほどの人々が地獄で報いを受けていた。私はそれを見て誓願を起こして地獄に生まれることにした。その時、私は地獄に堕ちるべき悪業を作ったわけではない。人々のためを思って地獄の報いを受けたのである。

　私は地獄の中で量り知れない年月の間、罪人のために十二種の説法集の教えを広く示して解説した。人々はこれを聞いて苦しみから解放され、地獄から罪人はなくなってしまった。ただ極悪人の一闡提は例外であった。これを現世でも来世でも来々世でも悪業の報いを受けないという。

　また、現世で数えきれない人々が畜生の世界に生まれて悪業の報いを受けることがある。私はこれを見て誓願を起こし、教えを説いて彼らを彼岸に渡すために羊・鹿・熊・狼・蛇・ガルダ・九官鳥・魚・亀・兎・象・牛・馬などの姿に化身した。私はこれら畜生になるような悪業をしたのではなく、ただ誓願で人々のためを思って化身したのである。これを現世でも来世でも来々世でも悪業の報いを受けないという。

　また、現世でも数えきれない人々が餓鬼の世界に生まれている。そこでは吐き捨てられた汁・脂肉・
血・し尿・唾などを食べ、寿命が数えきれないほど長い。そこではきれいな水について聞くことがない、
ましてや見ることはなおさらである。もしはるか遠くに水を見て求めて行くと、たちまち変じて燃え盛る
550c 火や膿が混った血となる。変わることがない時は手に矛や斧を持った多くの人が行く手を阻み、妨害する。
天から雨が降り、体に触れると火と変わる。これを悪業の報いという。実は私はこのような悪業の果報を
受けることをしていたのではない。ただ人々を教化して解脱を得させるために、この餓鬼の身を誓願して
受けたのである。これを現世でも来世でも来々世でも悪業の報いを受けないという。

　また、私は出家したばかりの頃、動物解体を生業とする家に生まれて鶏・猪・牛・羊を飼育したり、狩猟や、網を張って鳥や魚の捕獲をする不可蝕民の家に生まれたり、盗賊になって強盗をしたことがある。

私にはこのような家に生まれる悪業はもともとなかったが、人々を解脱させたいために誓願してこのような姿に化身したのである。これを現世でも来世でも来々世でも悪業の報いを受けないという。

また、私は出家したばかりの頃、僻地に生まれ、貪欲で、よく争いをし、愚かなことをし、悪行を習いとし、仏教に関心がなく、業の報いを信ぜず、親、老人、目上の人などを尊敬することがまったくなかった。このような姿を見せたのは悪業の結果ではなく、人々を彼岸に渡したいために誓願を起こしたからである。これを現世でも来世でも来々世でも悪業の報いを受けないという。

また、私は出家したばかりの頃、女の姿、醜い姿、貪欲な姿、険悪な姿、愚かな姿、嫉妬深い姿、けち臭い姿、幻の姿、騙(だま)しを好む姿、種々の煩悩が纏わった姿など、種々の姿をして生活したことがある。このような姿を見せたのは悪業の結果ではなく、人々を彼岸に渡したいために誓願を起こしたからである。これを現世でも来世でも来々世でも悪業の報いを受けないという。

また、私は出家したばかりの頃、性的不能の身体、生殖器がない身体、男女両方の生殖器を持った身体、男女どちらともいえない生殖器を持った身体などに生まれたことがある。私はこのような変わった身体で生まれるような悪業をしたことはなかったが、人々を彼岸に渡したいために誓願を起こしたからである。これを現世でも来世でも来々世でも悪業の報いを受けないという。

また、私は出家したばかりの頃、ジャイナ教のニガンタ・ナータプッタ師の教えを習い、その教えを信仰したことがあった。彼の教えの中では、施しもなく、祠(ほこら)を祭ることもなく、施しや祠を祭ったことの報いはなにもなかった。善悪の業の報いもない。現世及び来世もなく、此(これ)と彼との関わりもない。聖者を認めない。化身もなく、さとりへの道もなく、妙寂もなかった。このような姿を見せたのは悪業の結果ではなく、人々を彼岸に渡したいために誓願を起こしたからである。これを現世でも来世でも来々世でも悪業の報いを受けないという。

551a

師子吼菩薩、私は次のようなことを思い出した。昔、提婆達多と並んでキャラバンのリーダーであったことがある。各々五百人の商人を連れていた。ある時、海で珍宝を手に入れた。帰航の途中、不幸にも台風に遭い、船は大破して仲間はみな溺れ死んでしまった。その時、私と提婆達多の二人は不殺生の善業の報いで長寿の縁を得て、風に吹かれて海岸にたどり着くことができた。助かった提婆達多は失った珍宝を惜しみ、悔しがり、声を上げて泣き出した。そこで私は彼に

「提婆達多、そんなに泣くではない」

と語りかけると、彼は

「よく聞きたまえ、ある人が貧乏で生活に困っていたとしよう。その人が墓場に行き、屍を抱いて、私に死の安楽をくれ、そうすれば貧乏の寿命をあげようと言ったら、屍は起き上がり、貧乏の寿命はお前が受け、私は死の安楽を楽しみたいと言って、お前のような貧乏な生き方はしたくないと言ったことと同じで、私もこの貧乏人と同じように死の安楽はなく、その上無一文になっているではないか。どうして泣かずにおれよう」

と言った。これを聞いて私は慰めて言った。

「ちょっとの間泣くのをやめたまえ、ここに量り知れない価値の宝石が二個ある。一個を君に上げよう」

彼に一個の宝石を与えてから次のように語った。

「ある生きている人がこの宝石を手にした。もしその人が死んだら、誰がこれを受け継ぐだろうか」

その時、私は疲れきっていたので一本の木の下で休み、いつの間にか眠ってしまった。提婆達多はもう一個の宝石が欲しくて私の目を潰し、奪った。私はその痛みで声を上げて叫んだ。すると一人の女性が現われて、私に訊ねた。

「どうして声を出して叫んでおられるのですか」

私はこの経緯を説明した。すると女性は
「お名前はなんといわれるのですか」

と訊ねた。私が
「真実を語るものという者だ」

と答えると、

「あなたが真実を語るものという名前であることがどうして判りますか」

と女性は訊ねた。そこで私は事実を述べた。

「もし私がいま提婆達多に対して憎しみを抱けば、私の眼はこのままの見えない状態が長く続くことであろう。その憎しみを持たなければもとの眼に治るはずである」

このことを言い終わると、眼は平癒し、もとのようになった。これを現世の報いというのだ。

師子吼菩薩、私は次のようなことを思い出した。昔、私は南インドのプータナという都に住むバラモンの家に生まれた。その都の王はカラーブ（別名カーリ）と呼ばれた。性格は残虐で、傲慢で、そして誇大妄想癖があった。年若く、容姿は端麗で、五欲に溺れていた。その頃私は人々を教化するために都の郊外におり、一人静かに坐禅の日々を送っていた。

551b ある春の頃、その王は花見のために眷属、宮殿の臣下や側妻や侍女たちを連れて郊外に出かけ、林の中で宴を楽しんでいた。その内、王は連れの者たちと離れて遊んでいるうちに、私が一人坐っている場所に来てしまった。彼に向かって私はむさぼりをなくすようにと説法した。すると王は語りかけた。

「君は最高の聖者である阿羅漢の位に達しているのか」

私が答えて、

「達していない」

と言うと、王は

「君は阿羅漢位の前段階の不退転位のさとりを得ているのか」

と訊ねた。これに対して私が

「得ていない」

と答えると、王は

「この二つのさとりを得ていないとなれば、君にはむさぼりの煩悩がまだあることになる。君はどうしてジロジロと俺の女を見るのだ」

と軽蔑して言った。

「王、私はまだむさぼりの煩悩を確かに断ち切っていないけれども、内心は頓着する気持ちがまったくない」

「これ愚者、世の中には気を飲み、果実を食べる仙人がいるが、彼でも女を見ると欲情が起こるのだ。まして や君のように血気盛んな年の者では欲情を断っているわけがない。女を見て欲情が起こらないとはどういうことか」

「王、女を見て執着しないのは気を飲み、果実を食べているからではない。執着するのはみな無常なものや不浄なものに関心があるからだ」

「君、もし他人を軽蔑し誹謗する者がどうして正しい習慣を習得しているといえるか」

「王、もし嫉妬心があれば、誹謗することがあろう。私には嫉妬心がない。どうして他人を誹謗することがあろうか」

「では君の正しい習慣とはなにか」

「王、忍耐が私の正しい習慣である」

「もし忍耐が君の正しい習慣だというなら、耳を切り落とすぞ。もし本当に忍耐できれば、君の正しい習慣が本物であるかどうかが判るだろう」

このように言ってから、すぐに私の耳を切り落としたのである。私はそれでも顔色を変えず平然としていた。この光景を見ていた王の臣下たちは諫めて進言した。

「王、このような求道（ぐどう）の人に害を加えてはなりません」

王は臣下たちに告げた。

「どうして彼が求道の人だと判るのか」

「王、苦しみを受けている時でも顔色が変わらないではありませんか」

「もう一度試して、顔色が変わるかどうかを確かめてみることにしよう」

今度は私の鼻を削ぎ、手足を切ったのである。このようにされている間、私は数えきれない数の世界に住む人々が苦悩していることを憐憫（れんびん）して、慈しみの気持ちを持っていた。その時、四天王たちが王のやり方に怒り、天より砂や瓦礫や石を降らした。これを見た王は恐ろしくなり、私の前にひざまずいて言った。

「お願いです。私の懺悔を聞いてください」

「王、私はあなたに対して怒っていない」

「大徳、どうしてあなたに怒りや憎しみがないことが判りましょう」

そこで私は
「もし私に怒りや憎しみがないなら、この身体をもとの姿に変身して見せよう」

と言って、本来の姿に変身した。これが現世の報いというのだ。

師子吼菩薩、善業の来世で受ける報いや来々世で受ける報い、及び悪業の報いもこれまで述べてきたよ
551c うにあるのだ。ブッダの最高のさとりを得る時に、あらゆる業はみな現世で報いを受ける。不善・悪業の現世で受ける報いは王が悪行をした時に天が砂や瓦礫や石を降らしたことと同じである。ある人が猟師に熊の居所や鹿の特徴を教えたために手が抜け落ちたという話は、悪業が現世で報いを受けたことをいう。

来世の報いとは極悪人の一闡提や、殺しなど四つの重罪を犯した人や、両親を殺すなど五つの重罪を犯

した人などが受ける報いである。

来々世の報いとは正しい習慣を厳守している人が次のような誓願を起こすことをいう。〈どうか来々世でもいつもこのような正しい習慣を厳守できる身体を授かるように。人々の平均寿命が百年である時、八十歳になるまでにブッダとなり人々を教化できるようになりたい〉と。

師子吼菩薩、もし業が決まって現世で報いを受けるなら、来世の報いや来々世の報いを受けることはなくなる。いわゆる三十二の瑞相の業を修めると現世でその報いを受けられなくなる。もし業が現世・来世・来々世の報いを受けないとなれば、この業の報いは不確定という。

師子吼菩薩、もしいろいろの業が必ずそれぞれの報いを受けるなら、禁欲行・解脱・妙寂などを習得しなくなるのではないかという人がいたら、その人は私の弟子ではない。おそらく悪魔の仲間であろう。

決定した業と不確定の業

業には決定的なものと不確定なものとがある。決定的な業とは現世の報いと来世の報いと来々世の報いとをいう。不確定なものとは衆縁和合すれば受け、和合しなければ受けないものをいう。この意味から禁欲行・解脱・妙寂などがあるという人がいれば、その人は私の弟子である。悪魔の仲間ではない。

人々には不確定の業が多く、決定的な業は少ない。したがって道を修学する必要がある。道を修学するから必ず地獄に堕ちるほどの重い業でも軽い程度で済むことになる。不確定の業は来世の報いを受けるわけではない。

師子吼菩薩、二通りの人がいる。一つは不確定な報いを決定的な報いにし、現世で受ける報いを来世で受けるようにし、軽い報いを重い報いにし、人間界のなかで受けるはずが地獄に堕ちて受けてしまうような人。二つは決定的な報いを不確定な報いにし、来世で受ける報いを現世で受けるようにし、重い報いを軽くし、地獄に堕ちて受けるはずを人間界で軽く受ける人。

こんな二人の一人は愚者で、一人は賢者である。賢者は重い報いを軽くする人であるが、愚者は軽い報いを重くする人である。喩えで説明しよう。

王によって二人が有罪とされた。ところが眷属が多い方は罪が軽く、眷属が少ない方は軽いはずが重い罪となった。これと同じことが愚者と賢者にも当てはまる。賢者は善業が多いから重い報いも軽い報いで済み、愚者は善業が少ないので、軽いはずなのに重い報いを受けることになる。

ここに太って元気な人と痩せて虚弱な人がいたとしよう。二人とも沼の深みにはまってしまった。元気な人はすぐに脱出したが、虚弱な人はそこで溺れてしまった。愚者と賢者の場合もこれと同じである。

また、ある二人が共に毒を飲んでしまった。一人は呪力、及び解毒薬アガタを持っていた。一人はそんなものを持っていなかった。前者はそれを飲んで助かったが、後者は死んでしまった。賢者と愚者の場合もこれと同じである。

552a
また、ある二人が重湯（おもゆ）をたくさん飲んだ。一人は血気盛んな人で、一人は虚弱な人であった。血気盛んな人はそれを完全に消化し、虚弱な人はそれを飲んで患った。賢者と愚者の場合もこれと同じである。

また、ある二人が王によって牢獄に入れられた。一人は知慧がある人で、一人は愚かな人であった。前者はすぐに脱出できたが、後者は脱出できなかった。

また、ある二人が険しい山道に差しかかった。一人は目が見えたが、一人は目が見えなかった。目が見える人は難なくそこを通り過ぎたが、目が見えない人は深い谷底に落ちてしまった。

また、ある二人が酒を飲んだ。一人は多くの物を食べた。もう一人は少しの物を食べた。たくさん食べた人は酒を飲んでも患わなかったが、少ししか食べなかった人は酒を飲んで患ってしまった。

また、ある二人が共に敵陣に乗り込んで行った。一人は鎧や刀などを装備して出かけた。一人は無防備で出かけた。前者は敵を倒したが、後者は攻められ、切られてしまった。

また、ある二人が着ている物が糞や泥で汚れていることに気付いた。一人はすぐに洗い濯いだが、一人は洗わなかった。すぐに洗った人の着物はきれいになったが、洗わなかった人の着物は汚れたままで、日に日に汚れがひどくなった。

また、ある二人が車に乗った。一人が乗った車の車輪には軸や輻があったが、もう一人が乗った車の車輪にはそれらがなかった。前者は思いどおりに車を動かすことができたが、後者は車を動かすことさえできなかった。

また、ある二人が荒野を横切っていた。一人は食料など十分の装備をしていた。一人は十分の装備もなく歩いていた。前者は険しい場所を無事通り過ぎることができたが、後者は横断できなかった。

また、ある二人が盗賊に襲われた。一人は財産を持っていた。一人は財産がなかった。財産がある人は悲嘆しなかったが、財産がない人は無一文になり悲しんだ。

これまでいろいろの二人の例を挙げたが、愚者と賢者の場合もこれらと同じである。善行を多く積んだ人は重い報いを受けるところを軽い程度で受けるが、善行を積んでいない人は軽い報いを受けるところを重い程度で受けなければならなくなる』

正しい習慣がないとは

師子吼菩薩がさらに訊ねた。

『世尊、ブッダはすべての業はみな決まった果報を受けるわけでもなく、すべての人々が決まって受けるわけでもないと説かれたことがあります。世尊、どうして現世で軽い報いで済むところを地獄で重い報いを受けるようになり、地獄で重い報いを受けるはずのところが現世で軽い程度で受けるようになるのでしょうか』

ブッダは言われた。

『師子吼菩薩、人には賢者と愚者の二種類がある。身体に正しい習慣を守り、心に正しい理解を習得した人は賢者である。これらを習得していない人は愚者である。

では身体に習得していないとはどういうことだろうか。五官を制御できないことが身体に習得していないことである。七種の習慣を厳守していなければ正しい習慣を習得していないという。心を調教しないことを心を制御していないという。高潔な行を修めなければ正しい理解を習得していないという。

552b また、身体を制御していないとは正しい習慣が身体自身に馴染(なじ)んでいないことをいう。正しい習慣を習得していないとは出家者が八種の所有してはならない物を蓄えていることをいう。

心を制御していないとは世間の事象が空であり、もの本来の特徴がなく、そして願わしいものがなに一つないという見方ができないことをいう。正しい理解を習得していないとは禁欲の行を習得していないことをいう。

また、身体を制御していないとは物の集まりである身体をよく観察していない、色形を、及びその色形の特徴を正しく観察していないことである。また、物の集まりである身体の特徴を観察せず、身体を構成する物の数を知らないことである。また、この物の集まりである身体はこれによって彼が成り立つ関係を知らず、身体でない物にその特徴を見たり、色形ではない物にその特徴を作り上げる。したがって物の集まりである身体と構成する物の数に執着することを身体を制御しないというのだ。

正しい習慣を厳守しないとはなにか。下劣な習慣を守れば、それは正しい習慣を守っているとはいえない。その場限りの習慣とか、自分の利益のためだけの習慣とか、自分を調教するための習慣とか、これらの習慣を守る態度は広く人々の幸せのためではない。正法を守護するためではない。天界に生まれて五欲の快楽を楽しもうとするのは正しい習慣を厳守することではない。

心を制御していないとは心が散って一つのことに集中できず、自分自身を把握できないことをいう。自分自身を把握するとは身体が不浄である、感覚が思うようにならない、心が無常である、ものには実体がないという四つを忘れないことである。自分自身を把握しないとはいわゆる五欲に迷い、これら四つを忘れていることである。これが心を制御していないことである。そして正しく心を守護しないとは正しい理解を習得していないことという。

また、身体を制御しないとはこの身体が無常であり、永住しないものであり、もろいものであり、刹那に壊れていくものであり、悪魔の住むところであると観察できないことをいう。正しい習慣を厳守しないとは完璧に習慣を具足できないことをいう。心を制御していないとは完璧な注意ができないことをいう。正しい理解を習得していないとは完璧な理解を具足していないことである。

また、身体を制御しないとは私というものがある身体とか私の身体とか考えて、その身体に頓着し、私の身体をいつまでも不変であると考えることをいう。正しい習慣を厳守しないとは自分自身のために善業を積むことをいう。心を制御しないとは悪業をしているなかで心を調えることができずにいることをいう。正しい理解を習得していないとは心を調教できず、善悪の分別ができないことをいう。

また、身体を制御できないとは身体に霊魂があるという考えを断てないことをいう。正しい習慣を厳守しないとは下劣な習慣に馴染む心を断てないことをいう。心を制御しないとはむさぼりや怒りの気持ちを起こして地獄に堕ちることをいう。正しい理解を習得していないとは道理に暗い心を断てないことをいう。

また、身体を制御しないとはわが身に咎（とが）はないといっても、その咎を敵（かたき）と思うことができないことをいう。喩えていうと、ある男が敵を追って、いつもその行く先を探しているように、賢者は自覚して心掛けて慎んで行動する。もし慎んで行動しなければすぐに害を被ることになる。人々の身体も同じように、いつもきれいな水や食べ物で冷やしたり暖めたり、養生しなければならない。もし自分の身体をこのように保護し養生しなければ、すぐに衰弱してしまうだろう。

また、喩えを引こう。バラモンは火の神を祭って、いつも線香や花を供えて神を称え、神を礼拝し、百
552c 年間も供養し続けようとする。もし彼らが手で火にちょっとでも触れるとたちどころに火傷を負う。この火は供養を受けるが恩をまったく感じていないのだ。人々の身体もこれと同じで、長年、香油や花や、飾りや衣服や、飲食物や寝具や薬などをもって飾ったり、養生したりしてやっても、身体の内や外のさまざまな悪条件によってすぐに病弱になり、それまで世話になったことへの恩をまったく覚えていない。

また、喩えを引こう。ある王が四匹の毒蛇を一つの箱に入れて、ある男に大事に世話するように命じた。その四匹の毒蛇はひとたび怒ると人も殺害した。彼は恐怖で一杯であったが、毎日毒蛇の餌を探し求めて定刻になると与えた。これと同じで、人々の身体を構成する地・水・火・風の四つの毒蛇はひとたび怒れば身体を破壊する。長患いをしても名医に掛かると治癒するが、そうでなかったら治るどころか死んでしまう。人々はいつも心を制御して怠けないようにしなければならない。もし怠けるならば、身の破滅を招くことになる。

また、喩えを引こう。杯や瓶などは風雨に弱く、強い衝撃や圧迫にたえることができない。これと同じ

で、人々も飢餓や渇き、寒暑、風雨、衝撃、罵詈雑言などにたえられない。

また、腫れ物は膿んでいない時は触れないようにして手当てをしなければならない。触れると激しく痛むからである。人々の場合もこれと同じである。

また、螺貝（らがい）は孕むと身を損なうが、これと同じように人々も風邪を引くと身体が衰弱する。また、芭蕉は実を結ぶと枯れる。また、芭蕉は芯を持たない。この芭蕉と人々も同じである。

また、蛇や鼠や狼は各々互いに恨みをもって対するが、身体を構成する地・水・火・風の四つの要素も彼らと同じである。

また、ガチョウの王は自分の死に場所に頓着しないが、求道の人も自分の死に場所にこだわりがない。

また、不可蝕民は七代に亙ってその生業を相続するために人に軽蔑される。これと同じで、わが身の種子や血液は死後まで不浄である。不浄であるから、ブッダや求道の人たちに呵責（かしゃく）される。この身体はヒマラヤ山が栴檀（せんだん）の樹木を産するようなものではない。また、紅蓮の花、白蓮の花、チャンパーの花、マリッカの花、ジャスミンの花などを産するようなものでもない。いつも九つの孔からは不浄なものを流し、生まれるところは臭気があり、汚れており、形は醜く、種々の虫を内に養っている。

553a

また、例えば世間に素晴らしくきれいな庭園や果樹園があるが、そこに死体が転がっているとたちまち不浄なところと化し、だれも見向きもしなくなり、愛着しなくなる。これと同じで、天界はきれいなところではあるが、身体があるからブッダたちはこの世界に拘泥しない。以上のような喩えで説明したようにわが身を観察できなければ、これを身体を制御しないという。

次に正しい習慣を厳守しないとは次のようなことである。喩えで説明しよう。正しい習慣はあらゆる善なる梯子（はしご）であり、善なる坂道であると考えられないことである。

正しい習慣はあらゆる善なる教えの根本である。ちょうど樹木を生長させる根のようである。あらゆる善根の指導者である。商人のグループを引率するキャラバンの隊長のようである。あらゆる善なる教えの旗印である。それは帝釈天のそばに建っている旗のようである。あらゆる悪業、及び三悪道を破壊し、重病を治癒する薬のようである。生死輪廻の険しい道での豊富な食料のようである。煩悩を砕き、賊を討伐する武器のようである。煩悩という毒蛇を殺す占いのようである。悪業の河を渡る橋のようである。

正しい習慣はこのようなものだと考えられないならば、それは正しい習慣を厳守しないという。次に心を制御しないとは心は軽々と動転して、捉えがたく、調（とと）のえがたいものだと見られないことである。心は四方に奔走する暴れ象のようである。一瞬に走り去るいなびかりのようである。浮かれたり、沈んだりして一時も静かにしていない猿のようである。陽炎（かげろう）のようであり、炎のようであり、あらゆる悪の根源である。五欲で満足せず、火が薪を燃やし続けるように、大海があらゆる川の水を飲み込むように、マダンラーサナ山に生い茂った草木のようである。心が五欲におぼれて患う姿は釣り針を呑み込んだ魚のようである。心があらゆる行ないを操る様子は母貝がわが子たちを引き連れているようである。

心が五欲におぼれて解脱を願わないのは、ナマズが蜜を好み、死ぬまで水草を顧みないことのようである。現在の快楽に執着して、後の果報を考えないのは、牛が田圃の苗をむさぼり、農夫に杖で打たれることを恐れない姿に似ている。二十五種の迷いの生存に輪廻する周期は突風がトゥーラ綿を吹くようである。

心が求めても手に入れることができないものを飽きずに求めている姿は愚者が火の気がないところに火を求めるのに似ている。心が来世に生まれ変わりを求める姿は苦い果実を結ぶニンバ樹に巣くうニンバ虫に似ている。心が世間の汚れに執着し、苦悩する姿は地獄の囚人が地獄の女を求めることに似て、豚が不浄なところを好んでいる姿にも似ている。

心とはいま述べたようなものだと観察できなければ、それを心を制御しないという。

正しい理解がないとは

正しい理解を具足しないとはなにか。

正しい理解はガルダ鳥のように優勢な力を持ち、太陽の光のように悪業を破壊し、煩悩の闇を破壊する力を持ち、水があらゆる物を流し去るように五蘊（ごうん）の煩悩の樹木を抜き取る力を持ち、大火のようにあらゆる邪見を焼却する力を持っていると見ないことである。正しい理解は、あらゆる善なる教えの根本であり、ブッダや求道の人たちの母であり、種子である。

553b 正しい理解とはいま述べたことだと観察できなければ、それを正しい理解を具足しないという。

第一義の中に、身体、身体の特長、身体の原因、身体の結果、身体を構成する物、身体は一つである、身体は二つである、現世の身体、来世の身体、身体の消滅、身体はみな等しい、身体で修行する、身体で修行する人などを見ようとする人は身体を制御していないという。

第一義の中に、習慣、習慣の特長、習慣の原因、習慣の結果、上位の習慣、下位の習慣、習慣の集まり、習慣は一つである、習慣は二つである、現世の習慣、来世の習慣、習慣の消滅、習慣はみな等しい、習慣の反復、習慣を修める人、完璧な習慣などを見ようとする人は正しい習慣を厳守していないという。

第一義の中に、心、心の特長、心の原因、心の結果、心の集まり、種々の心、心は一つ、心は二つ、現世の心、来世の心、心の消滅、心はみな等しい、心の修行、心の修行者、上・中・下の心、善心、悪心などを見ようとする人は心を制御していないという。

第一義の中に、理解、理解の特徴、理解の現因、理解の結果、理解の集まり、理解は一つ、理解は二つ、現世の理解、来世の理解、理解の消滅、理解はみな等しい、上・中・下の理解、鈍い理解、鋭い理解、理解の反復、理解の修行者などを見ようとする人は正しい理解を備えていないという。

師子吼菩薩、これら身体の本質と正しい習慣と心の本質と正しい理解などをよく観察していないと、小さな悪業でも量り知れない苦しみの報いを受けることになる。そしていつも〈私は地獄にいるのと同然で、地獄の生活みたいだ〉と恐れを抱き続けることになろう。こんな報いを受けている人が賢者に地獄の説明を聞いても〈鉄が鉄を打ち、石が石を打ち、木が木を打ち、火の虫が火を楽しむようなことと同じで、地獄にいるようないまのわが身はかえって地獄に実際にいるのと同じである。地獄に似ているのだからこれ以上の苦しみがどこにあろうか〉と勝手な開き直りの考えを持つであろう。

喩えていえば、銀蠅が吐き捨てられた唾を食べようと止まり、その粘りに足を取られて抜け出せないのと、この人物も同じである。小さな罪を犯して、その罪から抜け出せない。つまり心に始めから悔いる気持ちがないからである。善行によって自分の傷口を癒すことができない。過去の善業を積んでいてもいまの小さな罪で汚してしまう。現世で受けるべき軽い報いが転じて地獄の重い報いを受ける羽目に落ちてしまう。

師子吼菩薩、小さな器の水に塩一升入れると塩辛くて飲めなくなるのと、この人の悪業も同じである。人が借りた一円を返済できないために刑罰を受け、苦しむ羽目になったのと、この人の悪業も同じである』

『世尊、この人はどうして現世で受けるべき軽い報いを転じて地獄の重い報いを受ける羽目になったのでしょうか』

『師子吼菩薩、五つのことをしたら、現世で受けるはずの軽い報いを地獄で重い報いとして受けることになるのだ。その五つとは次のことである。

一、道理に暗いから、二、善根が微少であるから、三、悪業が重いから、四、懺悔しないから、五、もともと善業を積んでいないから。

また、次の五つのことをしても地獄で重い報いを受ける。その五つとはなにか。

553c 一、悪業を習いとするから、二、正しい習慣を厳守していないから、三、あらゆる善根と無縁となるから、四、身体を調え、正しい習慣を厳守し、心を制御し、正しい理解を備えるなどを心掛けないから、五、悪友と付き合うから』

『世尊、では地獄で受けるはずの報いを転じて現世で軽く受けるにはどうすればよいでしょうか』

『師子吼菩薩、身体を調え、正しい習慣を厳守し、心を制御し、正しい理解を備えるなど、先に説いたようにすれば、世間の事象は虚空と同じだと観察するようになり、したがって正しい理解とか賢者とか、無知とか愚者とか、修行とか修行者とかの区別も特徴も見ることはなくなるだろう。その人こそ賢者という。この人は身体を調え、正しい習慣を厳守し、心を制御し、正しい理解を習得している人であり、地獄で受けるはずの報いを現世で軽く受ける人である。このような人はたとえ極めて重い悪業を作ったとしても、その経緯をよく観察し思索して、次のように考えるだろう。

〈私が作った悪業は重いが善業とは似つかない。例えば毛せんを敷き詰めたように咲き乱れた花でも純金十五グラム位の重さの金に匹敵しないように、ガンジス河に一リットルに満たない塩を投げ込んでも、飲む人はまったく塩味を感じないように、巨万の富を有する人が多くの人の多種の宝物を借りていても、それに縛られて苦しむことがないように、暴れ象が鉄の鎖を難なく切り取り、逃げ去るようである〉と。

賢者の場合はこれらの喩えのようである。また、いつも次のように考えるだろう。

〈私には善根の力が強力で、悪業は衰弱している。いま私は罪を告白し、懺悔して悪業を除き、正しく理解して、理解力を養い、道理に暗い部分を少なくしたい〉と。

このように考えながら、善友と付き合い、道理に適った見方をし、ブッダの十二種の説法集を学習し、暗唱し、書写し、解説するようになる。また、十二種の説法集を記憶し、暗唱し、書写し、解説する人を見たら、尊敬し、衣食、修行の場所、寝具、薬、香油を供養し、どこに行ってもその人の善行を称え、欠点を指弾することがないだろう。また、ブッダなどの三つの柱を供養し、大乗の妙寂の教え、つまりブッダは常住で不変であり、人々にはみなブッダになる可能性があるという教えを敬い、信じるであろう。このような人は地獄で受けるはずの報いを現世で軽く受ける人である。

師子吼菩薩、したがってすべての業にはみな決まった報いがあるわけではない。また、すべての人々が決まってそれぞれの報いを受けるわけではない』

第四十三章 ブッダになる可能性と成仏

生死の大河と七種の人

554a 師子吼菩薩は所見を述べ、質問した。

『世尊、もしすべての業がそれぞれが決まった報いを受けず、人々はブッダになる可能性があるのに、さらに八正道を修学しなければならないといわれるならば、どういう理由で人々は完全な解脱を得られないのでしょうか。もし人々にブッダになる可能性があるなら、必ずブッダの最高のさとりが得られるはずです。どうして八正道を修学しなければならないのでしょうか。

世尊、説法の中で、

「病人に医者と医薬と看病の人が付いていたら、飲食を得ても得なくても病は癒えるものだ。人々の場合も同じで、未熟な修行者であれ、また、ブッダや求道の人や善友などに出会って説法を聞き、正しい道を歩むことがあっても、また、なくてもブッダの最高のさとりを成就することができる。なぜならブッダになる可能性があるからだ」

と説かれたことがあります。

世尊、例えば太陽や月の光はアナヴァタプタ池を囲む山（?）に遮られて麓に達しないとか、ガンジス河など四つの大河は大海に流れ着かないとか、極悪人の一闡提（いっせんだい）は地獄に堕ちないとかは考えられません。このことは人々の場合も同じです。人々がブッダの最高のさとりを得るのを邪魔できません。なぜなら人々にはみなブッダになる可能性があるからです。したがってブッダへの道を歩む必要はないのです。ブッダになる可能性の力があるからです。必ずブッダの最高のさとりを成就することができます。すぐれたブッダへの道を修学する力がそうさせるのではありません。

世尊、もし極悪人の一闡提や四つの重罪人、五つの重罪人などがブッダの最高のさとりを得ることがないなら、その時はブッダへの道を修学しなければなりません。つまりブッダになる可能性によって必ず成就することができるからです。ただ修学した後で成就するということではありません。

喩えていうと、磁石から鉄を離していても磁石の力で鉄が自然と引き寄せられるように、人々にあるブッダになる可能性もこれと同じで、ことさらに勤めて道を修学する必要はないと考えます。このように理解していいものでしょうか』

『師子吼菩薩、ガンジス河の河辺に七種の人がいる。沐浴しながら追剥ぎを恐れる人、また、花を採取しているうちに河に入る人の例で考えてみよう。

第一の人とは水に入れば沈む人である。弱々しくて力がなく、泳ぎを知らないから。

554b 第二の人は水中に沈んでもすぐに浮き上がり、また沈む人である。力があるので浮き上がるが、泳ぎを知らないからまた沈んでしまうのである。

第三の人は沈んでからすぐに浮き上がり、そのまま沈まないでいる人である。身体が重たいので最初は沈むが、力があるから浮き上がり、泳ぎを知っているからそのまま浮いていることができるから。

第四の人は河に入り、沈んでからまた浮き上がり、浮き上がってから四方を見ることができる人である。身体が重くて沈んだが、力があるから浮き上がり、泳ぎを知っているからそのまま浮いていることができた。ただ浮いたところがどこかを知らなかったので四方を見回した。

第五の人は河に入り、沈んでまた浮き上がり、浮き上がってからそのまま浮いて四方を見渡して、その場を泳ぎ去った。怖くなったからである。

第六の人は河に入り、すぐに立ち去り、浅瀬に至った人である。盗賊が近くにいるかどうかを見るためである。

第七の人はすでに彼岸に渡り、山に登り詰めて、盗賊から遠ざかり、恐れがなくなって、幸せな気持ちに浸っている人である。

師子吼菩薩、生死の大河にも七種の人がいる。煩悩の盗賊を恐れて、決意して生死の大河を渡り、彼岸に行こうと願い、出家し剃髪して身に法衣を着る人がいる。

すでに出家していながら悪友と付き合い、彼の考え方が正しいと思い、誤った教えを聞こうとする人がいる。その教えとは、〈身体は五蘊からなる。五蘊とは五つの要素をいう。人が死ぬと五つの要素は永久に消滅してしまう。五つの要素が消滅してしまうから、生きている間に善悪の行ないをすることの意味があるだろうか。善悪の行ないに対してそれぞれに善悪の報いがあるとは思えない〉というものである。このようなことをいう人を極悪人の一闡提という。

一闡提とは善根を断ち切っている人をいう。善根を断ち切っているから生死の大河に沈み、岸に上がることができない。なぜなら、悪業が重く、信心の力がないからだ。これはガンジス河の岸辺に入ったばかりの第一の人に喩えられる。

一闡提の輩は六つの因縁があるために三悪道に堕ちて抜け出ることができない。では、その六つとはなにか。

一、悪心が旺盛であるから、二、来世を考えていないから、三、好んで煩悩を楽しむから、四、善根を植えないから、五、悪業が善業を寄せ付けないから、六、悪友と付き合うから。

また、五つのことで三悪道に堕ちる。では、その五つとはなにか。

一、男の修行者のそばで教えに反することをするから、二、女の修行者のそばで教えに反することをするから、三、勝手に教団の物を使用するから、四、母親のそばで教えに反することをするから、五、未成年と成年の修行者の集まりの中に入って教えに反することをするから。

また、五つのことで三悪道に堕ちる。では、その五つとはなにか。

一、つねに善悪の報いはないと言っているから、二、さとりを求めようと決意した人を殺すから、三、
554c 説法者のあら探しを楽しむから、四、正しい教えを誤った教えと言い触らすから、五、教えの欠点を探すために説法を聞くから。

また、三つのことで三悪道に堕ちる。では、その三つとはなにか。一、ブッダは無常であり、永久に死滅するという、二、正法は無常で変遷するという、三、修行者の集まりは壊滅するという。

これらのことをするから一闡提の輩は三悪道に堕ちる。

次に第二の人は決意して生死の大河を渡り、彼岸に行こうと願うが、善根を断ち切っているので大河から岸に上がれない。ここで岸に上がれるとは善良な友と付き合えば信心を得ることをいう。信心とは施せばその報いがあることを信じ、善根の果報があることを信じ、そして悪業の果報があることを信じて、生死は思いどおりにはならず、無常であり、壊れるものであると信じることを意味する。これを信心という。

信心を得たら、正しい習慣を身に付けるようになる。正法を記憶し、暗唱し、書写し、解説し、つねに施しを喜びとし、道理を正しく理解することに努力するようになるが、悪友と付き合い、身体の制御、正しい習慣、心の制御、正しい理解などを習得できず、間違った考え方を聞いて信じ、また、ある時は不正が横行する時代や国に居合わせるために、それまで積んだ種々の善根を断ち切ってしまい、生死の大河におぼれてしまう人がいる。この人はガンジス河のほとりの第二の人である。

第三の人は決意して生死の大河を渡り、彼岸に行こうと願うが、善根を断ち切っているために流れの途中でおぼれてしまう人である。しかしこの人は善良な友と付き合うなら岸に上がることができる。この人は

〈ブッダは一切の事象を知り尽くした、常住・不変の人であり、人々のために無上の教えを説かれる。

人々にはみなブッダになる可能性があり、ブッダは死滅する人でなく、教えも修行者の集まりも消滅することはない。極悪人の一闡提など重罪の人たちはこれらブッダの教えを信じるならば、結局はブッダの最高のさとりを得られるだろう。ただし、邪見を離れたら、得られるだろう〉と考える。この信心があると正しい習慣を身に付けるようになろう。その後でブッダの教えを記憶し、暗唱し、書写し、解説し、人々に説法するだろう。施しを喜びとし、道理を正しく理解することに努めるだろう。堅い信心と正しい理解を持ち、心に怠惰する気持ちはないだろう。この人はガンジス河のほとりの第三の人である。

　第四の人は決意して生死の大河を渡り、彼岸に行こうと願うが、善根を断ち切っているために流れの途中でおぼれてしまう人である。しかしこの人は善良な友と付き合うなら信心を得て岸に上がることができる。この信心があると正しい習慣を身に付けるようになろう。その後でブッダの教えを記憶し、書写し、解説し、人々に説法するだろう。施しを喜びとし、道理を正しく理解することに努めるだろう。堅い信心と正しい理解を持ち、怠惰になる気持ちはなくなり、四方を見渡す目を持つようになろう。四方とは四つの沙門のさとりである。この人はガンジス河のほとりの第四の人である。

　第五の人は決意して生死の大河を渡り、彼岸に行こうと願うが、善根を断ち切っているから大河から岸に上がることができない。ここで岸に上がれるとは善良な友と付き合えば信心を得ることをいう。この信
555a 心があると正しい習慣を身に付けるようになろう。その後でブッダの教えを記憶し、暗唱し、書写し、解説し、人々に説法するだろう。施しを喜びとし、道理を正しく理解することに努めるだろう。堅い信心と

正しい理解を持ち、心に怠惰する気持ちがなくなり、さらに前進するだろう。前進するとは孤独なブッダの境地に至ることである。自分だけが彼岸に渡って人々を渡すことまではしない人の境地である。これを「去った人」という。この人はガンジス河のほとりの第五の人である。

第六の人は決意して生死の大河を渡り、彼岸に行こうと願うが、善根を断ち切っているから大河から岸に上がることができない。ここで岸に上がれるとは善良な友と付き合えば信心を得ることをいう。この信心があると正しい習慣を身に付けるようになろう。その後でブッダの教えを記憶し、暗唱し、書写し、解説し、人々に説法するだろう。施しを喜びとし、道理を正しく理解することに努めるだろう。堅い信心と正しい理解を持ち、怠惰になる気持ちはなくなり、さらに前進するだろう。ここではじめて浅瀬に至る。浅瀬に到り、そこから離れようとしない。離れようとしないとは求道の人の境地をいう。彼は人々を救済しようと思うために、そこで世間の煩悩の姿を観察するだろう。この人はガンジス河のほとりの第六の人である。

第七の人は決意して世間の大河を渡り、彼岸に行こうと願うが、善根を断ち切っているから大河から岸に上がることができない。ここで岸に上がれるとは善良な友と付き合えば信心を得ることをいう。この信心があると正しい習慣を身に付けるようになろう。その後でブッダの教えを記憶し、暗唱し、書写し、解説し、人々に説法するだろう。施しを喜びとし、道理を正しく理解することに努めるだろう。堅い信心と正しい理解を持ち、怠惰になる気持ちはなくなり、さらに前進するだろう。前進して彼岸に到ることができるだろう。そこで高い、大きな山に登り、一切の恐れから逃れ、安らぎを得るだろう。この彼岸の山とはブッダを喩える。安らぎを得るとはブッダの常住を喩える。高い、大きな山とは大いなる妙寂を喩える。この人はガンジス河のほとりの第七の人である。

師子吼菩薩、ここで喩えとして挙げた、ガンジス河のほとりの人たちはみな手足があるが河を渡れない。これはすべての人々にもいえることである。私はブッダと教えと修行者の集まりの三つの柱について述べ、つねにあらゆる教えの要諦を説き、八正道や大いなる妙寂があることを説明している。しかも人々がこれらについて理解できないばかりか、その奥義を習得できないでいる。その責任は私にあるのではなく、また八正道にあるのでもなく、ましてや人々自身にあるのでもない。その責任は煩悩にある。その意味で人々は妙寂を得ていないと私は説くのだ。

師子吼菩薩、喩えていえば名医が病状を見て薬を調合しても、その薬を病人が服用しなかったら医者の責任ではないことと同じである。

また、自分の所有している物をあらゆる人に施そうとした人がいたとしよう。その時、その施し物を受け取らない人がいても、それは施す人にはかかわりのないことである。

555b
また、日が昇り、辺りが明るくなったが、盲人には道路が見えなかった。その場合盲人が道路を見られなかったのは太陽の責任ではない。

数多くのガンジス河の水は喉の渇きをいやしてくれるが、渇いている人が飲まなかったとしても水の所為(せい)にすることはできない。

また、例えば大地は種々の果実を平等に生産するが、農夫が種を植えず収穫がないとしても大地の責任ではない。

また、私はすべての人々に十二種の説法集を公開し、分類して解説したが、中にそれを受け付けない者がいるのは私の所為ではない。

八正道を歩む理由

師子吼菩薩、君は「人々にはみなブッダになる可能性があり、必ずやブッダの最高のさとりを得るのは磁石が砂鉄を引き寄せるようなことと同じだ」と述べているが、そのとおりだ。ブッダになる可能性の力によってブッダの最高のさとりを必ず得ることができる。しかし八正道を歩まずとも可能だといったら、その道理はない。

喩えていえば、ある人が荒野を横切っているうちに喉が渇いた。付近で井戸を見つけたが、その井戸は深くて水があるかどうか知ることができなかった。そこでいろいろと方法を考えた揚げ句、容器をつり下げて水をくみ取ることができた。これとブッダになる可能性も同じである。人々にブッダになる可能性があるとはいっても必ず煩悩をなくし、八正道を歩むことがなければ、これを得ることはできない。

師子吼菩薩、胡麻があれば油を絞り出せるが、方法を知らなければ手に入れることはできない。ブッダになる可能性も同じことである。また、ブッダになる可能性はサトウキビの甘さとも同じである。

三十三天が住むヒマラヤの北方に位置するウッタラクル洲には平和な秩序があるというが、自ら善業と神通力と修行の功徳を持たなかったら見られない。地中の草の根、及び地上の水も大地が覆っているために人々はそれを見られないように、ブッダになる可能性もこれと同じである。八正道を歩まなければ見られない。

例えば虚空は人々にとっては体内のものでもなく、体外のものでもなく、身体の内外のいずれのものでもないので、まったく障りとなるものではない。人々とブッダになる可能性の関わりもこれと同じである。また、現金を他所に預けて、手元に現金を持たずに思いのままに物を買い求めている人を見て、盗んだのではないかと疑うと、現金はいつも手元にあると答えた。それはいつも現金がその人の手元に自由に使えるようにあるからである。これと人々のブッダになる可能性も同じである。ここにあるのでもない、あちらにあるのでもない。しかし必ず得ることができるからすべての人々にあるというのだ。

師子吼菩薩、喩えで説明しよう。人々はさまざまな行ないをする。善行もする、悪行（あくぎょう）もする。それらは内のものでもなく、外のものでもない。そのような行ないの本性はあるともいえず、ないともいえない。また、それらの行ないは過去になかったことが現在行なわれたものでもなく、といってもとがなくて行なわれたものでもないのだ。甲が行なって甲がその報いを受けるとか、甲が行なって乙がその報いを受けるとか、乙が行なって乙がその報いを受けるとか、行なうこともなければ報いを受けることもないなど、このような関係はないのだ。すべて衆縁和合して時節が来て果報を結ぶのである。

555c 人々のブッダになる可能性は過去になくて現在になって現われるも

のではない。内のものでもなく、外のものでもない。あるのでもなく、ないのでもない。こちらにあるのでもなく、あちらにあるのでもない。といって他の所から来るものでもない。因縁がなくて現われるものでもない。人々が見られないものでもない。時節が到来して因縁が和合した時に見られる。時節とは八正道を修めて、生類を平等に見られるような心境になった時をいう。その時になって見られるが、それは自然に行なわれる。

師子吼菩薩、君は先ほど磁石が砂鉄を引き寄せることと同じだと言ったが、実はその考えは正しいとはいえない。なぜなら、磁石は鉄を吸い取っていないからである。つまり心の行ない（心業）が表われていないのだ。

喩えで説明しよう。あるものがあるからあるものが出現し、あるものが消えるからあるものが滅する。世間に本来作る者はなく、壊す者はない。猛火でさえ薪を焼くことはできないのだ。発火して薪が焼け尽くしてしまってはじめて薪を焼いたというのである。

また、ヒマワリは太陽が回る方向に顔を向けて咲くが、それはヒマワリが太陽を敬う心があるからではなく、敬う意識があるからではなく、敬う行ないをしているからでもない。なにか他のものがあって他のものを活動させているのであり、なにか他のものがなくなると他のものは活動しなくなるのである。

また、アショーカ樹は女性に擦ってもらうと花が咲くとの言い伝えがあるが、それはアショーカ樹にその気があって咲くのでもなく、擦られるのを意識しているのではないが、なにか他のものが他のものを活動させているのであり、なにか他のものがなくなると他のものは活動しなくなるのである。

また、橘（たちばな）の根元に死体を埋めると、果実がたわわに実るといわれるが、これも橘にその気持ちがあるわけではなく、擦（なで）られるのを意識しているのではないが、なにか他のものが他のものを活動させているのであり、なにか他のものがなくなると他のものは活動しなくなるのである。

また、ザクロの根元に瓦のかけらや骨や糞を撒くと果実がたわわに実るといわれるが、これもザクロにその気持ちがあるわけではなく、擦（なす）られるのを意識しているのではないが、なにか他のものが他のものを活動させているのであり、なにか他のものがなくなると他のものは活動しなくなるのである。

いままで種々の喩えを挙げてきたが、これは磁石が砂鉄を引き寄せる場合も同じである。磁石にその気持ちがあるわけではなく、擦（なす）られるのを意識しているのではないが、なにか他のものが他のものを活動させているのであり、なにか他のものがなくなると他のものは活動しなくなるのである。

人々のブッダになる可能性も同じである。ブッダの最高のさとりを吸い取ることはできない。つまり無知はあらゆる意志作用を吸い取ることはできない。意志作用も認識作用を吸い取ることはできない。無知によって意志作用があり、意志作用によって認識作用がある。ブッダが存在しようと存在しまいと真理の世界は常住なのだ。

師子吼菩薩、人々の中にブッダになる可能性が存在するというが、常住のものは止まるところがない。止まるところがあれば、それは無常なものとなる。十二種の因果関係は固定したものではない。固定したものと考えたら、十二種の因果関係は常住なものとはいえないことになる。

五蘊とブッダになる可能性

556a

これは私の教えの身体についても同じで、その身体は止まるところを持たない。また、私の教えの身体が感覚する領域・対象、そしてその感覚器官、さらに虚空もみな存在しない。ブッダになる可能性も同じである。すべて止まるところがない。

師子吼菩薩、例えば地・水・火・風の四つの要素は各々力は均等であるが、堅さがあり、熱があり、湿気があり、動きがあり、重さがあり、軽さがあり、赤色があり、白色があり、黄色があり、黒色がある。この四つの要素もまた意識して行動することがなく、それぞれ異なったものの世界であるために各々が似ていない。

これはブッダになる可能性についても同じである。他のものの世界であるために時が来れば出現するのである。人々がブッダになる可能性から遠ざかることはない。従ってこれを存在するという。遠ざかることがないから、必ずあるはずであるから、決まって得るから、決まって見られるから、人々にブッダになる可能性があるというのだ。

また、ある王が一人の大臣に「一頭の象を盲人の前に引き出せ」と命じた。そこでその大臣は多くの盲人を集めて、彼らの前に象を引き出した。盲人たちは各々手で象を触った。大臣はその後、王のところへ行き、

「大王、ご命令どおりにさせました」

と報告した。すると王はかの盲人たちを呼び付けて一人一人に問うた。

「君たち、象を見たか」

盲人たちは、

「見ました」

と答えた。王が、

「象はどんなものか判ったか」

と訊ねると、牙に触った者は

「象の形は大根のようでした」

と答えた。耳に触った者は

「象は箕（みの）のような形でした」

と答えた。頭に触れた者は

「象は石の形をしていました」

と答えた。鼻に触った者は

「象は杵（きね）のような形をしていました」

と答えた。脚に触れた者は

「象は臼（うす）のような形をしていました」

と答えた。背中に触った者は

「ベッドのような形をしていました」
と答えた。腹に触った者は
「象は大きな水瓶のような形でした」
と答えた。尻尾に触れた者は
「象は縄のような形をしていました」
と答えた。

師子吼菩薩、盲人たちはそれぞれ象の身体について説明していないが、といって説明していないともいえない。彼らが説明した象の形は象自体を言い当てているわけではないが、彼らの言った部分を抜きにして別の象があるわけではない。

この喩えを分析すると、王はブッダに喩えられ、大臣は大乗の妙寂に喩えられ、象はブッダになる可能性に喩えられ、盲人たちは道理に暗い人々に喩えられる。このような人々がブッダの説法を聞いて、
「肉体はブッダになる可能性である。なぜなら、この肉体は現世で滅しても来世に相続してゆくからだ。だからブッダの三十二種の瑞相を得るのだ。ブッダの肉体は常住であるからだ。ブッダの肉体は常住で断絶することがないから、肉体はブッダになる可能性だというのだ。喩えるならば、純金といえどもその質(かたち)は変わるが、色は変わらない。つまり金は腕輪や、カンザシや、お盆に形を変えるが、黄金の色は変わらない。人々のブッダになる可能性も同じである。その質は不変ではないが、形は不変である。したがって肉体をブッダになる可能性という」

と言う人がいる。また、ある人は、

「感受作用はブッダになる可能性である。なぜなら、感受作用によってブッダの真実の安楽を味わえるからだ。ブッダの感受作用とは究極の感受作用であり、第一義の感受作用であるといわれる。これに対して
556b 人々の感受作用の本性は無常であるが、しかも次第に相続して断絶しない。だからブッダの不変の感受作用を得ることができる。喩えで説明すると、カウシカという姓の人がいたとして、その人は無常であるが、姓は代々相続して不変である。何万年経てもその姓は不変である。このように人々のブッダになる可能性も同じである。したがって感受作用もブッダになる可能性という」

と言うだろう。また、ある人は、

「表象作用はブッダになる可能性である。なぜなら、表象作用によってブッダの真実の表象作用を得られるからだ。ブッダの表象作用とは表象することがない表象といわれる作用である。その表象作用のない表象とは人々の表象とは異なる。男女の区別をするような表象でもない。また、肉体・感受・表象・意志・認識などの表象でもない。人々の表象作用は無常であるが、その表象は次第に相続し断絶することがないので、ブッダの不変の表象作用を得ることができる。喩えで説明すると、人々は滅んでゆくが十二種の因果関係は不変であるように、人々のブッダになる可能性も不変である。したがって表象作用をブッダになる可能性という」

と言うだろう。また、ある人は、

「意志作用はブッダになる可能性である。なぜなら、意志作用は寿命であるからだ。寿命があるからブッ

ダの不変の寿命を得られる。人々の寿命もまた無常であるが、寿命は次第に相続して断絶しないので、真実の、不変のブッダの寿命を得ることができる。喩えで説明すると、十二種の説法集を聞く人、それを説法する人は無常であるが、その教えはつねに相続して不変であるように、人々のブッダになる可能性も同じである。従って意志作用をブッダになる可能性という」

と言うだろう。また、ある人は、

「認識作用はブッダになる可能性である。認識作用があるからブッダの平等の心を得られる。人々の認識は無常であるが、認識は次第に相続して断絶しないので、ブッダの真実の、不変の心を得ることができる。喩えで説明すると、火とその熱の性質の関係でいえば火は無常であるが、熱の性質は不変であるように、人々のブッダになる可能性も同じである。したがって認識をブッダになる可能性という」

と言うだろう。また、ある人は、

「五蘊を離れて実在がある。その実在がブッダになる可能性である。なぜなら、実在があるから、ブッダの八つの自在なる実在を得るのだから」

と言うだろう。また、ある外道の者は、

「過去・現在・未来の三世、見聞すること、悲しみや喜び、言葉や語ることなどがあるから、それが実在である」

と言うだろう。

これまで紹介した種々の実在の特徴は無常である。しかし私が説く実在は真実の実在であり、不変なのだ。五蘊を始め、六つの感覚器官、六つの感覚対象、そして六つの感覚領域はみな無常である。ところが彼らの説はこれらを不変だと言っている。

すでに紹介した喩えで、多くの盲人が各人一頭の象を説明した時に、象をありのままに語ることはできなかったが、象自身を語っていないのではなかった。これはブッダになる可能性を説明する人についても同じである。ブッダになる可能性は右に述べた感覚の各々六つの器官、対象、領域などそのものではないが、それら各々六つのものを離れてあるわけではない。したがって私は

「人々のブッダになる可能性は肉体ではないが、肉体を離れてはない。ないし五蘊ではないが、五蘊を離れてはない」

と説いたのである。

師子吼菩薩、種々の外道では不滅の実在があるというが、彼らが説く実在は存在しない。人々の実在は
556c 五蘊である。五蘊を離れて別の実在があるだろうか。

喩えで説明しよう。茎・葉・髭（ひげ）・台（うてな）などを併せて蓮華を成し、これらを抜きにして蓮華があるのではない。人々の実在もこれと同じである。

また、土壁、草木などが集まって出来上がったものが家である。これらの物を抜きにして家はない。

また、カディラ樹、パラーシャ樹、ニグローダ樹、そしてウドゥンバラ樹が集まって林を成しているのであり、これらを抜きにして林はない。

また、戦車隊、象軍、騎馬隊、歩兵隊の四軍が一緒になって軍を成すのであり、これらを抜きにして軍

はない。
また、五色の糸が織られて綾絹ができるが、五色の糸を抜きにして綾絹はない。
また、四つのカーストが和合して大衆となるのであり、四つのカーストを他にして大衆はない。人々の実在も五蘊を離れて他に別の実在があるのではない。

ブッダになる可能性は不思議

私が常住であることを名付けて実在と言っているのであり、私の教えの身体（法身）は無辺であり、障りがなく、不生不滅であり、八つの自在力を得ているので、これを実在と言っているのだ。じつはものには私とか私のものは存在しないのだが、ただ、必ず将来究極の第一義の解脱を得るであろうということでブッダになる可能性を説いている。

師子吼菩薩、大いなる慈しみと大いなる憐れみはブッダになる可能性といえる。なぜなら、大いなる慈しみと大いなる憐れみは、影が形に従うように求道の人に備わっている心であるからだ。人々も道を求める心を起こせば必ずや大いなる慈しみや大いなる憐れみの心を備えることができるであろう。その意味から私はすべての人々にはみなブッダになる可能性があると説いたのである。

また、大いなる慈しみと大いなる憐れみはブッダになる可能性といえる。ブッダになる可能性はまたブッダそのものといえる。また、大いなる喜びと大いなる平等などの心もブッダになる可能性といえる。なぜなら、もし二十五種の迷いの生存から解脱できなければ、ブッダの最高のさとりを得られないからである。しかし人々は必ずそのさとりを得られるはずであるから、人々にはみなブッダになる可能性があると説いたのである。

また、ブッダになる可能性は大いなる信心である。なぜなら、信心があると満足な施しないし完璧な理
557a 解を成就できる。人々は必ずこの大いなる信心を将来持つことができるからこそ人々にブッダになる可能性があると説いたのである。

また、ブッダになる可能性とはわが一子を愛する境地に喩える。なぜなら、わが一子を愛する境地があるから、求道の人はすべての人々に平等の心を持つことができるのだ。人々は将来必ずこのわが一子を愛する境地を持つことができるからこそ、人々にブッダになる可能性があると説いたのである。

また、ブッダになる可能性はその十種の力のなかの第四の〈人々の能力の優劣を知る力〉といえる。なぜなら、この力によって人々を自在に教化できるからだ。将来必ずこの第四の力を得られるからこそ、人々にはみなブッダになる可能性があると説いたのである。

また、ブッダになる可能性は十二種の因果関係である。なぜなら、ブッダが常住であることは原因と条件の法に則(のっと)るからだ。人々にも必ずこの十二種の因果関係がある。だから人々にブッダになる可能性があると説いたのである。

また、ブッダになる可能性は四つの自在の智である。四つの自在の智があるからあらゆる言葉やその意

味を自在に理解でき、説くことができるのだ。だから人々を自在に教化できるのである。四つの自在の智はブッダになる可能性であり、ブッダになる可能性はブッダそのものである。

　師子吼菩薩、右に説いた種々のことは人々が将来必ず習得するであろうから、人々にはみなブッダになる可能性があると説いたのである。

　知っておいてもらいたいことがある。もし私が肉体はブッダになる可能性であると説いたとしたら、人々はこれを聞いて真意を理解せずに誤解してしまうだろう。正しく理解しないでいたら、その人たちは死後地獄に堕ちるだろう。私の説法は人々を地獄に堕とさないためにするのであるから、堕ちることのないようにと思って肉体はブッダになる可能性であるとは説かないのだ。ないし認識作用についても同じである。

　師子吼菩薩、人々がブッダになる可能性の意味を十分に理解したら、ブッダの道を修行する必要はないのではないかについては、例えば最高の修行段階にある求道の人たちでもブッダの道を修めてもまだ少ししかブッダになる可能性を見られない。ましてや修行しない人は見られるだろうか。

　文殊菩薩などのようなすぐれた求道の人はすでに数えきれない昔にブッダの道を修めて、ブッダになる可能性がなにかを理解し尽くしている。どうして未熟な修行者たちにこれを知ることができよう。人々がこのブッダになる可能性をはっきりと知りたければ、一心にこの妙寂の教えを記憶し、暗唱し、書写し、解説し、尊重し、称えなければならない。このように行なう人を見たら、この人に修行の場所、衣服、飲
557b 食物、寝具、薬などを与え、兼ねて称え、礼拝し、教えを求めるべきである。もし過去の数えきれないは

るか昔に多くのブッダに親しく仕え、施しをして、多くの善根を植えていたら、この妙寂の教えを聞くことができるだろう。

ブッダになる可能性は不思議なものである。ブッダなどの三つの柱も不思議なものである。人々にはみなブッダになる可能性があるにもかかわらず、なかなかそれを知ることができないことも不思議である。ブッダは常住で、安楽で、実在で、そして清浄であるという教えも不思議である。人々がこのような妙寂の教えを信じられるようになることも不思議といわなければならない。

『世尊、いま最後に人々がこの妙寂の教えを信じられるようになることも不思議といわなければならないと言われたが、ここにいる大衆八万五千億人はみなこの教えを信じられないようです。だからこの教えを信じる者がいたら、それこそ不思議なのでしょうか』

『師子吼菩薩、そういう意味であるが、ここの人たちは未来の世に必ずこの妙寂の教えを信じられるようになり、そしてブッダになる可能性を見て、ブッダの最高のさとりを得ることができるだろう』

不退転の求道の人について

師子吼菩薩はさらに新たな質問をした。

『世尊、すでに不退転の修行の境地に達した求道の人は、自分が不退転の心境にあることをどうして知ることができるでしょうか』

ブッダは言われた。

『師子吼菩薩、求道の人は苦行して自らの気持ちを試してみることである。日に一粒ずつの胡麻を食べて十七日を過ごし、米、エンドウ豆、麻の実、粟、白豆などを日に一粒ずつ食べて十七日を過ごすのである。一粒の麻の実を食べる時に次のように考えるべきである。

〈このような苦行はまったく益なし。益なしとはいえ、それでも実践しよう。益があったら、しないでいることはないだろう。益がないのに気持ちはそれに耐え、落伍せず、他に転ずることがなければ、必ずブッダの最高のさとりを得ることができよう〉と。

このように毎日苦行を続けているうちに皮肉の肌色が褪せて、艶がなくなり、皺だらけになり、瓢簞を日光のもとにさらしている状態と同じになる。眼は井戸の底に映った星のように落ち込んで光っている。身体の肉はなく、朽ちた草屋のように肋骨がせり出している。張り出した背骨は屋根瓦の並びのようである。坐っているところは馬蹄の跡のようである。坐ろうとすれば前に伏し、立ち上がろうとすれば倒れてしまう。こんな益にもならない苦行をしてもブッダのさとりを求めようとする気持ちはなくならない。

また、師子吼菩薩、求道の人はあらゆる苦しみを取り除き、安楽を人々に施そうとして所有のもの一切合切と自分の身命も与えようとする時には、立ち去る時に敷藁を捨てるようにするのだ。身命を惜しまぬような求道の人であったら、不退転の心があり、必ずブッダの最高のさとりを得るであろうと私は信じている。

また、求道の人は正法のためにわが身を削って灯りにしようとして毛布を身にまとい、これに油を染み
557c 込ませて燃やして灯りとする。彼はこのような苦しみを受けている中で自分に次のように言い聞かせる。〈このような苦しみは地獄の苦しみの十億分の一にも当たらない。お前は数えきれない時間、量り知れない苦しみを受けてもなんの益にもならないが、しかしもしこのくらいの苦しみに耐えられないで、どうして地獄の中で苦しむ生類を救えるのだ〉と。

このように自らを観察している時も、まったく身体に苦しみを感じず、くじけず、苦しみで心が乱れず、移ろうこともない。そのような時でも彼には必ずブッダの最高のさとりを得ることができるという信念だけがあった。

周りに煩悩を取り除けない人がいたら、正法のためにという誓願の気持ちから自分の頭・眼・骨髄・脳・手足・血肉を求める者に施すだろう。また、わが身に釘を打ち込み、岸壁から身を投げ、猛火の中にも身を投ずるだろう。このような苦しみを受けてもくじけず、苦しみで心が乱れず、移ろうこともない。そのような時でも彼には必ずブッダの最高のさとりを得ることができるという信念だけがあった。

求道の人はすべての人々の苦悩をなくすために、大きな獣の身体となって、その肉体を生類に施す。生類がこれを食べる時にかわいそうだという気持ちを起こさないように、彼は息をしないでじっと死んだふりをして、食べている生類が殺生しているという気持ちを起こさないように気遣うのだ。求道の人は獣の姿になっても獣のような行ないをしない。彼はすでに不退転の心を習得しているので三悪道に堕ちるような悪業をしていないからである。

未来世にわずかばかりの悪業の果報を定かではないが受ける人がいたら、求道の人は願ってこの人々の悪業の果報を取り除こうとするだろう。例えば鬼に憑かれた病人がいて、彼の身体にはその鬼が住んでいた。呪術によってこの鬼を呼び出し、それに語らせ、喜ばせ、怒らせ、罵らせ、泣かせ、喚（わめ）かせるようなことと未来世の三悪道の悪業の果報も同じである。

求道の人は熊の身体を受けても正法を生類に説くだろう。カピンジャラ鳥（雉のこと）の身体を受けても正法を生類に説くだろう。牛・鹿・兎・象・羊・猿・鳩・ガルダ鳥・蛇などの獣の身体を受けても彼らのような行ないをせず、つねに正法を説くだろう。それは彼らが正法を聞いて獣の行ないを捨ててその姿
558a から早く解放されるようにするためである。求道の人が獣の姿を受けてもその行ないをしなければ、彼には必ず不退転の心があるといえる。

また、世間が飢饉に見舞われている時、飢餓に苦しむ生類を見て亀や魚の姿になって、

〈どうかあらゆる生類が私の肉を食べてくれるように。そして食べるそばからまた新たな肉を提供し、私の肉を食べて飢餓の苦しみが取り除かれて、すべての生類がブッダの最高のさとりを求める気持ちを起こしてもらいたい。もし私が提供した肉を食べて飢餓から救われる人がいたら、未来世に二十五種の迷いの生存の飢餓からどうか救われるように〉

という願いを立てるだろう。このような苦しみを受けてもくじける気持ちが起こらない求道の人であったら、必ずブッダの最高のさとりを得ることであろう。

また、師子吼菩薩、世に疫病が流行している時に、病苦の人々を見て、

〈万能の薬樹は、その根を与えても、茎・枝・葉・花・実・皮を与えてもみな病人に効くが、病人が私の声を聞き、私の身体に触れ、私の血肉ないし骨髄を食べたら、すぐに全治できるように私の身体もなりたい。私の身体を食べる時に悪心を起こさずにわが肉を食べるような気持ちであってほしい。彼らの病を治療し終わって説法したら、どうか教えを信じて、記憶し、思惟し、それを他の人々に伝えてほしい〉と願っている。

また、師子吼菩薩、求道の人は種々の煩悩があり、わが身に苦しみを受けても、その心はくじけず、苦しみで心が乱れず、移ろわなければ、彼は必ずブッダの最高のさとりを得ることができる。

また、もし人々が鬼神のために病気になったら、求道の人はこれを見て

〈鬼の姿や、巨大な身体や、健康な身体や、多くの親族を従えた身体などに化けて、人々に見せたり、声を聞かせたりして病を治癒することができるように〉

と願いを立てるであろう。

以上のように求道の人は人々のために、生類のために苦行を修め、その間煩悩もあるが、彼の心が乱れることはない。

彼はさとりへの六種の完璧な修行を修めるが、その果報を求めようとはしない。さとりへの六種の完璧な修行を修める時、彼は、

〈私はいまこのさとりへの六種の完璧な修行の功徳をみな人々に与えよう。一人一人が私の施しを受けたら、みなブッダの最高のさとりを成就できるように。また、さとりへの六種の完璧な修行を修めて種々の

苦しみを受けてもさとりへの気持ちが揺るがないものにしよう〉
という誓願を立てるだろう。このような誓願を立てる時、これをさとりへの不退転の心という。

第四十四章　不可思議の境地を説く

求道の人の不可思議

また、師子吼菩薩、求道の人の行為は不可思議である。なぜなら、世間にはさまざまな罪や咎（とが）が多いことを十分に知り尽くしており、大いなる妙寂の教えの功徳がいかに多大であるかを観察しており、あらゆ
558b
る生類の世界に生まれ変わって、彼らに代わって苦しみを受けてもくじけないからである。

また、求道の人は事件がなくても憐れみの心を起こす。恩を受けなくても恩を施し、恩を施してもお返しを求めない。だから求道の人は不可思議である。

また、人々は自分の利益のために苦行するが、求道の人は他人の利益のために苦行し、これを自分の利益とする。だから求道の人は不可思議である。

また、求道の人はわざわざ煩悩を起こして、親しくしている人でも敵でも、相手がだれであっても彼らが苦しんでいたら、それを差別なく取り除いてやる。だから求道の人は不可思議である。

また求道の人は悪人を見たら、ある時は呵責し、ある時は優しい言葉で語りかけ、ある時は追放し、あ

る時は無視する。善くない性質を持つ人がいたら、優しい言葉で語りかける。おごりを持つ人がいたら、もっと大きなおごりの気持ちで応対するが、内におごりの心を持っているわけではない。だから求道の人は不可思議である。

また、求道の人はわざわざ煩悩を起こして、持ち物が少ない時にも欲しがっている人がたとえ多くいても、心が萎縮することがない。だから求道の人は不可思議である。

また、ブッダが世に出現すれば、ブッダの功徳がなにかを熟知する。ブッダが現われていないところでは自ら辺鄙（へんぴ）なところに生まれる。そこでは盲人になったり、耳が聞こえない人になったり、脚が不自由な人になったり、いざりになったりする。だから求道の人は不可思議である。

また、求道の人は人々が犯した罪や咎をすべて知り尽くし、救済しようと思って彼らと一緒に生活することがあるが、その生活の汚れに染まることはない。だから求道の人は不可思議である。

また、求道の人は次のことをはっきりと知見している。それは、《生類は存在しない。煩悩の汚れというものは存在しない。道を修めて煩悩を離れた人も存在しない。さとりのためにといっても、さとりへの修行があるわけはないし、またさとりへの修行を完成した人も存在しない。苦しみを受ける人とか、苦しみをなくした人も存在しない》と知見する。しかし彼は生類のために苦しみをなくしてやり、さとりへの修行を実践する。だから求道の人は不可思議である。

また、師子吼菩薩、求道の人はこの世間の最後の身体をもって兜率天（とそつてん）に住むことがある。だから求道の人は不可思議である。なぜなら、兜率天は欲望の世界の中でもすぐれて清らかな世界であるからだ。天界の中でも兜率天より下の世界にいる者は怠けており、兜率天より上の世界にいる者は能力が鈍い。従って比較して兜率天は他よりすぐれているという。つねに施し、正しい習慣を修め、尊卑の身分を心得ている者が兜率天の姿を得る。求道の人は世間の咎をなくし、世間の俗事を離れて、兜率天の業を積んでいるが、
558c じつは神々の身体を得たのではない。なぜなら、求道の人は他の世界に生存しても生類を教化し、救済してもお返しを求める欲がなく、しかも欲望の世界に生まれようとするからだ。だから求道の人は不可思議である。

求道の人が兜率天に生まれるについて三つのすぐれたことがある。一つは命、二つは肉体、三つは名称である。彼はじつに命と肉体と名称を求めない。求めないが、得るところのものは他にすぐれている。

求道の人はあらゆる煩悩からの解脱を願っているが、その因縁はまた他にすぐれている。だから求道の人は不可思議である。

求道の人のこれら三つのことはあらゆる神々よりすぐれているが、神々はだからといって求道の人に対して憎悪や嫉妬や侮(あなど)りの気持ちを持つことはない。つねに喜びの気持ちを持って接する。求道の人は天界においてもおごりの気持ちを持つことはない。だから求道の人は不可思議である。

求道の人は天界で寿命の業(ごう)を作らないが、しかし天界で命を全うする。これが求道の人の寿命の素晴らしさである。また、肉体の業を作らないが、妙なる肉体から放つ光が辺(あた)りを照らす。これが求道の人の肉体の素晴らしさである。彼は天界に住んでも五欲を楽しまない。ただブッダの教えだけを楽しむ。だから彼の名前は十方に伝わり、知られる。これが求道の人の名称の素晴らしさである。だから求道の人は不可

思議である。

求道の人が兜率天から地上に降りてくると、大地は六種に震動する。だから求道の人は不可思議である。なぜなら、降りてくる時に欲情を持つ神々が見送りにきて、大声を発して求道の人を讃歎し、口から息を吹き出して大地を震動させたのだから。ある時、ある求道の人がいて、人間界の象王と呼ばれた。その象王をまた龍王という。龍王がはじめて胎内に入る時、地下に住んでいる他の種々の龍王がこれを知り、恐れるものがおり、喜ぶものがいた。それで大地が六種に震動したのだ。だから求道の人は不可思議である。

求道の人は胎内に入る時、宿る時、生まれる時をそれぞれ知り、父を知り、母を知り、そして不浄に汚れることがない。彼は帝釈天の髪のように生来青色の宝珠を持っている。だから求道の人は不可思議である。

妙寂の教えの不可思議

師子吼菩薩、大いなる妙寂の教えもまた不可思議である。

喩えていえば大海の八不可思議のようである。では、八つとはなにか。

一つは段々に深くなる。二つは深くて底が知れない。三つは塩の一味である。四つは海水は限界の中に収まる。五つは種々の宝の蔵である。六つは大きな身体の生き物が居住する。七つは死骸を止めない。八つはあらゆる川の水や大雨が流れ込んでも増えない、そして減らない。

559a 段々に深くなることに三つのことがある。一つは生類の福の力による。二つは風にしたがって行く。三つは川の水が流れ込む。他の六つの不可思議についても各々三つのことがある。

この八不可思議が大いなる妙寂の教えにもある。

一つは妙寂の教えは段々に深くなる。いわゆる最初に在家信者の守るべき習慣から、未成年の出家者の厳守する習慣、成年の出家者の厳守する習慣、そして求道の人の厳守する習慣と数が多くなっていく。さらにブッダの教えの理解度も新参の出家者の理解度から阿羅漢（あらかん）の理解度、さらに求道の人の理解度、最後のブッダの最高のさとりという段階がある。この妙寂の教えはこれを段々に説いている。

これを段々に深くなるという。

二つは妙寂の教えは深くて底が知れない。ブッダは不生不滅であり、ブッダの最高のさとりを得ていない、説法していない、物を食べない、物を受け取らない、施しをしない。だからブッダは常住であり、安楽であり、実在であり、清浄であるという。すべての人々にブッダになる可能性がある。ブッダになる可能性は物質的なものでなく、といってそれと別でもない。ブッダになる可能性は感受作用、表象作用、意志作用、認識作用などでもない。といってこれらと別でもない。ブッダになる可能性はつねに見ることができ、そして顕現する原因であるが、作爲の原因ではない。未熟な修行者でも将来必ずブッダの最高のさとりを得ることができる。また、煩悩は本来なく、煩悩が存在するところもない。しかし煩悩がないから不変だというわけでもない。だから深いというのだ。

深いにも非常に深いということがある。説法の中で、ある時は実在があると説き、ある時は実在はないと説いた。ある時は不変のものを説き、ある時は不変のものはないと説いた。ある時は清浄なものを説き、ある時は清浄なものはないと説いた。ある時は安楽を説き、ある時は一切は苦であると説いた。ある時は一切は空であると説いた。ある時は一切は空ではないと説いた。ある時は一切は「有」に始まり、「有」に帰ると説き、ある時は一切は「無」に始まり、「無」に帰ると説いた。ある時は三つの教えの乗物を説き、ある時はブッダの教えの乗物を説いた。ある時は五蘊はブッダになる可能性であり、あらゆる煩悩を消す金剛三昧（こんごうざんまい）であり、及びバランスのとれたブッダの道であると説いた。

また、ある時は五蘊はあらゆる三昧のなかの三昧王であり、十二種の因果関係であり、第一義の空であると説いた。ブッダの慈悲は生類に対して平等であることも説いた。あらゆる人々の能力を熟知し、世間の事象について自在に知るところを説き、ブッダになる可能性はあるといってもも決まってあるというわけではないとも説いた。だから非常に深いという。

三つは妙寂の教えは一味である。すべての人々にはみなブッダになる可能性がある。ブッダの種々の教えはみな一つの乗物であり、唯一の解脱を説く。唯一の原因から唯一の結果に導かれる教えであり、ブッダの教えはみな同じ甘露である。その教えに従えば究極の常住・安楽・実在・清浄を得られる。これを一味という。

四つは妙寂の教え（海水）は限界の中に収まる。教えの中には修行者の行為を規制するものがある。例えば八つの所有してはならない物のことである。弟子の中にこの妙寂の教えを記憶し、暗唱し、書写し、解説する者がいて、これらを身命を賭しても守り続けるならば、これを妙寂の教えは限界の中に収まるという。

五つは妙寂の教えは種々の宝の蔵である。妙寂の教えは無尽蔵の宝の蔵である。その宝とはブッダのさ
とりへの三十七種の修行項目である。また嬰児のような行、高潔な行、禁欲の行、自然（じねん）の理にかなう行（ぎょう）な
559b どである。また、さまざまなすぐれた方便やブッダになる可能性の教えなどである。また求道の人の功徳、
ブッダの功徳、未熟な修行者の功徳などである。また、さとりへの六種の完璧な修行である。また、数え
きれない三昧や知慧などである。

六つは妙寂の教えには大きな身体の生き物が居住している。大きな身体の生き物とはブッダや求道の人をいう。大いなる知慧を持っているのでそのように呼ぶのだ。大きな身体を持つことは、すぐれた心を持ち、すぐれた特徴を持ち、感覚器官の完璧な制御をしていて、すぐれた方便を知り、大いなる説法をし、並外れた力を持ち、多くの仲間を持ち、すぐれた神通力を持ち、大いなる慈悲で心は溢れ、常住にして不変で、どんな生類にも抵抗なく対応したり、受け入れたりできる。これを大きな身体の生き物が居住しているという。

七つは妙寂の教えは死骸を止（とど）めない。死骸とは極悪人の一闡提、四つの重罪人、地獄に堕ちるべき五つの罪人、大乗の教えを誹謗する人、悪法を正法と説く人、正法を悪法と説く人、八種の所有してはならない物を持つ人、ブッダや修行者たちに施された物を勝手に使用する人、修行者たちがいるところで教えに反することを行なう人などをさす。この妙寂の教えはこのような人たちとは無縁である。その意味で妙寂の教えは死骸を止めないという。

八つは妙寂の教えは増えもせず、減りもしない。妙寂の教えは無限であり、始めも終わりもなく、物質

でもなく、作られるものでもなく、不変であり、不生不滅であり、あらゆる生類を平等に見て、世間のあらゆる事象と同一の本性を持つものである。だから妙寂の教えは増えもせず、減りもしないという。以上のように、妙寂の教えには大海のように八不可思議がある』

ブッダ誕生の不可思議

師子吼菩薩はこの説法の最後の部分にでてくる不生不滅について突っ込んで質問した。『世尊、ブッダは妙寂の教えは不生不滅であるから深奥であるとお説きになりました。生類には卵から生まれるもの、胎内から生まれるもの、湿気から生まれるもの、なにもないところから生まれるものなどの四つの生まれ方があります。

この例は人間界にも見られます。シーヴァラ僧やウパシーヴァラ僧、ミガーラ長者の母、ニグローダ長者の母・パンチャーリープッタ長者の母などの各々の五百の子はみな卵から生まれたことと同じです。このように人間界でも卵から生まれた例があります。湿気から生まれた例はブッダの説法の中で「私は昔修行中の身であった頃、マーンダーター王及びバッタカ王となったことがある」と言われたことがあります。マンゴー樹の瘤(こぶ)から生まれたアンバパーリー女やカピタ樹の瘤から生まれた女などは湿気から生まれたのです。

数千億万年の昔、生類はみななにもないところから生まれました。ところでブッダは八種の自在力を持っておられるのにどうしてなにもないところからお生まれにならないのでしょうか』

『師子吼菩薩、すべての生類には四種の生まれ方があるが、真理を会得したら、卵や湿気から生まれる
ようなことはない。たしかに生類は数千億万年の昔みななにもないところから生まれたが、その頃は私は
世間に出現していなかった。人は病に罹ると医者に診てもらい、薬を服する。数千万年の昔に生類が誕
559c 生した時は煩悩があっても、それによって病が発生することはなかった。だから私は出現しなかった。数
千億万年の昔の生類の身心は教えを受け入れる器ではなかった。したがって私は出現しなかった。

私の所有する業は生類のそれに勝る。いわゆる血統・親族・両親などは特にすぐれている。だから私が説くことをなんでも人々は信じる。その意味で私はなにもないところから生まれることはない。

人々の場合、父親は子を作る行為をなし、子は父親の潜在的能力を受けて行為をなす。もし私がなにもないところから生まれたら、私には両親がないことになろう。両親がなければ、人々に善業を作ることを教えられまい。だから私はなにもないところから生まれたのではない。

師子吼菩薩、私の教えに二つの護ることがある。一つは内を護ること、二つは外を護ること。内を護ることとはいわゆる正しい習慣を護ることである。外を護ることとは親族や眷属を護ることである。もし私がなにもないところから生まれたら、外を護ることはない。その意味で私はなにもないところから生まれることはない。

また、人は家柄を誇っておごるものだ。私はこのようなおごりを人々からなくすために王家に生まれた。

私には本当の母父がいる。父親をシュッドーダナといい、母親をマーヤーという。ところが人々は両親を幻だと言っているが、どうしてなにもないところから生まれなければならないのだろうか。もしなにもないところから生まれたら、どうして砕かれた遺骨があるのだろうか。私は人々の福徳を増やすためにわが身を粉骨砕身して努力したのだ。このような私がどうしてなにもないところから生まれたと言えようか。これまで多くのブッダの中になにもないところから誕生された方はいない。それなのにどうして私がなにもないところから生まれることがあろうか』

これまでの説法を聞いた師子吼菩薩は、ここで合掌し、右膝をついて次のような詩偈でブッダを讃歎した。

『ブッダの無量の功徳を私は到底説き尽くすことができない。だが人々のためにその一端を述べさせていただきたい。

どうかこれから説明することをお許しください。

人々は真っ暗闇の無明の中を歩き、数えきれない種類の苦しみを受けているが、ブッダはそこから人々を遠ざけてくださった。だから世間ではブッダを大悲と呼ぶ。

人々はあざなう縄のように生死を繰り返し、怠け、迷い、乱れて一時も安らぐことがない。その人々にブッダは安楽を施され、生死の縄を断ち切ってくださった。

ブッダはひたすら人々に安楽を施されたので、ご自分の楽しみをむさぼるどころか人々のために苦行を修められた。だから世間の人々はブッダを供養するようになった。

ブッダは苦しむ人を見て、身体が自然に動いて地獄にも堕ちて住み、その苦痛を苦痛と感じないで、

560a

人々のためにどんな苦しみも受けられた。その苦しみに勝るものはなく、想像をはるかに超えるものであった。

ブッダは人々のために苦行を修め、それを極められて後、六種の完璧な修行を成就された。心は悪法の風に吹かれてもなびかなかった。だから世間のどんな勇士にも勝る方である。人々はいつも安楽を得たいと思っているが、それを得る方法を知らない。ブッダはその方法を教え、実行させられる。ちょうど優しい父親がわが子を可愛がるように。

ブッダは人々が煩悩で患うのを見て、母親が病に罹ったわが子を案ずるように、人々が病から回復する方法を考えておられる。だからブッダの身体はいつも他人のところに繋がれておられる。

種々の苦しみを受けているのは、人々はそれを楽しみと錯覚している、ところがブッダは本当の苦しみの違いをお説きになる。だからブッダを大悲と呼ぶ。

世間は無知の殻に閉じ籠められている。世間の知慧の嘴（くちばし）はこれを打ち破れないが、ブッダの知慧の嘴はこれをよく嚙み砕くことができる。だからブッダを最大の人と呼ぶ。

ブッダは三世に支配されない。名前もなく、仮の称号もない。ただ妙寂の深奥な意味を十分理解しておられる。だから世間はブッダを大いなる目覚めた人と呼ぶ。

世間の大河の渦巻きに人々は吸い込まれ、おごりの煩悩に迷い、脱出できないのをブッダ自身が大河に入り、人々を彼岸に渡してくださった。だからブッダを偉大なる船頭と呼ぶ。

世間の事象の因果関係を知り、また、そのあるべき理想の境地やその道について熟知し、つねに人々

560b

の病苦に薬を与え続けられている。だからブッダを偉大なる医師と呼ぶ。

世間では外道の教えや苦行を説いて、この上ない楽しみが得られると説いているが、ブッダは本当のさとりへの修行を説き、人々を究極の安楽へと導かれる。

ブッダは邪道を破り、人々に正道を示される。この正道を歩む者は安楽を得ることができる。だからブッダを偉大なる指導者という。

それ自身から作られたのでもなく、まったく関わりのないものから作られたのでもなく、苦しみを受けることについて、それ自身と関係ないものとの共同で作られたのでもなく、元がなくて作られたのでもないというブッダの説は外道の説に勝る。

正しい習慣と正しい注意と正しい理解とを修め、具足し、この三つの実践をもってブッダは人々を導かれる。その場合に教えを惜しむことがない。だからブッダは限りない慈悲を施す人と呼ぶ。

作られたものもなく、原因や条件があるわけではなく、といっても原因がなく条件がない果報をブッダは獲得された。だからあらゆる賢者はブッダが一切の果報を求められないことを讃歎する。

つねに世間の怠けた生活の中に住み込んでいながらも、身体はその汚れに染まることはない。だからブッダは不可思議と呼ばれる。

世間の八つの俗事もブッダを汚すことはできない。ブッダには恨みを持つ人も親しくする人もいない。

だからブッダの心はいつも平和である。

私はこのようにブッダの大悲を声を大にして演説したい。そして限りなくこの演説を続けたい』

第四十五章　悪僧スナカッタの行状

カッサパ菩薩がブッダに訊ねた。

『世尊、ブッダはすべての人々を憐れんで、心を調えていない者を調え、悪事をはたらく者を善に導き、拠り所を持たない者の拠り所となり、解脱していない者を解脱させせられています。ブッダは八つの自在力を具足され、心のすぐれた医師であられ、すぐれた薬剤師であられます。

ところで、あのスナカッタ僧は、ブッダがまだ修行中の頃、ヴァイシャーリー都に誕生しました。彼は出家後、ブッダの十二種の説法集を記憶し、暗唱し、分類し、解説しました。欲望の塊を壊し、高い段階の三昧の境地を得たといわれます。スナカッタ僧についてブッダはかつて「スナカッタ僧は一闡提ともいうべき者で、将来、地獄に堕ちて住み、到底その心を治癒することはできない人物だ」と予言されたが、なぜでしょうか。ブッダはどうして先に彼に正法を説き、後で求道の人に説法されないのでしょうか。世尊、ブッダがもしスナカッタ僧を地獄から救えなければブッダはすぐれた慈悲の心があるとか、すぐれた方便を持っておられる方ということができましょうや』

ブッダは答えて次のように述べた。

『カッサパ菩薩、喩えで説明しよう。ある親に三人の子がいた。その中の一子は孝行息子で、両親を尊敬し、利発で、物分かりのいい子であった。世間のことについてなんでも知っていた。第二子は両親を尊敬せず、孝行息子ではなかったが、利発で物分かりのいい子であった。世間のことについてはなんでも知っていた。第三子は両親を尊敬せず、孝行息子でなく、才知がにぶく、物分かりが悪かった。この三人の子を前にして両親がなにかを教えようとする時に、まずだれを教え、だれを愛し、世間の知識を与えるべきだと思うか』

『世尊、それはまず両親を尊敬し、親に孝行し、利発で物分かりのいい子に教えてやるべきだと考えます。次に第二子、その次に第三子に教えるべきでしょう。第二子は孝行の気持ちもなく、尊敬の心もないのですが、憐れみのあまりに教えるべきであろうと考えます』

『カッサパ菩薩、そうだ。私もその考え方と同じである。三人の子は第一子は求道の人を喩え、第二子は未熟な修行者を喩え、第三子は一闡提を喩えているのだ。私の十二種の説法集の中の微妙で深奥な教えの
560c 意味は先に求道の人に説き、大ざっぱな浅い意味のところは未熟な修行者のために説き、世間のありふれた教えは一闡提や他の重罪を犯した者のために説いたのである。最後の者たちに教えても現世では効き目はないかもしれないが、後の世におそらく芽を出す善の種子となるだろう。

田圃（たんぼ）に三種ある。一つは水の流れがよく、瓦礫や雑草がなく、一粒植えると多量の収穫が得られる田圃である。二つは瓦礫や雑草はないが、水の流れが悪く、収穫が少ない田圃である。三つは水の流れが悪く、瓦礫や雑草が多く生え、一粒植えると一つまみほどの収穫しかない田圃である。この三種の田圃のうち、

春に種をどの田圃に撒くべきだろうか』
『世尊、第一の田圃にまず植え、次に第二の田圃、最後に第三の田圃に植えるべきでしょう』
『カッサパ菩薩、この三つのうち、第一の田圃は求道の人を喩え、第二の田圃は未熟な修行者を喩え、第三の田圃は一闡提を喩えたのである。

また、ここに一つは完璧な水瓶、二つは水漏れがある水瓶、三つはかなりの部分が欠けている水瓶という、三種の水瓶があるとしよう。もし牛乳や水や酒などを入れるとしたら、どの水瓶にまず入れるべきだろうか』
『世尊、まず完璧な水瓶に入れるべきです。次に水漏れがある水瓶に、最後に欠けている水瓶に入れるべきでしょう』
『カッサパ菩薩、完璧な水瓶は求道の人を、水漏れがある水瓶は未熟な修行者を、欠けている水瓶は一闡提をそれぞれ喩えている。

また、ここに病に罹った三人が医者のところに行くとしよう。第一の人の病は治癒しやすい病であり、第二の人の病は治癒しにくい病であり、第三の人の病は治癒が不可能な病であった。さて、医者はどの患者から先に治療すべきだろうか』
『世尊、まず治癒しやすい病から治療し、次に第二、第三の順に治療すべきだろうと考えます。親族のことを考えるとこうなるのではないでしょうか』
『カッサパ菩薩、第一の病は求道の人を喩え、第二の病は未熟な修行者を喩え、第三の病は一闡提を喩えている。第三の病の場合は現世では治癒できないとはいえ、後の世におそらく治癒されるような可能性を残すことであろう。

また、ある王が三種の馬を所有していた。第一の馬はよく調教されていて、勢力が溢れ、力強い。第二の馬は調教されておらず、歯だけが若く、それでも力強い。第三の馬は調教されておらず、老いぼれで、力がない。この中で王はどの馬に先に乗るべきだろうか』

『世尊、第一の馬に乗るべきです。次に第二、第三と乗るべきでしょう』

『カッサパ菩薩、第一の馬は求道の人を、第二の馬は未熟な修行者を、第三の馬は一闡提をそれぞれ喩えている。

また、施しをしようとした時に三種の人がいた。第一は貴族出身で、聡明で、そして正しい習慣を厳守している人、第二は普通の庶民で、教養はないが、正しい習慣を厳守している人、第三は下賤の身分で、教養がなく、素行が悪い人である。さて、この中のだれにまず施しをすべきだろうか』

561a 『世尊、まず第一に貴族出身の人に施すべきだと考えます。そして第二、第三と施すべきでしょう』

『カッサパ菩薩、第一の人は求道の人を、第二の人は未熟な修行者を、第三の人は一闡提をそれぞれ喩えている。

ライオンが象を殺す時は全力で殺すが、兎を殺す時も同じように全力で殺すものだ。決して軽い気持ちで兎を殺すことはない。このライオンと私も同じだ。一闡提を含めてすべての人々に説法する時、軽い気持ちでとか全力でとかの使い分けをすることはない。すべて全力で説く。

カッサパ菩薩、ある期間、私は王舎城に止まっていたことがある。その頃、スナカッタ僧が付き人であった。ある日が落ちた宵の口に帝釈天に説法したことがあった。弟子の掟として師匠より先に寝てはならなかったが、スナカッタ僧は余りに説法が長く、そばに長時間坐っていて不服であったようだ。世間では小さな子供がぐずって泣きやまなかったら、「ヴァクラ鬼に連れて行かれるよ」と親は脅したものだが、スナカッタ僧は余り長く拘束されていたので、いやになったのか、突然、私に向かって、

「すぐに独房にお入りください。ヴァクラ鬼がやって来ます」

と告げた。私は、

「愚か者、君はそんな鬼に私が恐れはしないことをいつも聞いているではないか」

と言った。その時、帝釈天がそばから、

「世尊、こんな人もブッダの教えになじむことができるのでしょうか」

と訊ねた。私は
「カウシカ（帝釈天のこと）、こんな人物も私の教えになじむことはできる。なぜなら、彼にもブッダになる可能性があり、将来必ずブッダの最高のさとりを得ることができるからだ。ところが私がスナカッタ僧に教えを説いて聞かせても、彼はこれを信じ、受け止めようとしない」

と答えたことがあった。

　また、ある期間、カーシー国のシヴァプラ都に止まっていたことがある。その頃もスナカッタ僧は付き人であった。ある日、私がその町に托鉢に出かけた時のことである。人々は私への帰依の心が強く、私の

足跡でも見ようと思う人が多かった。スナカッタ僧は私の後について歩いたが、その足跡をあえて消してしまおうとした。しかしその試みはかなわず、かえって人々の反感を買うことになった。町を歩いている途中で、ある酒屋に一人のジャイナ教徒が背中を丸めてしゃがみこんで酒を飲んでいる姿があった。

　これをスナカッタ僧は目敏（めざと）く見つけて

「世尊、世間にもし阿羅漢がいるとしたら、この人が最もすぐれた人ではないでしょうか。なぜなら、この人はすべてのものには原因もなく、その結果もないと説いているからです」

と私に告げた。私はこれを聞いて、

「愚か者、阿羅漢は酒を飲まない、人に加害しない、裏切らない、盗まない、不倫しないということを君は聞いたことがないのか。君が酒屋で見た人物は両親を殺し、そして酒を飲んでいる。どうして彼が阿羅漢だといえるか。この人物は死後阿鼻（あび）地獄に堕ちるはずだ。対して阿羅漢は三悪道（さんまくどう）に堕ちるような悪業をまったく断っている人物だ。どうしてあんな人物を阿羅漢というのか」

と叱った。するとスナカッタ僧は

「人を構成する地・水・火・風の四つの要素を変容させることはたやすいとしても、この人を地獄に堕とすことはできないと思います。そんな理由は見当たりませんが、……」

と反論した。そこで私は

561b
「愚か者、私の説いていることは誠から述べていることで、裏の意味はないことを知っているのか」

と言ったことがある。このようにいろいろとスナカッタ僧に説いて聞かせたが、彼は信じ受け入れる気持ちをまったく持たなかった。

ある期間、私は王舎城に止まっていたことがある。その頃もスナカッタ僧は付き人であった。町にジャイナ教徒の苦得という男がいた。彼はいつも「なにか原因や条件があって煩悩が生じることはない。また、なにか原因があり、条件があって解脱が得られるのではない」という考えを持っていた。

実はスナカッタ僧はこの考えに共鳴しており、

「世尊、世間にもし阿羅漢がいたら、この苦得という人物がその中で最高の人だと考えますがいかがでしょうか」

と私に訊ねたことがある。

「愚か者、ジャイナ教徒の苦得は本当の阿羅漢ではない。彼は阿羅漢のさとりを十分に会得できていない」

と言うと、スナカッタ僧は、

「阿羅漢であられるブッダがどうして阿羅漢に嫉妬心を抱かれるのですか」

と言った。私はすぐに、

「愚か者、私はかの阿羅漢に嫉妬などしていない。君が間違った考えを起こしているのだ。もし苦得という人物が阿羅漢といっても、じつはこれから七日後、彼は消化不良になり、腹痛を起こして死に、三悪道で食べた物を吐き散らす鬼のいるところに再生するだろう。彼と同じ修行仲間はその屍を墓場に置き去りにするだろう」

と教えたことがある。これを聞いたスナカッタ僧はすぐにその苦得という人物のところに行き、次のようなことを言ったらしい。

「長老、あなたはご存知でしょうか。あの沙門ゴータマは、〈あなたは七日後に消化不良になり、腹痛を起こして死に、三悪道において食べた物を吐き散らす鬼のいるところに再生するだろう。そしてあなたの屍は仲間の人たちが墓場に置き去りにするだろう〉と予言しました。長老、よくお考えになって、いろいろの方法を使ってゴータマの予言したことが外れるようにしてください」と。

苦得という人物はこれを聞いて、すぐに食を断った。六日経ち、いよいよ七日目もすぎようとする時に黒砂糖を食べた。そしてその後冷水を飲んだ。飲み終わると腹が痛みだした。彼は腹痛によって死んだ。仲間は彼を担いで墓場に置き去りにした。すると鬼が餓鬼の姿をして屍のそばに来た。

このことを聞いたスナカッタ僧はすぐに墓場に行った。苦得の身体は鬼の姿になり、屍の辺りに背中を丸くしてしゃがんでいた。これを見たスナカッタ僧は、

「長老、死んでいるのですか」

と声を掛けると、苦得は、

「私は死んでしまった」

と答えた。

「どうして死んだのですか」

「腹痛が原因で死んだ」

「だれがあなたの屍を運んだのですか」

561c

「仲間たちだ」

「どこに運んだのですか」

「ばか者、君はここが墓場であることを知らないのか」

「死んだ後どんな姿になりましたか」

「食べた物を吐き散らかす鬼の姿になった。スナカッタ僧、よく聞きたまえ。ブッダは善い言葉、真の言葉、時宜にかなった言葉、正しい言葉、尺度となる言葉を語る人だ。ブッダはこのような真実の言葉を口にされる人だ。君はどうしてあの時ブッダの言葉を信じなかったのだ。人々の中でブッダの言葉を信じない人がいたら、私のような姿に生まれ変わることになるだろう」

　このような会話があって、スナカッタ僧はすぐに私のところに戻って次のように告げた。

「世尊、ジャイナ教徒の苦得という人物は死んだ後、三十三天に再生したそうです」

「愚か者、阿羅漢は再生しないのだ。彼が阿羅漢であったら三十三天に再生しないはずだ」

「世尊、じつを言うと、彼は三十三天に再生してはいません。現在鬼の姿をしています」

「愚か者、私が言ったことには間違いがなかったであろう。私の言葉に間違いがあるわけがない」

「世尊、ブッダは確かにあのような予言をされたが、私はこのたびのことについてはまだ信じられません」

　スナカッタ僧とこのような問答をしていろいろ教えたが、それでも彼は私の説いたことを信じられなかった。

　スナカッタ僧は私の十二種の説法集を暗唱して、高い境地の三昧を習得していたが、教えについての一つの詩偈、一つの文句、一つの文字の意味さえ理解できなかった。悪友と親しくし、そのために心の落ち着きがなくなった。心の落ち着きがなくなったために悪い、誤った考え方をするようになり、〈ブッダといわれる人は存在しない、その教えも存在しない。妙寂といわれるものも存在しない。沙門ゴータマはよくものの特徴を見抜くことができるから人の心も見抜くことができるようだ〉と言うようになった。そこで私はそんなスナカッタ僧に

「私が説く教えは初めも中頃も終わりもみな善を説いている。言葉は巧妙で、言葉の意味は正しく、混じり気のないことを説いている。私は禁欲の行をなし終えて完成している」

と告げた。するとスナカッタ僧は、

「世尊、私のために説法してくださっても、私は世間に因果の道理はないと固く信じています」

と反抗的であった。

カッサパ菩薩、これまでのことを君が信じられないと思うなら、ネーランジャヤ河に私と一緒に行ってみると解る』

そこでブッダはカッサパ菩薩と一緒にスナカッタ僧がいるところに行った。スナカッタ僧は遠くからブッダの姿を発見し、悪心を起こした。そのために彼は生身のままで阿鼻地獄に堕ちてしまった。

ブッダはこれを見て次のようにカッサパ菩薩に語った。

『カッサパ菩薩、スナカッタ僧はブッダの無量の教えの中に埋まっていながら、空しくなにも手に入れず、わずか一つの教えの恩恵も受けたことがない。心が乱れ、怠け、悪友と付き合ったからだ。喩えるなら、

大海の中に入って無限の宝があることを知りながら、それらを手に入れることができない人がいたら、それは怠けたからである。また、海に入って宝の山を前にしても自分の過失で命を落としたり、悪鬼に殺されることがある。これらの喩えのように、スナカッタ僧もブッダの教えの中にありながら、悪友という悪鬼に殺害されたのである。だから私は常々、憐れんでスナカッタ僧の怠惰な行ないがいかに多いかを教えてやった。

もしもともと貧乏であれば、憐れみの気持ちを起こすにもその気持ちは強くはたらかないが、もしも
562a
もと巨万の富を所有した人が財産をすべて失ったとなれば、その人への憐憫の情は強いものである。これはスナカッタ僧に対する場合も同じである。彼は私の十二種の説法集を暗記し、唱え、高い境地の三昧を習得していたが、それを後に失ってしまった。その意味ではきわめて憐れである。だから私は「スナカッタ僧は怠惰な行ないが多かった。そのために善根をことごとく断ってしまった。私の弟子たちの間でも彼を見て憐憫の情を抱かない者はいなかったほどだ。私は多年に亙ってスナカッタ僧と修行して来たが、巨万の富を後になって失った人のように、邪心を生じて、誤った考えを持ちつづけたために、彼はあらゆる善根を失ってしまった。

カッサパ菩薩、昔からこのスナカッタ僧に髪の毛ほどの善根があることを知っていたが、それもついにはなくなってしまった。彼は一闡提という下賤の人と成り下がった。地獄に永久に住むと予言してもいい。世間に因果の道理はなく、業なんてないと言ったために彼はまったく善根をなくしてまった。これこそ一闡提という下賤の人といわなければならない。したがって地獄に永久に住むと予言してもいい。

喩えるならば、厠に落ちたことと同じである。人は助けるために手を取って引き上げるか、髪をつかんで引き上げるかするが、どんなに手を差し伸べても掴まれないと助けをあきらめることになる。私もスナカッタ僧のわずかばかりの善根を探して救済しようと思ったが、髪の毛ほどの善根も探すことができなかったら、彼を地獄から救済できない』

『世尊、ブッダはなぜスナカッタ僧は阿鼻地獄に堕ちるだろうと予言されたのですか』

さとりを得ている人だと言っていた。スナカッタ僧には眷属が大勢いる。彼らはスナカッタ僧が阿羅漢であり、最高の聖者のカッサパ菩薩、スナカッタ僧には眷属が大勢いる。

『カッサパ菩薩、スナカッタ僧には眷属が大勢いる。彼らはスナカッタ僧が阿羅漢であり、最高の聖者のさとりを得ている人だと言っていた。私は彼の邪心をなくすために、いまのような怠けた生き方をすれば地獄に堕ちるだろうと予言した。

よいか。私の説くことに誤りはない。私が地獄に堕ちるはずだと予言したのに、地獄に堕ちないことがあろうはずはないのだ。未熟な修行者たちが予言したことに二通りのことがある。嘘があり、真実がある。例えばかつて目連尊者がマガダ国において大衆に、

「これより七日後に雨が降るだろう」

と予言した。ところが雨は降らなかった。また、ある時、

「この牛は白い肌をした牛を産むだろう」

と予言したが、外れて斑毛（まだらげ）の子牛が産まれた。男子が産まれると言っておきながら、女子が産まれることと同じであった。

スナカッタ僧は世間には善悪の行ないも報いもないと人々に説いた。その時、彼には髪の毛ほどの善根

562b も残っていなかった。私は彼に善根がなくなっていることをずっと知っていたが、それでも彼と二十年の間一緒に修行して来た。もし私が彼を見捨てて一緒に修行して来なかったら、その間彼は人々が悪業を作るようにしてきたことだろう』

第四十六章　悪僧スナカッタと一闡提

『世尊、一闡提の輩にはどういうわけで善がないのでしょうか』

『カッサパ菩薩、一闡提の輩には善を生み出す根がまったくないからだ。人々にはみな信心・努力・思念・注意・理解という、さとりへの五つの心があるが、一闡提の輩にはこれらがまったくない。だから蟻を殺すと殺生罪になるが、一闡提を殺しても罪にはならない』

『世尊、結局一闡提には善がないから一闡提と言われるのですか』

『まったくそのとおりだ』

『世尊、人々には三種の善があると思います。それは過去の善と現在の善と未来の善です。このことから考えると、善根を断っている一闡提といっても未来の善を断つことはできないのではないでしょうか。未来の善を断っていないとすれば、あらゆる善を断った者を一闡提と言えないと考えます』

『カッサパ菩薩、断つことに二種類ある。一つは現在時になくなる断、二つは現在時が未来に起こるべきことを妨害する断である。一闡提にはこれら二つの断がある。だからあらゆる善根を断っていると私は言ったのだ。

喩えを引いて説明しよう。ある人が厠に落ちたとしよう。髪の毛が少しばかり見えるほどに沈んでいる状態であったが、つかんで引き上げるにはその髪の毛は身体の重さに堪えられるものではなかった。これと同じで、一闡提は来世に善根があるかもしれないが、地獄の苦しみから抜け出せるほどの善根力はないのだ。来世では抜け出ることができるだろうといっても現世ではどうしようもないことである。だから救済することはできないのだ。ただブッダになる可能性をもってすれば救うことはできるだろう。なぜなら、ブッダになる可能性は過去のものでもなく、未来のものでもなく、現在のものでもないからだ。その意味でブッダになる可能性は断絶がない。しかし腐った種子が発芽しないように、一闡提の輩もこれと同じである』

『世尊、一闡提はブッダになる可能性を断ち切っていないのですね。ブッダになる可能性は善というものですね。では、どうして一闡提はあらゆる善を断ち切っていると言われるのでしょうか』

『カッサパ菩薩、現在に生きている人々すべてにブッダになる可能性があるならば、その人たちを一闡提ということはできない。世間の者たちが説く実体説のようにブッダになる可能性は常住であり、過去・現在・未来の時を超えている。もしこの三世を超えていなければブッダになる可能性は不変なものとはいえない。ブッダになる可能性は将来必ず見られるはずだからこそ、人々にはみなブッダになる可能性があるというのだ。この意味で最高の修行段階にある求道の人たちはこれをわずかばかり見ることができる』

『世尊、ブッダになる可能性は不変であり、虚空のようです。どうして将来見ることができると言われるのですか。もし一闡提の輩に善がないなら、彼らは仲間や先生や、両親や親族や、妻子に愛情を持つこと

562c

がないのでしょうか。もし持っているなら、これは善ではありませんか』

『よいことを言ってくれた。カッサパ菩薩、ブッダになる可能性はちょうど虚空のようで、過去のものでも未来のものでも現在のものでもない。人々の身体には過去のもの、未来のもの、現在のものという三種がある。自らの身体を煩悩の汚れを離れて清浄にしたら、将来ブッダになる可能性を見ることができよう。だから私はブッダになる可能性に未来時があるという。私はある時は人々のために原因を説いて、それが結果であるといい、ある時は結果を説いて、それが原因であるということがある。だから説法の中で命を説いて、それが食べ物であるといい、肉体を見て触れるものという。将来身体は清浄となるからブッダになる可能性という』

『世尊、ブッダのお言葉の意味から考えると、なぜ人々にはみなブッダになる可能性があると言われるのか解りません』

『カッサパ菩薩、ブッダになる可能性は現在の時点ではないといっても絶無ではない。虚空そのものはいま手に取って見られないから絶無とはいえないのと同じである。人々は無常だといっても人々のブッダになる可能性は常住であり、不変なのである。だから私は説法の中で、ブッダになる可能性は内のものでもなく外のものでもなく、虚空が内のものでも外のものでもないことと同じであると説いたのである。

もし虚空に内があり、外があるならば、虚空を一つのものとか常住のものとかあらゆるところに遍在するものとかいえない。虚空は内のものでもなく、外のものでもないといっても、人々に虚空がないわけではない。人々のブッダになる可能性も虚空と同じである。

君が言う一闡提の輩に善があるという考えは正しくない。なぜなら、一闡提の輩の、振舞い・言葉遣い・心遣い・売買の行ない・施しの行ない・ものの理解などの行ないはみな邪な行ないといっていい。なぜなら、因果の道理を考えていないからだ。アンマロク樹の根や茎、枝葉、そして果実はみな渋いように一闡提の行ないはみな渋い。

カッサパ菩薩、私は生類のあらゆる能力を知見する力を備えている。だから人々の能力には上・中・下の三種があると考えている。下の能力を中の能力にすること、中の能力を上の能力にすること、また、上の能力を中の能力にすること、中の能力を下の能力にすることなど、みなできることを私は知っている。だから人々の能力は生来固定したものでないと知らなければならない。固定していないからこそ、ある人は善根を断っても、その後でまた善根を植えることがある。もし能力が固定したものであれば、先に善根を断っていたら、再び善根を植えることはできないだろう。その意味で、一闡提の輩は地獄での寿命が一千万年とはいえないはずである。だから私は世間の事象には固定的な形相（ぎょうそう）や特徴はないと説いた』

『世尊、ブッダは生類のあらゆる能力を知見する力を備えておられたので、スナカッタ僧は先々で必ず善根をみな断ち切ってしまうだろうと予言されました。そんなことが解っていたのであれば、なぜ彼の出家を許されたのですか』

563a 『カッサパ菩薩、私が昔、出家した当初、弟のナンダ、従兄弟の阿難と提婆達多（だいばだった）、実子のラーフラなどはみな私の後を追って出家し、修行してきた。私がもしスナカッタ僧の出家を許さなかったら、彼は王位を継ぎ、その権力をほしいままにしてブッダの教えを滅ぼしたであろう。このようなわけで私は彼の出家を許し、修行させたのである。

出家していなくても、スナカッタ僧は善根を断ちつづけ、何度生まれ変わっても幸せを得ることはできなかったであろう。いま、彼は出家してから善根を断ったけれども、正しい習慣を厳守し、目上の人たち、師匠たち、高潔な人格者たちに仕えて世話をし、高度の三昧を習得している。これは善といえる原因である。この善なる原因は必ず善を生ずる。善が生じたら、正道を歩むことになるだろう。正道を歩むならば、ブッダの最高のさとりに到達できるだろう。このように考えて私はスナカッタ僧の出家を許したのである。

もし彼の出家を許さなかったら、私にはブッダの十種の力が具足されていないのではと疑われるだろう。私は彼が善いことも悪いこともなんでもしているのをいつも観察している。彼はこのように善いことも悪いこともしているが、いずれあらゆる善根を断って、善くないことばかりを身に付けるようになることも見ていた。なぜなら、彼は善友と付き合わない、正法を聞こうとしない、正しく思慮しない、教えのように実行しないからである。こういうことだから彼は善根をなくし、善くないことばかりを行なうようになってしまった。私は彼が現世、あるいは来世の幼時、青年時、そして老年時に善良な友人と付き合い、四つの真理についての正しい教えを聞いて、その時に善根を植えることがあるだろうと察知していた。

喩えていうなら、ある村から遠くないところに泉があったとしよう。その泉の水は甘美で種々の利益を与えてくれるものであった。ある人が暑さで喉が乾いたのでその泉に行こうとした。すると泉の近くで一人の賢者とすれ違った。喉の渇いた人は疑いもなくその泉に辿り着くことができた。なぜか。他に道がないことを知ったからである。私が人々を見る目もこの人と同じである。だから私を生類のあらゆる能力を知見する力を備えている人という』

このように説いた後、ブッダはその場の土をつまんで爪の上に載せた。そしてカッサパ菩薩に告げた。

『カッサパ菩薩、この爪の上の土は十方世界にあるすべての土の量と比べてどちらが多いと思うか』

『世尊、爪の上の土は十方世界のすべての土の量とは比べられません』

『カッサパ菩薩、人の身体を捨てて、逆にまた人の身体を得るとか、三悪道に堕ちた身体を離れて人の
身体を得るとか、五体満足でインドの肥沃な土地に生まれるとか、正しい信心をもって正道を修めるとか、
563b 正道を歩んで解脱を得るとか、解脱した後に妙寂に入ることができるなどは、いってみれば爪の上の土の
量に喩えられる。人の身体を捨てて三悪道に身を置くとか、三悪道にある身体を捨てて、また三悪道の身
体を得るとか、種々の障害を持って僻地に生まれ、倒錯した考え方を信じたり、邪道を歩み、解脱も妙寂
も得ることがないなどは十方世界のすべての土の量に喩えられる。

種々の正しい習慣を厳守して、怠けず精進し、殺しなどの四つの重罪を犯さず、母や父を殺すなどの五つの重罪を犯さず、修行者の持ち物を勝手に用いず、一闡提のようにもならず、どんな善根もなくさずに生活して妙寂の教えを信じることは爪の上の土の量に喩えられる。規則を破り、正しい習慣を破り、怠惰で四つの重罪や五つの重罪を犯し、一闡提のような行ないをして、善根を断ち、妙寂の教えを信じないことなどは十方世界のすべての土の量に喩えられる。

私は人々のこのような在り方を知っているから、生類のあらゆる能力を知見する力を備えている人と呼ばれるのだ』

第四十七章　種々の方便説法の実際

『世尊、ブッダは生類の能力を知る力を持っておられるので、人々の能力に上・中・下の三種があることも知っておられます。各々違いがあり、現世の人々の能力や来世の人々の能力の違いも知っておられます。ところでこのような人々はブッダがなくなられた後について次のようなことを考えているようです。

ブッダは最後には妙寂に入られる。いや結局は妙寂に入られない。

ブッダは実在なるものがあると説いている。いや実在なるものはないと説いている。

ブッダは死後次の再生までの中間的存在があると説いている。いやそれはないと説いている。

ブッダは修行過程で元に戻ってしまうことがあると説いている。いやそれはないと説いている。

ブッダの身体は作られたものである。いや、作られたものではない。

十二種の因果関係は世間の在り方を説くものである。それは世間を超えた在り方を説くものである。

人の心は不変である。いや、無常である。

五欲の快楽を楽しめばさとりへの道の邪魔になる。いや、邪魔にはならない。

世俗の境地を超える境目にある心境はまだ欲望の境地に属する。いや、広く迷いの世界に属している。

施しの行ないは心のはたらきである。いや、五蘊のはたらきである。

不生不滅の境地に虚空の境地と妙寂の境地と妙寂を超えた境地の三種がある。いや、三種のそのような境地はない。

地・水・火・風などの要素から作られた物質がある。いや、そのような物質はない。

言動・動作などでは表わせないが、習慣として残るものがある。いや、そのような習慣として残るものはない。

心にははたらきがある。いや、心のはたらきはない。

世間に五種の存在がある。また、七種の存在がある。

在家信者が一昼夜だけ出家者の規則である八つの規則を守るだけで正式の信者と認められる。いや、認められない。

出家者が殺しなどの四つの重罪を犯しても、出家者が厳守することを誓った種々の習慣はすべて破棄したことにはならない。いや、すべて破棄したことになる。

563c 出家し、修行者の仲間入りをした人から阿羅漢まですべての出家者はみなブッダのさとりを得る。いや、得ることはない。

ブッダになる可能性はつねに人々にはある。いや、ブッダになる可能性は人々と離れてある。

殺しなどの四つの重罪人、親殺しなどの五つの重罪人、そして一闡提などにもブッダになる可能性がある。いや、彼らにブッダになる可能性はない。

十方にブッダが遍在している。いや、十方にブッダは遍在していない。

このような種々の説を立てて争っているが、ブッダは生類の能力を知悉しておられるのに、これらの争いを止めるために、どうして真実をお説きにならないのでしょうか』

『カッサパ菩薩、これらの意味を聞いたり、嗅いだり、食べたり、触れたり、思ったりしただけでは知ることができない。正しい理解によってのみ知ることができる。賢者に対しては唯一の説しか告げない。これを二説を説かずという。愚者はどちらとも言えない説を告げる。これを不確定な説を説くというのだ。

私のあらゆる善行は人々を正しく調教するためである。喩えていえば、名医の医術はあらゆる病苦を治療するためにある。それと同じで、私は国のため、時代のため、他の言語を話す人々のため、もろもろの人種のため、相手の能力に応じて、一つの教えを説くのに二種類の考えを説き、一つの名称を持つものを多種の名称をもって表わし、一つの意味を多くの名称をもって説明し、限りない意味を限りない名称で説明するのだ。

では、どのようにして一つの名称を多種の名称で表わすのだろうか。例えば、涅槃を妙寂、生じないもの、出現しないもの、作らないもの、作られたものでないもの、拠り所、住家、解脱、光明、燈明、彼岸、恐れがないもの、退屈がないもの、安らぎの境地、静かさ、形がないもの、唯一であるもの、唯一の行、清涼な物、暗闇がないもの、障りがないもの、争いがない境地、濁りがないもの、広大なもの、甘露、吉祥などと多種の言葉で表わす。これを一つの名称を多種の名称で表わすという。

次にどのようにして一つの意味を多種の名称で表わすのだろうか。例えば、帝釈天を帝釈天、カウシカ、ヴァーサヴァ、プリンダラ、マーガヴァー、インドラ、サハッサッカ、スジャンパティ、ヴァジュラ（金剛）、ラトナ・ムールダン（宝頂）、ラトナ・ドゥヴァジャ（宝幢）などと呼ぶ。これを一つの意味を多種の名称で表わすという。

次にどのようにして多種の意味を多くの名称で表わすのだろうか。例えば、ブッダについてはタターガタ（如来）とも表わす。意味も異なるが表現も異なる。アラハン（阿羅漢）、サンミャクサンボーディ（三
564a 藐三菩提）ともいう。船頭、指導者、目覚めた人、言行一致の人、大いなる師子王、沙門、バラモンなどとも呼ばれる。静かな人、施し主、彼岸に至った人、偉大な名医、大いなる象王、大いなる龍王、明かりを施す人、大力士、恐れを知らない人、教えの宝が詰まっている人、キャラバンの隊長、解脱した人、偉大な男性、天界・人間界の教師、大いなる白蓮華、並ぶものがない第一人者、大いなる至福を生む田、大いなる知慧の海、特徴がない人、八つの知を持つ人などともいう。このように多くの意味が異なるのに合わせて名称も異なっている。これを多種の意味を多くの名称で表わすという。

また、次に一つの意味について多くの名称を付すことがある。五蘊の蘊（集まり）にはまず集まりの呼び名があり、倒錯の呼び名があり、真理の呼び名があり、四つの念頭に掛けて置くべきこと、四種の食べ物、四つのものに認識作用が滞ること、迷いの結果、道、時、生類、世間、第一義、習慣・注意・理解の三種の反復、因果、煩悩、解脱、十二種の因果関係、未熟な修行者、地獄・餓鬼・畜生・人・天、過去・現在・未来の三世などの呼び名がある。これを一つの意味について多くの名称を付すという。

カッサパ菩薩、私は人々のために全体を説いているのを簡略にまとめて説くことがあり、簡略に説いて

いるが全体を表わす内容を説いていることがある。第一義の内容を説きながら世俗の真理に合わせ、世俗の真理を説きながら第一義の内容を説いているのだ。

では、全体を説いているのを簡略にまとめて説くとはどういうことだろうか。例えば弟子に「私はいま十二種の因果関係を説法しよう。十二種の因果関係とはなにかというと、それは因果の道理のことだ」と言うようなことである。

反対に簡略に説いているが全体を表わす内容を説いているとはどういうことだろうか。それは弟子に「私はいまから苦と苦の原因（集）と苦の超克（滅）と苦の超克への歩み（道）の四つの真理について説法しよう。苦とはいわゆる限りなく思うようにならないことについての真理、苦の原因とは限りない煩悩のことについての真理、苦の超克とは量り知れない解脱についての真理、そして苦の超克への歩みとは不思議な方便についての真理である」と言うようなことである。

では、第一義の真理を説きながら世俗の真理に合わせるとはどういうことだろうか。例えば弟子に「私の身体に老い・病・死がある」と言うようなことである。

では、世俗の真理を説きながら第一義の内容を説いているとはどういうことだろうか。例えばコンダンニャ尊者に「君は私の最初の説法をよく理解したので、これからアンニャー・コンダンニャ（了解したコンダンニャ）と呼ぼう」と言ったようなことである。

このように人によって、心によって、時によって私は相手の能力を察知して説法する。ところがこのような意味で私が決まった説法をしていると考えているならば、それは間違いで、それでは私はあらゆる生

564b 類の能力を察知できる人とはいえない。

カッサパ菩薩、象の弱点はロバの長所だといえないことを知っておくべきだ。人々の所行は様々である。だから私は相手に応じて数えきれない数の教えを用意して説法する。それは人々に数え切れない煩悩があるからだ。私がただ一つの修行を説くだけなら、人々の種々の能力を察知する力を持っているとはいえないことになろう。だから私は他の説法で

「五種の大衆にはかえって五種の教えを説いてはならない。つまり不信心の者のためには正しい信仰を説かない。規則を破る者のためには正しい習慣を厳守することを説かない。貪欲な者のためには施しについて説かない。怠惰な者のためには教えを度々聞くように説かない。愚か者のためには正しい理解について説かない」

と述べたことがある。なぜなら、もしこのような五種の大衆にただこれら五種の内容だけを説いて聞かせても、人々の能力を察知する力を持たせることも、憐れみの心を得させることもできないからだ。彼らはこれを聞いたら、不信心、悪心、怒りの心を起こし、その心を起こしたことで永久に苦しみの果報を受けつづけることになるだろう。人々を憐憫するからこそ相手に応じて、決まった内容の説法をしてはならない。これが人々の能力を察知する力を持つということである。

だから私は先に、ある説法の中で舎利子（しゃりし）尊者に

「慎んで利発な人のためには全体にわたる教えを説き、愚鈍の人には簡略な内容を説くようなことをしてはならない」

と注意したことがある。すると舎利子尊者は、

「世尊、私はただ人々を憐れむ気持ちから説いています。相手の能力を察知する力を持っているからといって、差別して説法しているのではありません」

と答えた。

カッサパ菩薩、全体にわたる内容と簡略な内容についての説法はブッダの行なう領域であり、未熟な修行者たちの知る領域ではない。君が先ほど「ブッダが亡くなられた後、弟子の間ではいろいろ論争があるでしょう」と言ったが、彼らはみな倒錯して、そのために正しくものを見ることができなくなるだろう。したがって自分の利益のみを考え、他人のためになにかをすることなどないだろう。

人はただ一つの性格ではない、ただ一つの能力ではない、ただ一つの国土だけにいるのではない。ただ一人のすぐれた人がいるだけではない。だから私は種々の教えを説くのである。十方の、三世の多くのブッダも十二種の説法集を開示されたのだ。私もこの十二種の説法集を説いたのは、自分のためではない。ただ人々のためである。

私は人々の能力を察知する力を持っているから、この人は現世で善根を断っている、この人は来世で善根を断つだろう、この人は現世で解脱を得るだろう、この人は来世で解脱を得るだろう、とそれぞれをよく察知できる。だから私は最上の力士と呼ばれる。

564c カッサパ菩薩、もし私が結局は妙寂に入るとか、妙寂に入らないとか論争する人がいたら、その人たちは私の真意を十分に理解していないから争うことになる。

ヒマラヤの北にある香酔山に五万三千の仙人が住んでいるが、彼らは過去世に出現された第六番目のブッダであるカッサパ仏のもとで多くの善根の功徳を積んでいた。しかし彼らはまだ正道を修めず、他の多くのブッダに近付くことがなく、正法を聞いていなかった。そこで私は彼らのためにと思って、

「これから三ヶ月過ぎたら妙寂に入るだろう」

と告げるように阿難尊者に頼んだことがある。このことを神々が聞いて、噂が伝わって仙人たちの耳に届いた。仙人たちはすぐに後悔の念でいっぱいになった。そこで彼らは

「人間界に生まれていたにもかかわらず、これまでどうしてブッダに会うことがなかったのだろうか。ブッダがこの世間に出現されることはウドゥンバラ樹の花（優曇華）が三千年に一度しか咲かないように珍しいことだと聞いている。そのブッダが妙寂に入るのであれば、いますぐに出掛けて行き、正法を聞くことにしよう」

と語り合った。

そして五万三千の仙人がみな私のところにやってきた。そこで私は彼らに次のような説法をした。

「偉大なる仙人たち、肉体は無常である。なぜなら、肉体を構成しているものは無常であるからだ。無常なる原因から生じているからだ。そんな肉体がどうして不変であり得ようか。このことは感覚器官・感覚作用も同じである」

このように説法したのを聞いて、彼らは即座に最高の聖者のさとりを得たのである。

カッサパ菩薩、クシナーラ都に三十万の力士がいた。彼らはだれにも隷属せず、体力と若さを誇りとし

ておごり高ぶり、傍若無人に暴れていた。私は彼らをおとなしくするために、目連尊者に、

「あの力士たちをおとなしくさせたまえ」

と告げたことがあった。目連尊者は五年間いろいろの方便を駆使して試みたが、一人も言うことを聞く力士はいなかった。そこでさらに阿難尊者に、

「三ヶ月後に私は妙寂に入るだろう」

と彼らに告げるように命じた。時に、これを聞いた力士たちは協同して道路を整地し始めた。その頃、私はヴァイシャーリーの都からクシナーラ都への道半ばであった。すると前方に力士たちがはたらいている姿を見て、私はすぐに沙門の姿に変身した。

　力士たちのところに着くと、私は
「これ子供たち、なにをしているのか」

と訊ねてみた。すると力士たちはムッとして、
565a 「沙門、あなたは俺たちに向かって子供たちと言いましたね」

と言い放った。

「君たちはいま三十万人いるが、全員でここにある米粒ほどの小石を動かすことができるか。できまい。そんな君たちを子供といわずになんと言うのか」

と私は言い返してやった。

「沙門、あなたは俺たちを子供といったが、それじゃ、あなたは大人というわけですね」

なさを知らされて、

と不満そうに言った。

この時、私は足の二指で道路に埋まっている石をつまみ出した。これを見た力士たちは自分たちの力のなさを知らされて、

「沙門、あなたはいまこの石を道路の外に移すことができるのですか」

と訊ねた。道路を整地していた彼らは手伝ってもらいたいと思って訊ねたようである。そこで私は

「子供たち、どういうわけで君たちはこの道路を整地しようとしているのか」

と訊いてみた。すると彼らは、

「沙門、あなたは聞いていないのですか。シャカ族出身のブッダがこの道路を通ってシャーラ樹林に行き、妙寂に入られるそうです。だからそのまえに道路を整地しておこうというわけです」

と教えてくれた。

「君たちは善いことをしているではないか。それならばこの石を取り除いてあげよう」

と言って、私がその石を空に向かって投げると、十八天のなかの最高天であるアカニシタ天がいるところに届いた。力士たちは石が空中に飛んでいった光景をみて怖くなり、すぐにその場から四方に逃げ去ろうとした。彼らの気持ちを察して私は、

「君たち、そんなに怖がらずにここにいたまえ」

と静めた。空中の石を執り、右の掌に置いた。これを見て力士たちは安心して、

「沙門、この石はこの世の物ではないのですか、それともあの世の物でしょうか」

と訊ねた。そこで私はこの石を口で吹き、木っ端みじんにしてしまった。これを見て彼らは、

「沙門、この石はこの世の物ですね」

と言い、内心、これまでのことを恥ずかしく思い、

「俺たちはこれまで体力と若さを自慢にして、したい放題のことをしておごっていました」

と彼らは自分を呵責したのである。

　彼らの反省を察知した私は変身していた沙門の姿を捨てて、もとの姿になり、説法した。聞き終わって、彼らはみなさとりを求める気持ちを起こした。

　カッサパ菩薩、クシナーラ都にチュンダという鍛冶工がいた。彼は以前に第六番目のブッダであるカッサパ仏の前で誓いを立て、次のようなことを述べた。

「釈迦族出身のブッダが妙寂にお入りになる時、私は最後の食事の供養をすることを誓います」と。

　このことがあったので、私はヴァイシャーリー都でウパヴァーナ僧に、

「私は三ヶ月後にかのクシナーラ都のシャーラ樹林で妙寂に入るだろうと言ったことをチュンダに告げたまえ」

と命じたことがある。

　カッサパ菩薩、王舎城に五つの神通力に通じたスバーフという仙人がいた。年齢百二十歳。博学者と自称し、自慢していた。そして
「すでにはるか昔、多くのブッダのもとで種々の善根を植えた」

565b と言い触らした。こんなおごり高ぶった彼を反省させるために、

「これから三ヶ月後に私は妙寂に入るだろう」

と言った。スバーフ仙人はこれを聞いて私のところにやってきて、信心を起こすだろう。そうしたら私は種々の教えを説き、彼はこれを聞いて煩悩を払うことができるだろう、とアーナンダに話したことがある。

また、マガダ国のビンビサーラ王の子、アジャータサットゥ太子（のちの阿闍世王）は過去世になした悪業が催して父王への反逆の心が起こり、殺害しようとしたが、その機会がなかった。

その頃、悪人・提婆達多（だいばだった）がいた。彼も過去世の悪業が催して私に危害を加えようとした人物である。彼は五つの神通力に通じ、アジャータサットゥ太子と親しくなり、太子の願いをかなえるようにいろいろの神通力を駆使した。城門でないところから出て、城門から入り、城門から出て、城門でないところから入るようなことをした。あるときは象・馬・牛・羊・男女などの姿に変身して見せたりした。

このような提婆達多の神通力を見て、太子は好意を持ち、尊敬さえした。そして太子は提婆達多に種々の食べ物や道具を施した。ある時、太子が

「聖者、私は曼陀羅（まんだら）の花を見たい」

と所望すると、提婆達多は三十三天に昇って、神々にこれを求めた。ところが神々はこの花を与えたら、彼らの幸せがなくなるので求めに応じる者はいなかった。彼はこの花を手に入れることができなかったが、

〈曼陀羅の花には自己意識がないわけだから、私がもしこの花を取ったとしても、別になにか罰を受けることはないだろう〉と考えて、この花を盗もうとした。そして一瞬にして神通力を失ってしまい、いつの

間にか王舎城に降りていた。慚愧（ざんき）の気持ちでいっぱいで、太子に会わせる顔がなかった。

　そこで彼は〈いますぐブッダのところに行き、弟子たちを獲得したい。もしブッダが許してくれたら、舎利子尊者をはじめとして多くの者を自由に教育し、使役したい〉と考え、私のところに来た。そして、

「世尊、あなたの弟子たちを私に託してください。私は彼らに種々説法して、立派に教化して、調教いたします。お願いします」

と来るなり言い放った。そこで私は、

「愚か者、舎利子尊者などの修行者は聡明な賢者である。世間の人々の心服を得ている大衆である。そんな人たちをどうして託すことができよう。ましてや君のような吐き捨てた唾をなめるような愚者なんぞに託せるものか」

と告げた。すると提婆達多は怒りがますます込み上げて来て、

「ゴータマ、君は現在大衆を教化しているが、その勢いもいましばらくで、すぐに衰えるだろうよ」

と罵った。言い終わるや、大地が六種に震動した。提婆達多はすぐに地にうずくまった。その身辺に暴風が吹き、土埃が舞い上がり、彼は埃だらけになった。そこで彼は、

565c 「自分はいま現世で阿鼻地獄に堕ちたようなものだ。この仕返しを必ずしよう」

と口走った。すぐに立ち上がり、アジャータサットゥ太子のもとに行った。

「聖者、どうして憔悴し、青ざめた顔をしているのか」

「太子、いつもこんな顔をしているではないですか。気付きませんでしたか」

「ところでなにがあったのか。話してみよ」

「太子、私はこれまであなたと親しくして参りました。いま、よそ者があなたを罵り、無理を承知で事をなしていることを聞いて、私がどうして心痛しないでおれましょうか」

「聖者、よそ者がどうして私を罵っているのか」

「太子、人々はあなたを生まれる前から恨みを持っている人だと噂しています」

「聖者、どうして私が生まれる前から恨みを持っているというのだろうか。だれがそんなことを言うのか」

「太子、あなたがまだ生まれていなかった時、多くの占い師はこの子が生まれたら長じて父を殺すだろうと予言したのです。だからよそ者はみなあなたのことを生まれる前から恨みを持つ人だと呼んでいるのです。ところが国内の人はあなたの気持ちを信じて、あなたを「無敵の人」と名付けました。母上のヴァイデーヒー（韋提希）夫人はこの言葉を聞かれていたので、あなたを産んでからすぐに高殿から落として、その上あなたの指一本を切り取られました。このことがあって、あなたをヴァラルチとも呼ぶようになったのです。私はこれを聞いていたので内心やりきれない憤りを持っていたが、このことをどうしても面と向かって話すことができませんでした」

　提婆達多はこのような種々の悪事を太子に教えて、太子が父を殺すように仕向けたのである。そして太子に次のように言った。

「もしあなたが父上を殺されたら、私は沙門ゴータマを殺しましょう」

　これを聞いた太子は雨行という大臣を呼び付けて聞いてみた。

「父王はどうして私を生まれる前から恨みを持つ者とあだ名したのだろうか」

大臣は即座にその本末を説明したが、その内容は提婆達多の説明と異なるものではなかった。これを聞くとすぐにその大臣に命じて父を城外の牢に閉じ込め、四種の兵に監視させた。母のヴァイデーヒー夫人はこの事件を聞き、すぐに王のもとに馳せた。ところが守衛の者たちは遮って会うことを許さなかった。夫人は怒って彼らを怒鳴りつけた。

すると一人の守衛がこのことを太子に告げた。

「いま母上が父王に面会したいと来ておられます。許可してよろしいものか判断に苦しんでいます」

これを聞いた太子は怒りと嫌悪の気持ちを起こし、母のところに行き、母の髪をわし掴みにして刀で斬ろうとした。その時、ジーヴァカ医が申し上げた。

「王、建国以来、どんなに重罪を犯しても女性を処罰することはありませんでした。まして産みの母においては」

太子はジーヴァカ医の言葉を聞いて、彼に免じて母を解放したが、父に衣服や寝具や飲食や薬を差し入れることを禁じた。このようなことがあって七日後に王の命は絶えた。

この父の死を見て、太子は後悔の念にかられた。これを見た雨行大臣は種々の善からぬことを進言した。そして次のように言った。

566a 「王がなされたことがみな罪となることはありません。なぜなら、いま王は後悔の念を持たれたではありませんか」

これを聞いたジーヴァカ医が言った。

「あなたの所行は二つの罪を犯しています。一つは父王を殺害したことです。もう一つは沙門を殺害したことです。このような罪はブッダをおいてだれも取り除いてくださる方がありません」

太子は言った。

「ブッダは清らかで、まったく汚れがない方だと聞いている。我々のような罪人がどうして拝謁できよう」

このようなやり取りがあったことを聞き及んだので、私は阿難尊者に「これから三ヶ月後に私は妙寂に入るだろう」

と告げたのだ。すると太子はこの言葉を聞いて、すぐに私のところにやって来た。そこで私は彼のために説法し、その罪を軽くしてやった。信心のかけらもなかった彼が信心を起こしたのだ。

カッサパ菩薩、弟子たちはこの話を聞いたが、私の趣意を理解できずに、彼らは「ブッダは結局は妙寂に入ると言っておられる」と考えている。

求道の人に二種ある。一つは真の意味の求道の人、二つは仮の求道の人である。

仮の求道の人は私が三ヶ月後に妙寂に入るだろうと述べたことを聞き、みな怠惰の気持ちを起こして、「もしブッダが無常で、世間に生き続けられないなら、我々はそのために世間で量り知れない苦悩を受け続けることになろう。ブッダは量り知れない功徳を具足しておられるというが、死の悪魔に打ち勝つことはできないようだ。ブッダができないのに我々がどうして打ち勝つことができようか」

という人たちである。

この仮の求道の人のために、「私は常住であり、不変である」と説いている。ところが弟子の中にはこれを聞いても、その趣意を理解できず相変わらず「ブッダは結局は妙寂に入らない」と考えている。

第四十八章　難問に答える

実体はあるか否か

カッサパ菩薩、来世はないという考えを持って人々は次のようなことをいう。

「生類の肉体が滅した後、生前の善業や悪業の報いを受けることはない」と。

このような考え方をしている人のために、次のようなことを説いた。

「善悪の行ないの報いを受けない者はない。ではどのようにして受けるのだろうか」

カッサパ菩薩、昔クシナーラ都にスダッサナという王がいた。幼児の時期が八万四千年間、太子の時期が八万四千年間、王位についている時期が八万四千年間であった。彼はだれもいないところで独り坐禅して考えていた。

〈生類は不幸にして寿命が短い。忌まわしい四つの生まれ・老い・病・死に縛られ、追い回されて苦しんでいるのに、それを自覚していない。そして勝手気ままなことをし続けている。そこで私は出家して道を求めて、この四つの忌まわしいものを断ち切ろう〉と。

王は官吏に命じて城外に七宝で飾った堂を造らせた。そして大臣や役人や妻子や側女や眷属の者たちに告げた。

「知らせたいことがある。私は出家しようと思うが、みんな聞き入れてくれるだろうな」

これを聞いた大臣、その他の集まった者たちは各々言った。

「素晴らしいことです、大王。いまこそ出家する最適の時かと考えます」

566b
ここで王は一人の使者を従えて独り堂内に住み、八万四千年の間慈しみの心を修めた。この修行によって後の八万四千の世代を次第に転輪王として君臨することができた。その内三十世代は帝釈天として君臨し、数えきれない世代はさまざまな小さな国の王として君臨した。

この時のスダッサナは私以外の人だと思うか。そのように思ってはならない。ほかでもない、彼は私自身であった。ところが弟子たちはこのことを話してもその趣意を理解できないために、

「ブッダは必ずものには私というものがあり、私のものがあると説かれている」と考えている。

また、ある期間、私は人々のために、

「実体とはすなわち不変である。いわゆる身体の内外のあらゆる因縁をいう。十二の因果関係、生類の五つの集まり、心の領域である世間、福徳を積んだ行為、自在天の世界などは実体という」

と説いたことがある。これを聞いた弟子たちはこの趣意を理解できないために「ブッダは実体があると説かれている」と考えた。

また、ある時、ある修行者が私のところに来て、次のように質問したことがある。

「世尊、なにを実体というのでしょうか。だれが実体なのでしょうか。どういう関わりがあって実体となるのでしょうか」

私は即座にその修行者のために説明した。

「修行者、世間にあるものに私というものはなく、私のものはない。たとえば眼は過去になかったが現在あるもので、すでにあったものが、かえって現在ないものともいうべきである。眼が生じる時、どこから来たのでもなく、眼がなくなる時、どこかへ行くこともない。行為の報いがあるといっても、行為の主体があるわけでなく、五つの集まりを捨てた時にその五つの集まりを受け取る者があるわけではない。君の質問である実体とは、すなわち時節である。だれが実体かということだが、それは行為である。次にどういう関わりがあって実体かということだが、それは渇欲である。

修行者よ、例えば両手で拍手を打ったら音が出るが、それと実体も同じである。生類と行為と渇欲の三つが原因となり条件となるのだから、これを実体というのだ。すべての生類の肉体は実体ではない。実体の中に肉体があるのでもなく、肉体の中に実体があるのでもない。同じように感覚のはたらきの中に実体が、実体の中に感覚のはたらきが、それぞれあるのではない。ところが外道の者たちはそれらの中に実体があると説いているが、最後まで五つの構成要素（五蘊）を離れて説けないでいる。とはいっても、もし五つの構成要素を離れて別に実体があると説くなら、これは論外である。生類の行為は幻のようで、酷暑時の陽炎のようである。五つの集まり（五蘊）はみな無常であり、苦であり、実体がなく、不浄である」と。

カッサパ菩薩、その場所にはほかに多くの修行者がいた。彼らはこの五つの集まりには私というものや私のものがないことを知って、すべての煩悩がない境地に到ったのである。ところが弟子の中にこの説法を聞いてもまだその趣意を理解できない者がいて、「ブッダは実体はないと説いておられる」と考えている。

中有はあるか否か

カッサパ菩薩、私はある説法の中で次のことを述べた。

「次の三つの事が和合してこの身体を授かった。三つの事とは一つは父、二つは母、三つは死後と再生までの中間の存在（中有（ちゅうう））である」と。

566c

ある時は次のように述べたことがある。

「不退転の境地に到った聖者は生きているうちにも妙寂の境地に入ることができ、あるいは死後中間の存在の間に妙寂に入ることができる」と。

ある時は次のように述べたことがある。

「中間の存在の身体のはたらきは活発で生き生きしている。みな次の生存の姿に似せて活動する。ちょうど清浄な醍醐のようである」と。

またある時は次のように述べたことがある。

「悪に染まった生類が受ける中間の存在は世間でいう粗野な筵（むしろ）のような毛羽立った服のようで、善良な生類が受ける中間の存在はベナレス産の真っ白な目の細かい織物のようである」と。

ところがこれを聞いた弟子の中で、この趣意を理解できない者は〈ブッダは中間の存在があると説いておられる〉と考えている。

カッサパ菩薩、私はまた、母や父を殺すなど五つの重罪を犯している人々を相手に次のことを述べたことがある。

「五つの重罪を犯した者は死後阿鼻地獄に堕ちる」と。

また、次のように説いたこともある。

「ダンマルチ沙門は死後阿鼻地獄に堕ちるだろう。そして次に再生するまでの中間の存在では浮浪し続けるだろう」と。

また、バラモンのヴァッチャ・ゴッタに説明したことがあった。

「バラモン、もし中間の存在があるならば、地獄・餓鬼・畜生・人・天の五つの存在のほかにまた一つ増えて六つの存在があることになろう」と。

また、ある時次のように述べたこともある。

「物質的要素を持たない生類は死後中間の存在がない」と。

ところがこれらのことを聞いた弟子の中にはこの趣意を理解できないで、〈ブッダは中間の存在はないと説いている〉と考えている者がいる。

修行に後退があるか否か

カッサパ菩薩、私は説法の中で「修行に後退がある」と述べたことがある。なぜなら、修行者の中には怠けてだらしない態度で、修行をしない者がいるからだ。

一体に修行が後退する場合、五つの例がある。一つは多事を楽しむ場合、二つは楽しそうに世間話をする場合、三つは睡眠をむさぼる場合、四つは一般家庭を頻繁に訪れる場合、五つは好んで諸方を歩き回る場合。これらのことをしている修行者は修行を怠けるようになる。

また、修行から後退する原因が二つある。内面的な原因、外面的な原因である。たとえば阿羅漢には内面的な原因はないが、外面的な原因がある。外面的な原因があるために煩悩を生じ、そのために修行を怠けるようになる。

ゴーディカという修行者がいた。彼は六度も落伍したが、慚愧し、さらに奮起して七度目に阿羅漢になることができた。しかしそれ以来後退することを恐れ、ある時刃をもって自害した。

私はある時は、

「獲得したさとりをなくさないように守護し、心の煩悩を除いていくならば解脱が得られる」

と説いたことがある。また、ある時は

「六種の阿羅漢の境地がある」

と説明したことがある。これらの説法を聞いた弟子の中にはこの趣意を理解できず〈ブッダは修行には後退があると説かれている〉と考えている者がいる。

ある時は、説法の中で、

「例えば焼け焦げた炭がもとの木には戻らないように、また、壊れた瓶がもとの瓶の用をなさないように煩悩も同じである。阿羅漢が煩悩を断ち切った状態では決して煩悩を生じることはない」

と説いたことがある。また、ある説法では、

「人々が煩悩を生じる原因には三つある。一つはまだ煩悩を断っていないから、二つは煩悩を生じる原因と条件を断っていないから、三つはよく考えないから、ところが阿羅漢の場合は、煩悩を断っていることとよく考えないことの二つの原因がない」

567a と説いたことがある。これらの説法の内容を聞いた弟子の中でこの趣意を理解できない者は〈ブッダは修行には後退はないと説かれた〉と考えている。

ブッダの身体は造られたものか否か

カッサパ菩薩、私は説法の中で

「ブッダの身体には二種あると説いたことがある。一つは肉体、二つは教えの身体である。

肉体は生類に近付くための、相手に応じて化身したものである。この身体には生まれ、老い、病、そし

て死があり、長短があり、白黒の色があり、此とか彼とか指示される物であり、学ぶはたらきがあり、学ばないはたらきもある」と。

この説法を聞いた弟子の中で、この趣意を理解できない者は〈ブッダはこの身体は造られたものと説かれた〉と考えた。

また、さらに

「教えの身体は常住であり、安楽であり、実在であり、清浄であり、生まれも、老いも、病も、そして死も離れた身体である。白や黒などの色がなく、長短がなく、此とか彼とか指示されるものでなく、学ぶことも学ばないこともないものである。ブッダは世間に出現してもしなくても、常住であり、不動で、不変であることに変わりはない」

と説いたことがある。これを聞いた弟子の中で、この趣意を理解できない者は〈ブッダはこの身体は造られたものでないと説かれた〉と考えた。

十二種の因果関係は世間のものか否か

カッサパ菩薩、私は次の説法をしたことがある。

「一体、十二種の因果関係とはなにか。それは次のような関係をいう。

無明（道理についての無知）によって行（意志作用）がある。行によって識（分別作用）がある。識によって名色（名称と形相、つまり身体）がある。名色によって六処（六つの感覚器官、眼・耳・鼻・舌・身・意）がある。六処によって触（外界との接触）がある。触によって受（感受作用）がある。受によって愛（渇欲）がある。愛によって取（執着）がある。取によって有（生存）がある。有によって生（出生）がある。生によって老死や悲しみや苦しみや悩みが生じる」と。

これを聞いた弟子の中に、この趣意を理解できない者がいて〈ブッダは十二種の因果関係は世間のものだと説いておられる〉と考えた。

またある時、修行者に、

「十二種の因果関係はブッダがこの世に出現しようとしまいと関係そのものも、そのはたらきも常在で不変である」

と喩えをもって説いたことがある。

カッサパ菩薩、十二種の因果関係があっても、条件にしたがって生じないことがあり、条件にしたがって生じても十二種の因果関係をなさないこともある。条件にしたがって生じて十二種の因果関係をなすこともある。条件による生起でなくて十二種の因果関係をなさないこともある。

ところで十二種の因果関係があって、条件による生起でないものとはなにかというと、未来の世間における十二種の因果関係である。

条件にしたがって生じて、十二種の因果関係をなさないものとは阿羅漢が持っている五つの集まり、つまり身体である。

条件にしたがって生じて、十二種の因果関係があるものとは俗人の人々が所有する五つの集まり、つまり身体の十二種の因果関係である。

条件による生起ではなくて、十二種の因果関係をなさないものとは虚空であり、妙寂である。カッサパ菩薩、私がこのように説いたことを聞いた弟子たちの中で趣意を理解できない者は〈ブッダは十二種の因果関係は世間を超えたものであると説かれた〉と考えた。

心は常住か否か

カッサパ菩薩、私の説法の中に
「すべての人々は善行、悪行の様々な行ないを積み重ねている。死ぬ時に地・水・火・風の四つの構成要素が即時にバラバラになるので、善行を積んだ者の心は上に昇り、悪行を積んだ者の心は下に降りる」

567b と述べたことがある。これを聞いた弟子の中には、趣意を理解できずに〈ブッダは心が常住であると説かれている〉と考えている者がいる。

ある時ビンビサーラ王に次のように説法したことがある。

「大王、肉体は無常である。なぜなら、肉体は無常な原因から生じたからだ。この肉体が無常な原因から生じているのに、知慧ある人がどうして肉体を常住不変と言うだろうか。もし肉体が常住不変であれば破壊したり、滅んだり、そして種々の苦悩を生じたりするだろうか。いま見てのとおり、この肉体は破壊し、滅ぶものである。だから肉体は無常であると知らなければならない。感覚器官のはたらきもこれと同じである」と。

これを聞いた弟子の中には、趣意を理解できずに〈ブッダは心が無常であると説かれている〉と考えている者がいる。

五欲は修行の障害となるか否か

カッサパ菩薩、私は説法の中で

「弟子には、香油や花や、金銀の装飾品や宝物や、妻子や召使を持ち、八つの所有してはならない物などを受け取ったりしながら、正道を修め、そして正道を成就して、さらにそれから逸れない者がいる」と説いたことがある。これを聞いた弟子の中には趣意を理解できずに〈ブッダは五欲を起こしても八正道にはなんら妨げにならないと説かれている〉と考えている者がいる。

また、ある時、次のように説いたことがある。

「在家の人が八正道を成就する道理はない」と。

これを聞いた弟子の中で趣意を理解できずに〈ブッダは五欲を起こしたら正道の障害となると説かれている〉と考えている者がいる。

世間の第一善根とはなにか

カッサパ菩薩、私は説法の中で、

「煩悩を離れてもまだ解脱したといえない。欲に染まった領域で世間第一の善根（世第一法）を習得することと同じである」

と述べたことがある。これを聞いた弟子の中には趣意を理解できずに〈ブッダは世間第一の善根は欲に染まった領域の善根だと説かれている〉と考えている者がいる。

また、ある時、

「〈四つの真理を理論的に理解した境地に至るための修行である〉段階でその境地に近い暖かさを感じる段階の善根（煖法）と、さらに進んで絶頂の境地に至った段階の善根（頂法）と、これこそ真理であるという確信を得て後戻りがない段階の善根（忍法）と、そして世間第一の善根の四つはさとりへの瞑想の、第一から第四までの四つの瞑想にある」

と説いたことがある。これを聞いた弟子の中には趣意を理解できずに〈ブッダはこれらの善根は物質的条件にとらわれた領域にあると説かれている〉と考えている者がいる。

また、ある時、私は、

「外道の者たちは、すでに四段階の瞑想によって煩悩を断つことができ、暖かさを感じる段階の善根と、さらに進んで絶頂の境地に至った段階の善根と、これこそ真理であるという確信を得て後戻りがない段階の善根と、そして世間第一の善根の四つを修め、四つの真理を観察して不退転の境地を得ている」

と述べたことがある。これを聞いた弟子の中には趣意を理解できずに〈ブッダは世間第一の善根はただ欲も物質的条件も超えた、精神的条件のみを持つ生類がすむ領域に属すると説かれている〉と考えている者がいる。

正しい布施とはなにか

カッサパ菩薩、私は説法の中で、

「四種の布施の中に三種の清浄な布施がある。一つは与える人は物事の原因を信じ、結果を信じ、そして与えることの意味を信じているが、それを受ける人が因果の道理と与えることとの意味を信じない場合の布施である。二つは受ける人は因果の道理と与えることとの意味を信じているのに、与える人が因果の道理と与えることとの意味を信じない場合の布施である。三つは与える人と受ける人の両人が共に因果の道理と与えることの意味を信じている場合の布施である。四つは与える人と受ける人の両人がこれらを信じていない場合の布施である。これら四種の中で初めの三種は清浄な布施である」と説いたことがある。これを聞いた弟子の中には趣意を理解できずに〈ブッダは布施はただ気持ちの問題であると説かれている〉と考えている者がいる。

567c ある時、私は次のようなことを説いたことがある。

「与える人はその時五つのことを与えている。五つとはなにか。一つは物、二つは力、三つは安心、四つは命、五つは成し遂げること。これらを与えることによって人はこれら五つの果報をかえって受けることになる」と。

これを聞いた弟子の中には趣意を理解できずに〈ブッダは布施は五つの集まり、つまり五蘊を説かれた〉と考えている者がいる。

妙寂の真意はなにか

カッサパ菩薩、ある時、説法の中で、

「妙寂はすなわち遠離である。あらゆる煩悩が余す所なく、永く滅している状態で、ちょうど燈火が消えて再び火が生じることがない状態と同じである。虚空は場所を持たない。喩えていえば世間でまったくなにも所有しない時に空っぽということと同じである。知慧によらずとも煩悩がなくなるとは、すなわち所有するものがないことである。もしあれば、因縁があることになろう。因縁があるとなくなることになる。因縁がないからなくなることはない」

と説いたことがある。これを聞いた弟子の中には趣意を理解できずに〈ブッダは不変の造られない三種の原理がないと説かれている〉と考えている者がいる。

ある時、目連尊者に次のように言ったことがある。

「目連尊者、妙寂とは文章や語句や、足跡や、終着点や、おそれなどがない境地である。また、偉大なる教師であり、大いなる成果であり、究極の智である。また、偉大なる体験的認知であり、自在の三昧である。また、大いなる真理の境界であり、甘露の味である。また、肉眼でみることはむずかしい。とはいっても、目連尊者、もし妙寂がないというなら、どうして誹謗した人が地獄に堕ちるのだろうか」と。

これを聞いた弟子の中には趣意を理解できずに〈ブッダは妙寂があると説いておられる〉という者がいる。

また、ある時に、目連尊者に次のように言ったことがある。

「目連尊者、眼は堅固ではない。内臓に至ってはなおのことである。みな堅固でない。堅固でないから空っぽという。食べて飲み下し、体内を回流し、消化している間にまったく音声が皆無であることを虚空という」と。

これを聞いた弟子の中には趣意を理解できずに〈ブッダは虚空が造られない原理としてあると説いておられる〉という者がいる。

また、ある時、目連尊者に
「まだ聖者の最初のさとりを得てはいないが、四つの真理についての確固とした不退転の理解と善根を得たら、三悪道で数えきれないほどの報いを受けるべきものをすべて断ち切ることができる。知慧というはたらきによって、この善根はなくならない」
と説いたことがある。これを聞いた弟子の中には趣意を理解できずに〈ブッダは知慧によらずとも煩悩を消滅させられると説かれている〉という者がいる。

物質を作るとはなにか

カッサパ菩薩、私はある時、バッダパーラ僧のために次のように説いたことがある。

「もし物質を見て、過去、未来、そして現在にあるもの、また近くにあるもの、遠くにあるもの、大きなもの、小さなものなどの物質は私そのものでもなく、私のものでもない。もしこのように見られたら、物質に対する愛着を断つことができよう」と。

568a するとパッダパーラ僧は
「物質とはどんなものをいうのでしょうか」

と訊ねたので、私は

「四つの要素、つまり地・水・火・風をいい、四つの集まり、つまり受・想・行・識の四つをいう」と答えた。これを聞いた弟子の中には趣意を理解できずに〈ブッダは物質は四つの要素だけと言われた〉という者がいる。

私はまた、次のように説いたことがある。

「喩えていえば、鏡に影が映るように物質も四つの要素によって現われる。いわゆる粗いと細かい、ざらざらと滑らか、青・黄・赤・白の色、長いと短い、四角と丸、斜めと角、軽いと重い、寒いと熱い、飢えと渇き、煙と雲、塵と霧など種々である。これを、物質を作り出すのはこだまのようだとか鏡中の影のようだとかと言ったのだ」と。

これを聞いた弟子の中には趣意を理解できずに〈ブッダは四つの要素があれば物質を作り出すとか、あるいは四つの要素があっても物質を作り出すことはないとか説かれた〉という者がいる。

物質を作らないとはなにか

カッサパ菩薩、私はある時、ボーディという王子に次のように言ったことがある。

「ある修行者が禁じられている規則を厳守しているうちに、もし悪心を起こしたら、この時修行者としての規則をすべて破ったことになってしまう」と。

そして私はこの王子に七つの身に付けるべき習慣があると教えた。これらは行動や言語に潜在的に残っている。この潜在的に残っていることが原因になったり、条件になったりしてたとえ心が悪や善悪のいずれともいえない境遇にあっても習慣を捨てずに、その習慣を守り続けるのである。

ではどういうわけで潜在的に残っているというのだろうか。それは物質とはまったく別の原因によるのではない。また物質とはまったく別の原因による結果となるのではない。このように説いたのを聞いた弟子の中には趣意を理解できずに〈ブッダは潜在的に残るものがあると説かれた〉という者がいる。

私はまた、他の説法で次のように言ったことがある。

「正しい習慣は悪を制止する。もし悪をしなければ、これを習慣を守っているという」と。

これを聞いた弟子の中には趣意を理解できずに〈ブッダは潜在的に残る者はないと説かれた〉という者がいる。

心とはなにか

カッサパ菩薩、私は説法で次のようなことを説いた。

「聖者の身体はみな無明、すなわち道理についての無知という煩悩から造られたものであり、すべての俗人の身体も同じである。無知という煩悩が渇きに似た欲望を生じるのだ。この欲望はいってみれば無知という煩悩そのものである。

この欲望から妄執が生じる。この妄執はいってみれば無知という煩悩であり、渇きに似た欲望でもある。この妄執から生存が生じる。この生存はいってみれば無知という煩悩と渇きに似た欲望と妄執でもある。この生存から感受作用が生じる。この感受作用はいってみれば潜在的意志作用と生存でもある。感受作用を因縁として名前と形が生まれ、無知が生まれ、欲望・妄執・生存・意志作用・感受作用・識別作用・六種の感覚器官などが生まれる。だから感受作用は十二の因縁関係そのものである」と。

ところがこれを聞いた弟子の中には趣意を理解できずに〈ブッダは対象に対して心のはたらきはないと説かれた〉という者がいる。

私はまた、ある時、説法の中で次のように説いた。

「眼と色と光と悪欲の四つがそろって眼のはたらきが生じる。悪欲とは無知という煩悩である。欲の本性がなにかを求める時、それを愛、つまり渇きに似た欲望という。この欲望を因縁として妄執があり、妄執
568b のはたらきを業という。この業を因縁として識別作用があり、これがまたものの名前と形を生み出す。名前と形は六種の感覚器官を生み出す。六種の感覚器官は外界と接触するはたらきを生み出す。この接触するはたらきが表象作用・感受作用・欲望・信心・努力・注意・理解などのはたらきを生み出す。

このようなものは外界との接触によって生じるが、しかしそれらは接触作用そのものではない」と。

ところがこれを聞いた弟子の中には趣意を理解できずに〈ブッダは対象に対して心のはたらきがあると説かれている〉という者がいる。

生存についての説法

カッサパ菩薩、ある時、私は、

「ただ一種しか生存はない」

と説いたことがある。ある時は、

「二、三、四、五、六、七、八、九から二十五種の生存がある」

と説いたこともある。

ところがこれを聞いた弟子の中には趣意を理解できずに「ブッダは五種の生存があると説かれたり、あるいは六種の生存があると説かれたりした」という者がいる。

正しい信者の生き方について

ある時、私がカピラ都の外れにあるニグローダ樹林に止まっている時のことである。従兄弟のコーリタが私のところに来て、次のようなことを訊ねた。

「在家の信者とはどんな人をいうのでしょうか」

私は答えた。

「もし善男善女で健康な身体を持ち、ブッダと教えと修行者の集まりの三つの柱を信仰すると誓った人は在家信者である」

彼はさらに訊ねた。

「世尊、少しばかり信者になりかけている人はどんな人でしょうか」と。

「コーリタ、もし三つの柱を信仰すると誓って、さらに一つの習慣を正しく守ると誓った人がそうである」

ところがこれを聞いた弟子の中には趣意を理解できずに〈ブッダは在家信者は信者として守るべき習慣をすべて完全に守っていないと説かれた〉という者がいる。

ある時、ガンジス河のほとりに止まっている時、カーティヤーヤナ尊者が私のところに来て、次のことを訊ねた。

「世尊、私は人々に身を慎む期間を教えたことがあります。一日間、あるいは一晩、ある時間、少し心に思う間、など教えました。このようにした人々は身を慎むことをしたといえるでしょうか」

私は、

「カーティヤーヤナ尊者、この人たちは善いことをしたといえるが、身を慎み終えたとはいえない」と答えた。

ところがこれを聞いた弟子の中には趣意を理解できずに〈ブッダは身を慎むべき八種の習慣を完全に守っていると説かれた〉という者がいる。

犯罪と習慣の関わりについて

カッサパ菩薩、私は説法の中で次のように説いたことがある。

「もし修行者が盗みや殺しなどの四種の重罪を犯したら、修行者とはいわない。それらを禁じた習慣を破った修行者、それらの禁じた習慣を忘れた修行者と呼ばれる。また、善の芽を生じられない種子というべきだ。喩えていえば、焦げた種子が結果として果実を実らせないことと同じで、またターラ樹の上部を切り取ると果実を付けないことと同じである」と。

これを聞いた弟子の中には趣意を理解できずに〈ブッダは修行者が重罪を犯したら、修行者として守るべきすべての習慣をみな失ってしまうと説かれた〉という者がいる。

またある説法の中で私はチュンダに四種の修行者があると説いたことがある。

568c 「一つは最後に仏道を極めた修行者、二つは仏道を教えるだけの修行者、三つは仏道を守ると誓っただけの修行者、四は仏道を汚す修行者。四種の重罪を犯した者はこの仏道を汚す修行者である」と。

ところがこれを聞いた弟子の中には趣意を理解できずに〈ブッダは四種の重罪を犯しても、その修行者は守るべき習慣を失ってはいないと説かれた〉という者がいる。

教えは一つか否か

カッサパ菩薩、私はある説法の中で修行者たちに告げた。

「一つの教え、一つの道、一つの修行、一つの条件があり、このような一つの教えから一つの条件までみな人々のためには大いなる心の安らぎをもたらす。あらゆる束縛を、あらゆる苦悩を、つまり苦しみとその苦しみの原因をみな永く断ち切ることができる。そしてあらゆるものを一つの生存に包み込むのである」と。

ところがこれを聞いた弟子の中には趣意を理解できずに〈ブッダは聖者の仲間に入ったばかりの者から最高のさとりを得た阿羅漢の境地に至った人にまで、みな同じようにブッダのさとりを得ていると説かれた〉という者がいる。

ある時、私は次のように説法したことがある。

「聖者の仲間に入ったばかりの人は人間界と天界との間を七度往来してのちに完全に解脱し、次に高い段階の聖者は人間界と天界の間を一度だけ往来して完全に解脱する。この上の高い段階の聖者はおよそ五種あり、中間において完全に解脱する者、最上のところで完全に解脱する者がいる。次に阿羅漢に二種類の者がいる。一つは現在に解脱する者と、二つは未来に解脱する者である。つまり現在時に煩悩に纏わりつかれた五蘊、つまり身体を清浄にした阿羅漢と、未来時に煩悩に纏わりつかれた五蘊、つまり身体を清浄にした阿羅漢である」と。

ところがこれを聞いた弟子の中には趣意を理解できずに〈ブッダは聖者の仲間に入ったばかりの人から阿羅漢の聖者に至るまで、彼らはみなブッダのさとりを得ていないと説かれた〉という者がいる。

ブッダになる可能性の所在について

私はある説法の中で次のことを説いた。

「ブッダになる可能性には六つのことがある。一つは恒常、二つは実在、三つは真実、四つは善、五つは清浄、六つは見られることとである」と。

これを聞いた弟子の中には趣意を理解できずに〈ブッダは人々のブッダになる可能性が人々と離れてあると説かれた〉という者がいる。

また、私はある説法で次のことを説いた。

「人々のブッダになる可能性は虚空のようである。虚空は、過去にあるのでもなく、未来にあるのでもなく、現在にあるのでもない。また物の内にあるのでもなく、外にあるのでもない。色や声や香りや味や触りなどで感覚できるものでもない。この虚空とブッダになる可能性も同じようなものである」と。

これを聞いた弟子の中には趣意を理解できずに〈ブッダは人々のブッダになる可能性は人々と離れてあると説かれた〉という者がいる。

また、私は次のように説いたことがある。

「人々のブッダになる可能性は貧しい女の家の床下に埋もれた宝、あるいは力士の額に埋もれたダイヤモンド、そして転輪聖王が所有する甘露が湧く泉などのようである」と。

これを聞いた弟子の中には趣意を理解できずに〈ブッダは人々のブッダになる可能性は人々を離れてあ

ると説かれている〉という者がいる。

カッサパ菩薩、私はまた、次のように説いたことがある。

「殺しなど四種の重罪を犯した者、極悪人の一闡提、大乗の教えを謗る者、親を殺すなどの五つの重罪を犯した者にもみなブッダになる可能性がある。このような生類にはすべて善といわれるものがない。ブッダになる可能性はじつは善である」と。

これを聞いた弟子の中には趣意を理解できずに〈ブッダは人々のブッダになる可能性は人々と離れてあると説かれた〉という者がいる。

私はまた、次のように説いたことがある。

569a 「人々はブッダになる可能性そのものである。なぜなら、もし人々を離れてはブッダの最高のさとりを得ることができないからだ。だから私はパセーナディ王のために象の喩え話を説いたのだ。目が見えない人が象について説明しても象を言い表わすことはできないが、それでも象とかけ離れた説明をしているわけではない。これと同じである。人々に肉体や感覚器官はブッダになる可能性であると説明しても、これらがブッダになる可能性そのものであるわけがない。しかしそれらがブッダになる可能性ではないということはできない。

私はある時、王に十三弦の琴の喩えを話したことがある。ブッダになる可能性もこの琴の喩えと同じである」と。

これを聞いた弟子の中には趣意を理解できずに〈目が見えない人が乳のことを訊ねたが、ブッダになる可能性もこの話と同じである〉と勝手な考えを述べた者がいる。

重罪人にブッダになる可能性はあるか

右のことがあって、私は次のことを説いた。

「殺しなど四種の重罪を犯した者、大乗の教えを謗る者、親を殺すなど五つの重罪を犯した者、極悪人の一闡提などにもみなブッダになる可能性がある」と。

ある時は、「ない」と説いたことがある。

十方のブッダについて

至る所で説いていることがある。

「一人が世間に現われると多くの人々が利益を蒙る。一つの国土に二人の転輪王が、一つの世界に二人のブッダが現われることはない。一つの天下に八つの四天王、ないし二つの他化自在天などの神々が現われることもあり得ない。しかし私は下はインドの阿鼻地獄から上は天界の最高天神であるアカニシタ天の世界にまで行き説法したことがある」と。

これを聞いた弟子の中には趣意を理解できずに〈ブッダは十方にブッダは存在しないと説かれた〉という者がいる。

私はまた、大乗についての説法の中でも十方にブッダが存在すると説いている。

カッサパ菩薩、今まで述べてきたような論議はブッダの境界のことであって、未熟な修行者たちが理解できることではない。もし私の説法したことに疑惑を持てば、量り知れない量の煩悩に似て、それを解決することはヒマラヤを壊すのに似ている。もし確実なものを得たなどという者はこれに執着しているといわなければならない』

執着とはなにか

カッサパ菩薩はブッダに訊ねた。

『世尊、執着とはどういうことでしょうか』

『カッサパ菩薩、他人に教えを聞くとか、自分で教えを求めるとか、他人にことさらになにかを教えるとかした時に、自分の考えにこだわって変えようとしないこと、これを執着という』

『世尊、ではその執着は善い行ないでしょうか、それとも善くない行ないでしょうか』

『カッサパ菩薩、その執着は善い行ないではない。なぜなら疑問を解決できないからである』

『世尊、自分の考えに執着している人はもともと自分自身が正しいと信じきっているのです。どうしてそんな人が疑問を解決することがあり得るでしょうか』

『菩薩、疑わないことがすなわち疑うことである』

『世尊、もしある人が聖者になったばかりの修行者は三悪道に堕ちないと言ったら、彼はこの考えにこだわっているし、同時に疑いを持っているというべきでしょう』

『菩薩、この場合彼は確信しているというべきである。疑っているというべきではない。なぜなら、喩えで説明しよう。ある人が昼間、先に人と樹木を見て、夜になって枝のない木を見て、これは人なのか樹木なのかと疑った。先にある人が沙門とバラモンを見て、後に道路のはるか向こうに修行者を見て、あれは沙門かそれともバラモンかと疑った。また、ある人が先に牛と水牛を見て、後で牛を見て、これは牛なのかそれとも水牛なのかと疑った。これが疑うことである。

人々は先に二つのものを見て、後に疑いを生じる。なぜなら、心にはっきりと理解されていないからである。私も聖者になったばかりの修行者は三悪道に堕ちるとか堕ちないとか説くことはない。ところが先の人は疑うどころか確信しているのだ』

『世尊、ブッダのご説明によると、先に見てから後で疑うということですが、まだ二種のものを見ていない時にも人は疑うことがあります。それはなにかというと、いわゆる妙寂です。世尊、ある人と道路の濁った溜まり水との出会いについて考えてみます。ここで彼はこの溜まり水は深いのだろうか浅いのだろうかと、まだ渡っていないのに、つまり見ていないのに疑いを持ちます。どうして渡っていないのに疑いを持つのでしょうか』

『菩薩、妙寂とはすなわち一切の苦悩を断ち切った境地である。反対に妙寂でない境地は苦悩そのものである。

人々には二種の苦悩があることが解る。苦悩する人々と苦悩がない人々である。すなわち苦悩することと苦悩がないことのいずれにも渇き、暑さと寒さ、怒りと喜び、病と健康、老いと若さ、生と死、束縛と解脱、愛する者との別れ、憎み合う者との共存などがある。人々はこの状況を見て、一体この苦悩に満ちた事象を私たちは離れることができるのかできないのかと疑うのである。だから人々は妙寂にも疑いを抱くようになる。君が、もし先にまだ濁った溜まり水を渡っていない、つまり見ないうちに、どうして疑うのでしょうかと言ったが、その考えは正しくない。なぜなら、彼は他の場所で溜まり水に出会い、渡ったことがあるのだ。だからまだ渡っていない、まだ見ていない水溜まりに深いか浅いかの疑いを持ったのだ』

『世尊、彼は先に出会った場所では見た時にそれが深いか浅いかの疑いを持たなかったのです。どうして今ここで疑いを持ったのでしょうか』

『菩薩、まだ実行していないから、疑いを持つのだ。だから理解していないから疑うと私は教えたのである』

善根を断つとはなにか

カッサパ菩薩は新たな質問をした。

『世尊、ブッダの説法では疑いはすなわち執着であり、執着はすなわち疑いであるということです。では、そのような行ないをする者は誰でしょうか』

ブッダは言われた。

『カッサパ菩薩、それは善根を断った者である』

『では、世尊、どんな輩（やから）が善根を断っているのでしょうか』

『菩薩、頭がきれ、少しばかり知慧があり、能力があり、理解が速いが善良な友と付き合わず、正法に耳を傾けず、物事をよく考えず、無理をとおして生きている人がいたら、このような人は善根を断っているというべきだろう。

このような人は次の四つの事柄を心に考えている。

一、布施について

「与える物はない。なぜなら与えることは財産を捨てることであるからだ。もし与えることでなにか報いがあれば、それは与えた人がいつも貧しくなることである。なぜなら、種子と果実との関係に似ているからだ。だから原因もなく、その結果もないといわなければならない」と。

もしこのように原因も結果もないなら、これこそ善根を断つというべきである。

「与える人とそれを受け取る人、そして与える物の三つは恒常のものでなく、定住するものでもない。もし定住しないものであれば、どうしてこれは与える人、これは受け取る人、これは与えるものといえるだろうか。もし受け取る人がなかったら、どうして果報を得ることがあろう。この意味から原因もなく結果もない」と。

もしこのように原因も結果もないというなら、これこそ善根を断つというべきである。

「与える人が与える時には五つのことを与えている。受け取る人が受けたら、時には善行をし、時には不善をするが、与えた人は善い報いも善くない報いも得るわけではない。世間の常識では種子から結果が生まれ、結果からまた種子を得る場合の原因は与える人であり、結果は受け取る人である。しかしながら受け取る人はこの善と不善のものを与える人に受け取らせることはできない。この意味で原因もなく結果もない」と。

もしこのように原因も結果もないというなら、これこそ善根を断つというべきである。

「与えるものはない。なぜなら、与えるものは善でも不善でもないからだ。もし善でも不善でもないなら、どうして善い果報を得るといえるだろうか。善悪の果報はない。すなわちそのいずれでもないのだから。もし与えるものが善でも不善でもなければ、善悪の果報はないと知らなければならない。だから与えるという行為もなく、原因もなく結果もない」と。

もしこのように原因も結果もないというなら、これこそ善根を断つというべきである。

「与えるのは心である。もし与えるのが心であれば、見ることもなく、対象もない。これは物質的な要素ではない。もし物質的要素でなければ、どうして与えることができよう。だから与えることもなく、原因もなく、結果もない」と。

もしこのように原因も結果もないというなら、これこそ善根を断つというべきである。

「もし与える人が仏像や神像や亡母父の霊などのために布施したとしても、これを受け取る者がいないのだ。もし受け取る人がいなければ、果報はないであろう。もし果報がなければ、与えたことにはならないし、与えたことがなければ、受け取る結果もないといわなければならないだろう」と。

もしこのように原因も結果もないというなら、これこそ善根を断つというべきである。

二、親子の関係について

570a 「世間には母も父もいない。母や父は人々の原因である。もし彼らが人々を生むのであれば、理屈からすれば、いつも生み続けて断絶することがないはずであろう。なぜなら、原因はいつもあるからである。しかしながらいつも生み続けることがないのだから、母や父は存在しないといわなければならない」と。

「世間には母も父もいない。なぜなら人々の身体が母や父を原因としてあれば、誰でも各々が男女のそれぞれの性器を持っていなければならない。しかし持っている人はいない。したがって人々は母や父を原因としているわけではない」と。

「母や父を原因として人々は生まれてきたわけではない。なぜなら、見ても判るように人々は母や父にそっくりではない。体つきも心も、立ち居振る舞いも、歩いたり坐ったりしている姿もそっくりではない。だから母や父を原因として人々はあるのではない」と。

「世間で無いという意味に四種ある。一つはまだ生じていないことを無いという時。粘土が塊の時にはまだ瓶のはたらきをしていないような場合。二つは消滅してしまっていることを無いという時。瓶が壊れてしまって、無いという場合。三つは各々がまったく異なっていて、互いに似たものが無いという時。牛の中に馬がいず、馬の中に牛がいないような場合。四つは極まって無いという時。兎の角、亀の毛のような場合。

人々の母や父もこの四種の無いの意味と同じである。もし母や父が人々の原因だというなら、母や父が死ぬ時に子は死なないではないか。だから母や父は人々の原因ではない」と。

「人々は母や父を原因としていなくても成長しているではないか。喩えれば、孔雀は雷鳴を聞いて妊娠するというし、また鷁（げき）（あおさぎ）という水鳥は雄の尿を飲んで妊娠するというし、ジーヴァン・ジーヴァカという鳥は雄の舞い飛ぶ姿を見て妊娠するようなことである」と。

このようなことを考えた時、もし善知識に会わなかったら、この人は善根を断つことになる。

三、善悪の果報について

「世間には善悪の果報はない。なぜなら、十種の善行を行ない、布施を楽しみ、種々の功徳を積んでも、種々の病に侵されて、中年にして死に、蓄積した財産はなくなり、様々な苦悩が降りかかることもある。一方、悪業の数々をなし、貪欲で嫉妬深く、怠けて淫らで、まったく善行をせずに過ごしていても、健康で病気一つせず、天寿を全うし、財宝に恵まれてまったく苦労知らずの人もいる。だから善悪の報いはないといわなければならない」と。

「私は、かつてもろもろの聖者の説を聞いたが、人の中には善行を修めても死んでから三悪道に堕ちた人が多いという。一方、悪行を重ねたが死んでから天界に生まれた者もいるという。だから善悪の果報などあるわけがないと知らなければならない」と。

「聖者の説に二種類ある。ある者は殺生しても善い果報があると説き、ある者は殺生すれば善くない果報
570b があると説いている。だから聖者の説に一定した説はない。もし聖者の考え方が不定であれば私がどうして確信を持つことができよう。その意味では善悪の果報はないと知らなければならない」と。

「世間には聖者という者はいない。なぜなら、もし聖者がいたら当然八正道を得ているはずである。人が煩悩に染まっている時に八正道を修めたとすれば、この人は八正道と煩悩とを一度に持つことになろう。もし一度に二つのものがあるなら、八正道は煩悩を破壊することができない。もし煩悩がないのに八正道を修めるならば、八正道はなんのために行なうのであろうか。だから煩悩に染まっているならば、八正道はそれを破壊できない。煩悩に染まっていなければ八正道はなんの用もなさないだろう。だから世間に聖者といわれる者はいないと知らなければならない」と。

「無知という煩悩は意志作用を生む条件となる。乃至老死を生む条件となる。このような因縁の十二種の関係（十二因縁）はあらゆる生類に等しくある。八正道の本質はそれぞれみな等しく十二種の因果関係にある。一人が八正道を成就したら、すべての人々が成就することになり、一人が修めたら、すべての人々が修めて、みな苦しみから解放されるはずである。なぜなら、煩悩は誰にもあるからである。しかし誰でもそれらを成就するというわけではない。だから八正道は世間にないといわなければならない」と。

「聖者はみな俗人の生き方に同調するところがある。いわゆる飲食、行住坐臥、睡眠、談笑、飢えや渇き、熱さや寒さ、憂いや悲しみ、恐怖などである。もしこのような俗人の生き方に同調するならば、聖者は八正道を得られないといわなければならない。もし八正道を得たら、このような俗人の生き方を永久に捨てなければならない。このようなことをもし捨てなかったら、八正道はないといわなければならない」と。

「聖者の身体は五欲の快楽を受ける。また人を罵倒し、辱め、鞭打ち、嫉妬し、おごり、そして苦楽を受け、善悪の行ないをなすことがある。こんなわけで聖者といわれる者はいないと知らなければならない。もし八正道があれば、このようなことはしないであろう。もしこのようなことをするならば、聖者に八正道はないといわなければならない」と。

「憐憫（れんびん）の気持ちが厚い人を聖者という。どういう理由で聖者というのだろうか。八正道を修めているから聖者と呼ばれるのだ。もし八正道の本質が憐憫の情であれば、あらゆる人々を憐憫しなければならない。この八正道を修めてから憐憫の気持ちが起こるというのではない。このように憐憫の情がなかったら、どうして聖者が八正道を成就した後で憐憫の情を起こすだろうか。だから世間に八正道はないと知らなければならない」と。

「地・水・火・風の四つの要素はある原因から生じたのではない。生類は等しくこれら四つの要素の本質を持っているが、生類はその本質の極に終わりがあるのかないのかを知ることができない。もし八正道があればその本質の極もこれと同じである。しかし現在は知ることができない。だから世間に聖者はいないと知らなければならない」と。

「もしすべての聖者のなかでただ一人しか妙寂を得ることができなければ、聖者はいないというべきであろう。なぜなら一人以外誰も得ることができないからである。また、永遠なるものを道理として得ることができない、取捨することができない。もし聖者の多くが妙寂を得ることができたら、これは無常なものとなろう。なぜなら数えられるものとなるからだ。妙寂がもしただ一つであれば、一人が得たらすべての人が得るべきであり、もし妙寂が多数であれば、これは限りがあることになる。もし限りがあればどうして恒常といえよう。妙寂の本質が一で、解脱は多であるといえば、蓋が一つで牙や舌が多いことと同じであるという者がいたら、その考え方は正しくない。なぜなら、一つ一つ得たものはすべてのものを得たことではないからだ。限りがあるから、無常というのだ。もし無常であればどうして妙寂ということができよう。もし妙寂がなかったら、誰が聖者になるだろう。だから世間に聖人はいない」と。

「聖者の八正道は因縁によって得られたものではない。もし聖者の八正道が因縁によって得られたものでなければ、なぜすべての者は聖者にならないのだろうか。もしすべての者が聖者にならなければ、聖者も八正道もないといわねばならない」と。

570c 「聖者が正しい見方をするには二つの条件が必要だという。一つは他人から教えを聞くこと。二つは自らよく思慮すること。この二つの条件がなにかによって得られたのであれば、なにかから生じたものとなり、また条件から生じたことになる。このように限りなく展開して過ちは増えるのである。もしいまの二つのことがなにかの条件によって生じなければ人々はどうして獲得しないのだろう」と。

以上のように見たり考えたりすれば、善根を断つことになる。カッサパ菩薩、もし人々がこのように原因もなく、結果もないと真剣に考えるならば、この人は信心などの五つの根（五根）を断つことになろう。善根を断った人は下劣で、愚鈍の人には当たらない。また神でもなく三悪道に堕ちる者にも当たらない。戒律を破った修行者も同じである』

なにが善根を生むのか

カッサパ菩薩はブッダに訊ねた。

『世尊、このような人はどんな時に善根を積むことができるのでしょうか』

ブッダは言われた。

『カッサパ菩薩、このような人が善根を積む機会は二度ある。それは最初に地獄に入る時と、次に地獄を出る時である。菩薩、過去にも現在にも未来にもそれぞれ善がある。過ぎ去ったものはその本性は自ずから滅んでしまって、原因となるものはなくなってしまっているが、果報はまだ熟していない。だから過ぎ去ったものが受けるべき果報はまだ断絶していないといわなければならない。過去・現在・未来という三世の一切の原因が断絶してしまった時に断絶というのである』

『世尊、三世の原因を断絶することが善根を断絶することになるなら、善根を断ち切った人にブッダになる可能性があるという場合のブッダになる可能性は過去のものか、現在のものか、それとも未来のものですか。あるいは三世に遍在するといわれるのでしょうか。

もし過去のものであれば常住とはいえません。なぜならブッダになる可能性は常住であるからです。だから過去のものではないことが解ります。もし未来のものであれば常住とはいえません。なぜなら人々は必ずその可能性を得るであろうとブッダはお説きになっているからです。もし必ず得るならば、どうして善根を断ち切っているといわれるのでしょうか。もし現在のものであれば、これも常住とはいえません。なぜなら、必ず見ることができるとお説きになったのですから。

571a ブッダになる可能性は六つの面から見ることができるとブッダは説かれました。一つは恒常、二つは真実、三つは実在、四つは善、五つは清浄、六つは見られることです。

もし善根を断ち切っていたとしてもブッダになる可能性があったら、断ち切っているとはいえません。もしブッダになる可能性がなければ、どうして人々にはみなブッダになる可能性があるといえるでしょうか。もしブッダになる可能性があるとも断ち切っているともいえるならば、ブッダはどうしてこれを常住と説かれたのでしょうか』

ブッダは次のように説明された。

『カッサパ菩薩、私は人々のために四種の答え方を用意している。一つは決まった答え（定答）、二つは分類して説明する答え（分別答）、三つは相手の問いに応じた答え（随問答）、四つは説明を控えた答え（置答）である。

悪業は善い報いを得るだろうか、不善の報いを得るだろうかと質問されたら、不善の報いを得ると決まって答えるだろう。これは善業の場合も同じである。

ブッダの教えは清浄であるかどうかと質問されたら、必ず清浄であると答えるだろう。私の弟子が教えにしたがって生活しているかどうかを質問されたら、教えにしたがって生活していると決まって答えるだろう。

このような答えを決まった答えという。

では分類して説明する答えとはなにか。

それは私がすでに説いた四諦、つまり四つの真理がこの答えに当たる。四つとは苦の真理・苦の原因の真理・静寂の境地の真理・静寂の境地への歩みの真理である。

苦の真理とはなにか。世間には四苦八苦があるから、これを苦の真理という。では苦の原因の真理とはなにか。五蘊、つまり生類の身体を構成する五つの要素が原因であるから、これを苦の原因の真理という。

静寂の境地の真理とはなにか。むさぼり・怒り・おごりが最後になくなってしまったら、これを静寂の境地の真理という。では静寂の境地への歩みの真理とはなにか。三十七種のさとりへの修行がこの歩みの真理である。

これが分類して説明する答えである。

では相手の問いに応じた答えとはなにか。

私はいつもすべてのものは無常であると説いている。これに対してある人が「世尊はどんな教えを説くために無常と説かれるのでしょうか」

と訊ねたら、

「私は世間の形作られたものを説明するために無常と述べているのだ。無我についても同じである。私がすべてのものは燃えていると説いた時の内容と同じである」

と答える。またある人が

「世尊はどんな教えを説くためにすべてのものは燃えていると説かれたのでしょうか」と訊ねたら、これに私は

「むさぼり・怒り・おごりを説明するためにすべてのものは燃えていると説いた」

と答える。

カッサパ菩薩、ブッダの十種の力、四つの恐れなき境地、大いなる慈悲、三種の思念している事柄、ブッダ特有の三昧などをはじめとする八万億の種々の三昧、三十二種の身体の瑞相、八十種の身体の副次的瑞相、五種の知慧の法印などをはじめとする三万五千の三昧、金剛石に喩えられる三昧をはじめとする四千二百の三昧、方便のための三昧など、無量無数の功徳や諸行はみなブッダ特有のブッダになる可能性である。

このようなブッダになる可能性に七種の特色がある。一つは恒常、二つは自己、三つは安楽、四つは正常、五つは真実、六つは実在、七つは善である。これが分類して説明する答えである。

また、後に生まれ変わった求道の人がブッダになる可能性には六種の特色がある。一つは恒常、二つは清浄、三つは真実、四つは実在、五つは善、六つは少し見られることである。これが分類して説明する答

571b えである。

先に君は「善根を断ち切っている人にはブッダになる可能性があるでしょうか」と質問したが、そのような質問にはこの人にも私のようなブッダになる可能性があり、また後の世に生まれ変わった時にもブッダになる可能性があると述べるだろう。この二つのブッダになる可能性は未来に実現する可能性は困難なので、その意味ではないというべきであるが、結局は得られるという意味であるといわなければならない。これが分類して説明する答えである。

私のブッダになる可能性は過去のものでも現在のものでも、未来のものでもない。後の世に生まれ変わってからのブッダになる可能性は、現在と未来にすこしばかり見ることができるので現在あるものといえるが、まだ完全に見ることができないので、その意味では未来のものである。しかしブッダの最高のさとりをまだ私が得ていない時はブッダになる可能性は原因の段階であったので、過去のもの、現在のもの、未来のものであった。ところが結果はそうではない。結果は三世にあり、また、三世にないともいえる。後の世に生まれ変わった求道の人のブッダになる可能性は原因の段階であるので、過去のもの、現在のもの、未来のものである。その結果もそうである。これが分類して説明する答えである。

求道の人の十種の修行段階で第九段階にある人のブッダになる可能性は六種の特色を持っている。一つは恒常、二つは善、三つは真実、四つは実在、五つは清浄、六つは見られることである。ブッダになる可能性は原因の段階であるから、過去のもの、現在のもの、未来のものである。その結果もそうである。これが分類して説明する答えである。

第八段階から第六段階に至るまでの求道の人のブッダになる可能性には五種の特色がある。一つは真実、二つは実在、三つは清浄、四つは善、五つは見られることである。ブッダになる可能性は原因の段階であるから、過去のもの、現在のもの、未来のものである。その結果もそうである。これが分類して説明する答えである。

第五段階から下の第一段階に至るまでの求道の人のブッダになる可能性には五種の特色がある。一つは真実、二つは実在、三つは清浄、四つは見られること、五つは善と不善である。

このように五種の、六種の、そして七種のブッダになる可能性は善根を断ち切っている人でも必ず得られるのであるから、だからあるといえる。これが分類して説明する答えである。

もし説法の中で、善根を断ち切っている人にはブッダになる可能性は必ずあるとか、あるいは決してないと説くことがあったら、これは説明を控えた答えである』

最後の説明を聞いてカッサパ菩薩は訊ねた。

『世尊、私は答えないことを説明を控えた答え（置答）と聞いております。いま、ブッダが説明されたことはどういう理由で説明を控えた答えといわれるのでしょうか』

『カッサパ菩薩、私がなにも説かずに、黙っていることを説明を控えた答えという。この答え方に二種類ある。一つは遠慮する方法、二つははっきりした解答をしない方法。これを説明を控えた答えという』

『世尊、ブッダのご説明を聞いていると、原因は過去のもの、現在のもの、未来のものですが、どうして結果は過去・現在・未来のものであって、過去・現在・未来のものではないのでしょうか』

『カッサパ菩薩、五蘊、つまり五つの集まりである身体に二種類ある。一つは原因としての五蘊、二つは結果としての五蘊である。この原因としての五蘊は過去・現在・未来にある。この結果としての五蘊にも過去・現在・未来がある。しかしこれは過去・現在・未来にはない。

すべての無知や煩悩の塊はみなブッダになる可能性である。なぜなら、ブッダになる可能性を得るための原因であるからだ。

571c 無知、意志作用、乃至さまざまな煩悩から善の五蘊が得られるのだから、それらはブッダになる可能性というべきである。善の五蘊から、そのほか段々に上ってブッダの最高のさとりを得ることになるのだ。だから私は説法の中で「人々のブッダになる可能性は血が混じった乳のようだ」と述べた。この場合、血とは無知や意志作用などのすべての煩悩のことである。乳とは善の五蘊のことである。したがって私は「さまざまな煩悩、及び善の五蘊からブッダの最高のさとりを得る」と説いたのである。

人々の身体はみな精子と卵子からできたものである。ブッダになる可能性もそうである。なりたての聖者、その次の上の聖者などは少しばかりの煩悩を断っているが、彼らのブッダになる可能性は乳のような段階のものである。彼らより上の不退転の境地にある聖者のブッダになる可能性はヨーグルトのような段階のもので、阿羅漢のものはバターのような段階のもので、孤独なブッダから十種の修行段階にある求道の人たちのものはチーズのような段階のもので、私のブッダになる可能性は醍醐（だいご）のような段階のものである。

カッサパ菩薩、いまの煩悩が種々の障害となっているから、人々は見ることができないのだ。香酔山に忍耐という名の草が生えているが、すべての牛がこの草を食するとは限らない。それと同じようにブッダになる可能性をすべてのものが得るとは限らない。これが分類して説明する答えである』

『世尊、五種、六種、七種のブッダになる可能性がもし未来にあるといわれるならば、どうして改まって「善根を断ち切っている人にブッダになる可能性がある」と言われるのでしょうか』

『カッサパ菩薩、人々には過去に造った業があり、これが原因で、現在にその果報を受けるのだ。未来の業はあるが、まだ生じていないからその果報を受けていないといわなければならない。いま、煩悩がある。もし煩悩がなかったら、必ず人々ははっきりとブッダになる可能性を見ることができるはずである。だから善根を断ち切った人は現世の煩悩のはたらきが原因で善根を断絶したのであり、未来にあるブッダになる可能性の力によって善根を取り戻すことができるのだ』

『世尊、未来にどうすれば善根を生ずることができるでしょうか』

『カッサパ菩薩、太陽や灯りがまだ現われていないとはいえ、闇を取り除くことが確実であるように、まだ生じてはいない煩悩を人々が取り除き、ブッダになる可能性を生じることもこれと同じである。これが分類して説明する答えである』

第四十九章　ブッダになる可能性と中道

中道の意味

カッサパ菩薩はさらに新たな質問をした。

『世尊、もし五蘊がブッダになる可能性であれば、どうしてブッダになる可能性は内にあるのでもなく、外にあるのでもないと言われたのでしょうか』

『カッサパ菩薩、どうしてそんなに意味を取り損なうのか。先に私はブッダになる可能性は中道であると説かなかったか』

『世尊、私は意味を取り損なっているとは思いません。いま中道というお言葉をブッダは言われましたが、人々はこれをすぐには理解できないだろうと見越して先の質問をしたのです』

『カッサパ菩薩、人々は確かに中道の意味を理解できない。理解できる時もあるが、理解できない時もあ
572a る。私は人々の理解を得ようと思って、ブッダになる可能性は内にもない、外にもないと言ったのである。
なぜなら、俗人の中には「ブッダになる可能性は五蘊の中にある。それは器の中の果物のようである」と

いう者がいて、また、「五蘊を離れてある。それは虚空のようである」という者がいる。だから私は中道を説いているのだ。

人々のブッダになる可能性は眼・耳・鼻・舌・身・意の六つの感覚器官でもなければ、これらの感覚器官の対象物である色・声・香り・味・触り・法でもない。これらのものを含めて総合したものを中道というのだ。だから私は「ブッダになる可能性は中道である。感覚器官でもなく、感覚器官の対象物でもない。だから中道という」と述べたのである。これが分類して説明する答えである。

カッサパ菩薩、どうして感覚器官でもなく、それらの対象物でもないのだろうか。ある人は「ブッダになる可能性は外道の教えである。なぜなら、求道の人は数えきれないはるか昔から外道の仲間にいながらさまざまな煩悩を断ち、心を制御し、そして人々を教化して、ブッダの最高のさとりを得たのだから。これをもって解るようにブッダになる可能性は外道の教えである」という。

また、ある人は「ブッダになる可能性はブッダの教えである。なぜなら、求道の人は数えきれないはるか昔から外道の教えにしたがって修行したとはいえ、もしブッダの教えを離れたら、ブッダの最高のさとりを得ることができないからである。これをもって解るようにブッダになる可能性はブッダの教えである」という。

このようなことから私はこれら二つの極端な考え方を押さえて、「ブッダになる可能性は外道の教えでもなく、ブッダの教えでもない。外道とブッダの教えであるという。これが中道である」と説いた。これが分類して説明する答えである。

また、カッサパ菩薩、ある人は「ブッダになる可能性は金剛石に喩えられるブッダの身体にある三十二相八十種好相である。なぜなら、それらは偽りなき真実であるからだ」という。

また、ある人は「ブッダになる可能性はブッダの、十種の力・四種の恐れなき境地・大いなる慈悲・三種の平静な境地・ブッダ特有の三昧を初めとするすべての三昧などである。なぜなら、これらの三昧によって金剛石に喩えられるブッダの身体にある三十二相八十種好相を生み出すからである」という。

だから私はこれら二つの極端な考え方を押さえるために「ブッダになる可能性はブッダの教えでもなく、外道の教えでもなく、ブッダと外道の教えだと説く。これを中道という」と説いた。これが分類して説明する答えである。

またある人は「ブッダになる可能性は内なる善思惟である。なぜなら、善思惟を離れたら、ブッダの最高のさとりを得ることはできないからだ。だからブッダになる可能性は内なる善思惟である」という。

また、ある人は「ブッダになる可能性は他人から教えを聞くことである。なぜなら他人から教えを聞くことは内面における善思惟であるからだ。もし教えを聞かなければ思惟することはない。このことから解るようにブッダになる可能性は他人から教えを聞くことである」という。

だから私はこれら二つの極端な考え方を押さえるために、「ブッダになる可能性は内のものでも外のものでもない、内と外のものであるというのだ。これを中道という」と説いた。

カッサパ菩薩、ある人は「ブッダになる可能性は外のものである。それは過不足なき布施をいう。過不
572b 足なき布施によってブッダの最高のさとりを得るからだ。そこで過不足なき布施はブッダになる可能性で

ある」という。

また、ある人は「ブッダになる可能性は内のものである。それは五つの完璧な行為（習慣を守ること、忍耐すること、努力すること、注意すること、理解すること）をいう。なぜなら、これら五種の行為を離れたら、ブッダになる可能性を得ることができないからだ。したがって五種の完璧な行為はブッダになる可能性である」という。

このような二つの極端な考え方を押さえるために、私は「ブッダになる可能性は内のものでもなく外のものでもない。内と外のものである。これを中道という」と説いた。

また、ある人は「ブッダになる可能性は内にある。喩えていえば力士の額に埋もれた宝石のようなものである。なぜなら、いつも埋まっていて、痛みを覚えず、確かにあり、汚れていない状態であるのでまさに力士の額の宝石のようである。したがってブッダになる可能性は内にあるといわなければならない」という。

また、ある人は「ブッダになる可能性は貧乏人の家の床下に埋もれた宝庫のようである。なぜなら手段を尽くせば探し出すことができるからだ。ブッダになる可能性もこれと同じである。可能性は人々の外にある。方便を駆使すれば見ることができるからだ」という。

だから私はこれら二つの極端な考え方を押さえるために「ブッダになる可能性は内にもなく外にもない。内と外にある。これを中道という」と説いた。

カッサパ菩薩、人々のブッダになる可能性はあるのでもなく、ないのでもない。その理由は、ブッダになる可能性はあるといっても虚空のようなものでないからだ。世間でいう虚空はどんなうまい方法を使っても見ることができないからである。そうはいってもブッダになる可能性は見られるのだ。だからあるというが、といって虚空のようではない。

ブッダになる可能性はないといっても兎の角とは違う。なぜなら、亀の甲羅の毛、兎の角はどんな手段を駆使しても生えることはないからだ。ところがブッダになる可能性は生じるのだ。ないとはいっても兎の角とは違う。だからブッダになる可能性はあるのでもなく、ないのでもない。

では、どうして「ある」というのか。すべてのものはみなある。これは生類が断絶も消滅もしないからだ。ちょうど灯りの炎のようである。彼らはいずれブッダの最高のさとりを得ることになるのだから、その意味で「ある」ということができる。

では、どうして「ない」というのか。生類はいまはまだブッダの教えを理解せず、究極の常住・安楽・実在・清浄の功徳を持たないから、その意味で「ない」というのだ。

「ある」と「ない」とが和合したところが中道なのだ。だから私は人々のブッダになる可能性はあるのでもなく、ないのでもないと説いた。

カッサパ菩薩、ある人が

「この種子の中に果実があるだろうか」

と訊ねたら、

「あるともいえるし、ないともいえる」

と必ず答えるだろう。なぜなら種子がなければ果実を生じないからだ。だから「ある」というのである。その種子はまだ芽を出していないので、その段階では「ない」というのである。この意味を踏まえていえば、あるともいえるし、ないともいえる。なぜなら、時節が異なるだけであって、その本質は一つだからだ。

人々のブッダになる可能性もこれと同じである。人々の中に別にブッダになる可能性があるというなら、
572c その考えは正しくない。人々がそのままブッダになる可能性であり、ブッダになる可能性がそのまま人々
である。ただ時節が異なるだけで清浄なのか不浄なのかの違いがあるにすぎない。

もしある人が

「この種子は果実を生ずるだろうか。その果実は次に種子を生ずるだろうか」

と訊ねたら、

「生ずるともいえるし、生じないともいえる」

と答えるだろう』

乳とヨーグルトの因果関係

ここでカッサパ菩薩は関連した質問をした。

『世尊、世間では乳の中にヨーグルトの性質がすでにあると考えているようですが、これはどのように理

解したらいいのでしょうか』

『カッサパ菩薩、もし「乳の中にヨーグルトの性質がある」という人がいたら、その考えはこだわった考え方である。反対に「ヨーグルトの性質はない」という人がいたら、それは虚しい考え方である。この二つの極端な考え方を捨てて、「あるともいえるし、ないともいえる」と答えなければならない。

では、なぜ「ある」というのだろうか。それは乳からヨーグルトを生ずるからだ。原因は乳であり、結果はヨーグルトである。これを「ある」という。

では、なぜ「ない」というのだろうか。それは色や味が各々異なるからだ。また、飲む用途に違いがあるからだ。熱病の時は乳を飲み、寒気がする病の時はヨーグルトを飲む。乳は寒気の病を生じ、ヨーグルトは熱病を生じる。

カッサパ菩薩、もし乳の中にヨーグルトの性質があるというなら、乳はヨーグルトであり、ヨーグルトは乳であることになり、その性質は一つとなろう。そうであればどんな理由で乳が先にあってヨーグルトが生じたのであろう。また、ヨーグルトが先に生じないのだろうか。原因と条件があるのだから、この二つのかかわりについてどうして説かないのだろうか。もし原因と条件がないなら、どうしてヨーグルトが先に生じないのだろうか。ヨーグルトが先に生じなければ、誰が乳、ヨーグルト、バター、チーズ、醍醐という順序を作るだろうか。したがってヨーグルトは先になく、そして今あるというべきである。先になく現在あるのならば、これは無常なものということが解る。

そこでもし「乳にはヨーグルトの性質があるからヨーグルトを生じ、水にはヨーグルトの性質がないからヨーグルトを生じないのだ」という人がいたら、その考えは正しくない。なぜなら、水草にも乳やヨーグルトの性質があるからだ。それは水草によって乳やヨーグルトが生じるからだ。もし乳の中に必ず決まってヨーグルトの性質があり、水草にはないというなら、その考えは虚しい考え方である。なぜなら、心の持ち方が等しくないからだ。だから虚しい考え方と言ったのだ。

もし乳の中に決まってヨーグルトがあるといったら、ヨーグルトの中にも決まって乳の性質がなければならない。それは乳の中からヨーグルトを生み出し、ヨーグルトからは乳を生み出していないという理由からである。もしこの関係がないのであれば、ヨーグルトはもとはなかったがいまはあるということになる。だから知慧ある人は乳の中にヨーグルトの性質はない、とはいえヨーグルトの性質がないわけでもないというだろう。

カッサパ菩薩、だから私は説法の中で「すべての人々に必ずブッダになる可能性があると言ったら、これはこだわりの考え方であり、もしブッダになる可能性がないと言ったら、これは虚しい考え方である」と述べたのである。知慧ある人たちも「人々のブッダになる可能性はあるともないとも言える」というはずである。

カッサパ菩薩、四つのものが和合して眼の感覚作用が生じる。四つとは眼と色と明かりと欲である。眼の意識そのものは眼ではなく、色でもない。明かりでもない。欲でもない。和合によって意識が現われる。このような眼の意識は本来はなかったが、いま現われ、すでにあったものがいまはかえってないというものだ。だから眼の本性はないことを知らなければならない。乳の中のヨーグルトの性質もこれと同じである。

もし「水にはヨーグルトの性質がないからヨーグルトを生じないのであって、乳の中には必ずヨーグルトの性質があるはずである」という人がいたら、この考えは正しくない。なぜなら、ものはみな異なった
573a 原因と異なった結果によってあるからだ。一つの原因はすべての結果を生ずるのではないし、すべての結
果は一つの原因から生じたのでもないからだ。先の四つのものから眼の意識が生じるように、耳の意識がこれら四つのものからも生じるということはない。

手段を使わないで乳の中からヨーグルトを得られたとしても、ヨーグルトの中からバターを生ずる時に、このように手段を使わずに得られるものではない。手段を使わないで乳からヨーグルトを得たのを見て、バターを得る時もこのように手段を使わないで得られることはない。

だから私は「原因が生じるからものがある。原因が滅するからものが滅する」と説法したのである。

カッサパ菩薩、塩の性質は塩辛く、塩辛くないものを塩辛くさせる。もし塩辛くないものが先に塩辛い性質を持っていたら、なぜ人は塩を求めるのだろうか。もし先になかったら先になくていまあることであり、つまり他の条件によって塩辛さを持つことになったというべきである。

塩辛くないものにもみな塩辛い性質があるが、それが微かであるために感じないのである。その微かな性質によって塩は塩辛くさせているのである。もし塩辛い性質がなかったら、塩があっても塩辛く感じさせることはできないだろう。

喩えていえば、種子には自らの地・水・火・風の四つの要素があるが、他の四つの要素を条件にして芽

や茎や枝や葉を成長させることができるように、塩辛い性質も同じであるといったら、その考え方は正しくない。なぜなら、塩辛くないものに最初から塩辛い性質があったら、塩自体にも微かな塩辛くない性質がなければならない。塩がこのような二つの性質を持っていたら、どういう理由で塩辛くないものとは別に単独で塩だけで種々の味を出すことができないのだろうか。だから塩には本来二つの性質はないことが解る。

これは塩だけでなく、塩辛くないものもこれと同じである。もし外の四つの要素の力が内にある四つの要素に勢力を与えるというなら、その考えは正しくない。なぜなら、次第にしたがって説くことが解るからだ。

手段を駆使して乳の中からヨーグルトやバターを得るわけではない。世間のすべてのものもみなそうである。方法を駆使して得るのではない。例えば四つの要素もそうであり、もし外の四つの要素によって内の四つの要素が勢力を得るといっても、内の四つの要素によって外の四つの要素が勢力を得るとは聞いたことがない。シリーシャ樹の実は最初は形を成していないが、昴星（ぼうせい）（すばる）が現われると果実が現われて長さ五寸になるという。このように果実は実に外の四つの要素によって勢力を得るのではない。

第五十章　対機説法について

カッサパ菩薩、私が十二種の説法集で説いたのは、私が随意に説いたもの、他人の気持ちを勘案して説いたもの、自分と他人の両方の気持ちを汲んで説いたものがある。

随意の説法

では、私が随意に説いたものはどんなものだろうか。

ある時、五百の沙門が舎利子尊者に次のような質問をしたことがある。

「大徳、ブッダは身体が原因であると説かれました。一体これはなにを意味しているのでしょうか」

舎利子尊者は言った。

「大徳たち、みんなも各々正しい解脱を得ているのだから、自ずからこれを知っているはずである。それ
573b なのにどうしてそんな質問をするのか」

沙門たちの中の一人が述べた。

「大徳、私がまだ正しい解脱を得ていない時に、無知の煩悩は身体によると思いました。このように観察した時に阿羅漢のさとりを得ました」

また、ある沙門は、

「大徳、私がまだ正しい解脱を得ていない時、渇きに似た欲望や無知の煩悩は身体によると思いました。このように観察した時に阿羅漢のさとりを得ました」

と述べた。また、ある沙門は、

「意志作用、識別作用、名称と形相、六種の感覚器官、接触作用、感受作用、欲望、妄執、生存、誕生、飲食、五欲はみな身体によると思います」

と述べた。

この時、五百の沙門は各々自分が理解するところを発言して、みな私のところにやってきた。私の前で敬礼し、三回右回りして、合掌し終わって正面に坐って、それぞれが理解しているところを述べた。

舎利子尊者が代表して、私に言った。

「世尊、これら沙門の中で誰が正しい説を述べ、誰が誤った説を述べているでしょうか」

私は彼に向かって述べた。

「みんな素晴らしい。一人一人の沙門の述べたことはみな正しい説であった」

舎利子尊者はさらに訊ねた。

「世尊、ブッダの本当のお気持ちはどうですか」

「舎利子尊者、私は欲が渦巻く世間にいる人々に向かって、母や父は身体による」

と言ったことがある。このような説法を私が随意に説いたものという。

人の心を勘案した説法

では、他人の気持ちを勘案して説いたものとはどんなものだろうか。

ある時、ハッタカ・アーラヴァカという長者が私のところに来た。そして突然次のようなことを言った。

「ゴータマ、君は魔法について知っているか。もし魔法について知っていたら、君は偉大なる魔法使いであろう。もし知らなければ、君はなんでも知り尽くしている人ではないことになるが、……」

私は言ってやった。

「長者、魔法について知っている人を魔法使いというのか」

「そうだ、魔法について知っている人が魔法使いである」

「長者、舎衛城のパセーナディ王のもとに気嘘(けこ)という不可蝕民がいるが、君は彼のことを知っているか」

「ゴータマ、私はずっと前から知っている」

「長者、君はずっと前から知っているのであれば、不可蝕民になることができたか」

「ゴータマ、私はこの不可蝕民を知ってはいたが、身体は不可蝕民にはならなかった」

「長者、君が言ったことは不可蝕民を知っているが、不可蝕民になれなかったということである。どうしていま魔法であり、しかも魔法でないことを私が知っていないというのか。私は魔法についてよく知っており、魔法使いについてもよく知り、魔法による報いがどんなものかも知っており、魔法の技術についても知っている。私は殺しについても知っており、人殺しについても知っており、殺しによる報いについても知っており、殺しからの解脱についても知っている。邪見についても知っており、邪見の人も知っており、邪見の報いも知っており、邪見からの解脱も知っている。

　長者、もし魔法使いでない人を魔法使いとし、邪見のない人を邪見を持つ人といったら、量り知れない罪を犯すことになるのだ」

「ゴータマ、君の意見では、私は大罪を犯したことになる。私はいま所有するものすべてを献上致します。あのパセーナディ王にこのことを知らせないでください」

573c 「長者、君が犯した罪で必ずしも財産を失うことはない。しかしこれによって三悪道に堕ちるだろう」

　これを聞いた長者は恐ろしくなって、私に言った。

「聖者、私は心にもないことをして大罪を犯しました。聖者はいま一切のことを知り尽くした人と呼ばれていて、解脱を得る方法を熟知しておられます。地獄や餓鬼や畜生の世界に堕ちる因縁を断ち切るすべを私に教えてください」

　そこで私は四つの真理を説いてやった。長者はこれを聞いてブッダの教えについての最初の理解を得た。

そして慚愧の気持ちを起こし、私に向かって次のように懺悔した。「私は道理について無知でした。ブッダが魔法使いでもないのに、魔法使いだと言ってしまいました。私は今日からブッダと教えと修行者の集りの三つの柱に帰依します」

私はそこで「よかった、よかった、長者」と称えた。これが他人の気持ちを勘案して説いたものである。

自他の心を勘案した説法

自分と他人の両方の気持ちを汲んで説いたものとはどんなものだろうか、

私が述べたことを例に出してみよう。もしすべての世間の知慧者が「ある」と言ったら、私も「ある」と言い、知慧者が「ない」と言ったら、私も「ない」と言うだろう。世間の知慧者が五欲の快楽は恒常でなく、思うようにならず、夢であり、消えてしまうと言ったら、私もそのように言うだろう。世間の知慧者が五欲の快楽は永続するとか実在するとか、清浄であるとか考えられないと言ったら、私もそのように言うだろう。これが他人の気持ちを勘案して説いたものである。

カッサパ菩薩、私が「十種の修行段階にある求道の人は少しばかりブッダになる可能性を見ることができる」と述べたことは、他人の気持ちを勘案して説いたものである。なぜなら、少しは見ることができると言ったからである。十種の修行段階にある求道の人はブッダ特有の三昧、また、三千種の教えを習得しているから、いずれブッダの最高のさとりを得ることを自らはっきり知っているが、人々がブッダの最高のさとりを得るところを見ることはできない。だから私は「十種の修行段階にある求道の人は少しばかりブッダになる可能性を見ることができる」と述べたのである。

カッサパ菩薩、私はつねに「人々にはみなブッダになる可能性がある」と説いてきた。これが随意に説いているものである。また、「人々は絶えることがなく、消滅することがない、そしてブッダの最高のさとりを得るのだ」と説いてきた。これが随意に説いているものである。

人々にはみなブッダになる可能性があるが、煩悩に覆われているために見ることができないのだ。私はこのようにいつも説いてきたが、君もこのように説いているはずである。これを自分と他人の両方の気持ちを汲んで説いているものである。

カッサパ菩薩、私はある時、一つの教えを説くために数えきれない教えを併せて説いたことがある。ある説法で「すべての禁欲行は善知識によって行なわれている」と説いたことを考えてみよう。禁欲行が行なわれる理由は数えきれないほどあるが、善知識について説明するだけで、それらはみな説明が尽くされるのだ。

また、私がすべての悪行は誤った考えに基づくと説いていることを考えても同じである。すべての悪行の原因は数えきれないほどあるが、誤った考えについて説明するだけで、説明が尽くされる。

また、ブッダの最高のさとりは信心が根本であると説いていることを考えてみよう。さとりの原因は数えきれないほどあるが、信心について説明するだけで、説明は尽くされる。

574a このように私は数えきれないほどの教えを説いても、それらはブッダになる可能性であると説いている。そして私はこの世間を離れて説いているのではない。

七種の説法語

私の説法の中には人々のことを勘案して七種の言葉の使い方がある。一つは原因についての言葉、二つは結果についての言葉、三つは因果についての言葉、四つは喩えについての言葉、五つは道理に合わない言葉、六つは世間に流行している言葉、七つは随意の言葉である。

では、原因についての言葉とはなにか。それは現在の原因の中に未来の結果の有無を説く言葉である。

私が、

「人が殺生を楽しみ、楽しんで誤った考えを持つようになる状況を見たら、君はその人が地獄に堕ちる人だと考えるべきだ。人が殺生を楽しまず、誤った考えを持つことを喜ばないような人を見たら、君はこの人は天人だと考えるべきだ」

と説いたことがある。これを原因についての言葉という。

では、結果についての言葉とはなにか。それは現在の結果の中に過去の原因があることを説いた言葉である。

説法の中で次のように述べたことがある。

「風貌は貧相で、顔は醜く、まったくなにもできないような人がいたら、彼は正しい習慣を持たず、嫉妬心を持ち、怒りの心を持ち、慚愧のかけらもない人だと知るべきである。反対に財を築き、巨万の富を有し、五体が健全で、威風が堂々として、なんでもできる人を見たら、彼は正しい習慣を守り、施しをし、努力し、慚愧の心があり、まったく嫉妬や怒りの心がない人だと知るべきである」と。

これを結果についての言葉という。

では、因果についての言葉とはなにか。これについては説法の中で次のことを述べたことがある。

「今生きている人が持つ感覚器官は外界と接触するはたらきを起こすもとであり、そのはたらきは過去の業、つまり行為の習慣力の結果というもので、私はこれを業（行為の習慣力）と言っている。この業の力やはたらきは未来の結果を生じる」と。

これを因果についての言葉という。

では、喩えについての言葉とはなにか。私は説法の中で獅子王とは私の身体を喩えたものだというように、大象王、大龍王、パーリジャータ香樹、七宝の集まり、大海、ヒマラヤ、大地、大雨、船頭、指導者、調教師、力士、牛王、バラモン、沙門、大城、ターラ樹などのような喩えを使った説法が喩えについての言葉である。

では、道理に合わない言葉とはなにか。

私は説法の中で次のことを述べたことがある。

「天地が合体することはある、川は海に流れ込まない」とか、パセーナディ王のために「四方から山が押し寄せてくる」と説いたこととか、ミガーラマータ夫人のために「もしシャーラ樹が八つの習慣を守ることを誓ったら、人間界や天界の楽しみを受けるだろう」と説いたこととか、「十種の修行段階にある求道の人にも落伍する気持ちがある」などと説いてきたが、私に二種類の言葉があるとは説かなかった。むしろ出家したばかりの人は三悪道に堕ちると説いたが、十種の修行段階の人に怠け心があると説いたことはなかった。

このような説法を道理に合わない言葉という。

574b

では、世間に流行している言葉とはなにか。

それは男女、大小、去来、行住坐臥、乗物、家宅、器物、衣類、人々、常住・安楽・実在・清浄、軍隊、林野、都市、集団、幻、集合・離散などをいう。

では、随意の言葉とはなにか。

私は禁則を破った人を呵責して、反省させて禁則を守るようにさせたことがある。私は出家したばかりの人を称えて多くの俗人が善心を持つように勧め、求道の人を称えて人々にさとりを求める気持ちを起させるように勧めた。そして三悪道のあらゆる苦悩を説明し、善いことをするように仕向けた。その際に、私は世間のものはみな燃えていると説法した。世間の形作られたものはみな燃えていると説いた。

霊魂がないと説いたこともある。だが人々にブッダになる可能性があると説いたのは、怠ける気持ちを持たないようにするためである。

これを随意の言葉という。

カッサパ菩薩、私には思うままに語る言葉がある。

ところで私にはブッダになる可能性が二種類ある。一つは「ある」可能性、二つは「ない」可能性である。

「ある」可能性はいわゆる三十二相八十種相好、十種の力、四種の恐れなき境地、三種の平静な境地、大いなる慈悲、ブッダ特有の三昧などの多くの三昧、金剛石に喩えられる三昧などの多くの三昧、方便三昧などに類する数えきれない三昧、五つの知慧の法印三昧などの三昧である。

「ない」可能性はいわゆる過去の善不善、善悪のいずれにも当たらないもの、業の原因と果報、煩悩、五蘊、十二種の因果関係である。

また、有無、善不善、汚れがあるものと汚れがないもの、世間と非世間、聖と俗、作られたものと作られないもの、真実と非真実、静寂と非静寂、争いと平和、領域と領域でないもの、煩悩と煩悩でないもの、妄執と妄執でないもの、予言を受けるものと予言を受けないもの、三世と三世でないもの、時と時でないもの、恒常と無常、実在と実在でないもの、安楽と安楽でないもの、清浄と不浄、色・受・想・行・識と色・受・想・行・識でないもの、感覚器官と感覚器官でないもの、感覚の対象物と感覚の対象物でないもの、十二種の因果関係と十二種の因果関係でないものはブッダになる可能性の「ある」と「ない」のいずれとも呼ぶ。これは極悪人の一闡提がブッダになる可能性の有無についても同じことである。

私が「すべての人々にみなブッダになる可能性がある」と説いている中に、いま述べたような随意に述
574c べる言葉があることを人々は理解できていない。このような言葉はブッダになる直前の求道の人たちでさ

え理解できていない。ましてやこれ以外の求道の人や未熟な修行者たちにおいてはいうまでもない。

私はある期間、霊鷲山に止まっていた時に、弥勒菩薩(みろくぼさつ)と世間の事象について語り合ったことがある。舎利子尊者など五百の弟子がそばにいたが、この内容について認識がなかった。ましてや世間を超えた第一義の理について論じても知るよしもなかったであろう。

カッサパ菩薩、ある時は、「ブッダになる可能性はある。ただ一闡提にはあるが、善根を持つ人にはない」と説くことがある。ある時は、「ブッダになる可能性はある。ただ善根を持つ人にはあるが、一闡提にはない」と説くことがある。ある時は「ブッダになる可能性はある。二人ともある」と説くことがある。ある時は「ブッダになる可能性はある。二人ともない」と説くことがある。

もしこれらの四種の文句を弟子の中で理解できる者がいたら、彼は「極悪人の一闡提にはブッダになる可能性があるのでしょうか、ないのでしょうか」と質問することはないはずである。もし「人々にはみなブッダになる可能性がある」と言ったら、これを私が思うままに説いた言葉というのだ。ただ人々はどうすれば私のこの言葉を理解してくれるだろうかと案じている。

第五十一章　ガンジス河の七種人の比喩

カッサパ菩薩、ガンジス河の中では生類に七種の違いがある。一つはいつも沈んでいるもの。二つはしばらくは水面に浮いているが、また沈んでしまうもの。三つは水面に浮いてから、そのまま浮いているもの。四つは水面に浮いてから四方をぐるっと見るもの。五つはぐるっと見渡してから行くもの。六つは行ってはまた止まって浮いているもの。七つは水中も陸上も自在に行くもの。

この中でいつも沈んでいるものとはなにか。いわゆる大きな魚は数えきれない悪業を積んでいるために、身が重く、深いところに沈み、ずっと沈んでいる。これがいつも沈んでいるものである。

しばらくは水面に浮いているが、また沈んでしまうものとはなにか。このような大きな魚は悪業を積んでいて身が重いが、浅い場所に来るとしばらくは光を見ることができる。光を求めて浮き上がることができるが、身が重いためにまた沈んでしまうようなものである。

水面に浮いてから、そのまま浮いているものとはなにか。ティミンギラ魚（鯨？）のことである。この魚は浅いところに上がってきて光を浴びることを楽しむからである。

水面に浮いてから四方をぐるっと見るものとはなにか。いわゆる鮫である。食を求めてぐるっと四方を見渡すからである。

ぐるっと見渡してから行くものとはなにか。いわゆる鮫である。遠くに他の物を見つけてそれを求めて、その場所にすぐに行くからである。

行ってはまた止まって浮いているものとはなにか。この魚はその場所に行ってから、求めた物を食べ終わって、じっとそこに浮いているからである。

水中も陸上も自在に行くものとはなにか。それは亀である。

このガンジス河の七種の生類と同じように、大いなる妙寂の河にも七種の人がいる。初めのいつも沈んでいる者から第七の者まで、入ったり、出たりする者がいる。

では、いつも沈んでいる者とは誰か。

ある人がこの大いなる妙寂の教えである〈ブッダは常住不変で、常住で、安楽で、実在で、そして清浄であり、決して妙寂に入ることはない。すべての人々にみなブッダになる可能性がある。極悪人の一闡提であれ、大乗の教えを謗り、母や父を殺すなどの五つの重罪を犯し、盗みなどの四つの重罪を犯した者でも、彼らもいずれはさとりの道を成就することができる。四種の沙門も必ずブッダのさとりを成就でき
575a る〉と聞いても、信心を起こさず、次のようなことを言ったとしよう。

「この妙寂の教えは外道の教えである。ブッダの教えとはいえない」と。

このようなことを言った者はその時から善知識からはなれ、正法を聞かず、聞いたとしてもそれを理解しようとしない。たとえ理解したとしても、それにしたがって善いことをしようという気持ちを起こさず、

かえって悪行をする者だ。

悪行の在り方に六種類ある。一つは悪の在り方、二つは善のかけらもない在り方、三つは秩序を汚す在り方、四つは厄介なことを増やす在り方、五つは熱して悩ます在り方、六つは悪い報いを受ける在り方である。これらの在り方がいつも沈んでいる状態である。

善心がないから、いつも悪行をし、悪と対決しようとしないから、これをいつも沈んでいる状態という。

では、その悪とはなにか。聖者たちが呵責するもの、心に恐れを起こさせるもの、善良な人から引き離すもの、そして人々の利益にならないものであるから、これを悪という。

では、善のかけらもないものとはなにか。数えきれない善くない報いをもたらすもの、いつも無知の煩悩に縛られているもの、悪人と喜んで仲間となるもの、善なる方便を行なおうとしないもの、そして心が転倒して過ちを犯しているものであるから、これを善のかけらもないものという。

では、秩序を汚すものとはなにか。いつも行動や言葉遣いが汚れているもの、善良な人の生活を乱すもの、悪業を増やすもの、そして善良な教えから離れるものであるから、秩序を汚すものという。

では、厄介なことを増やすものとはなにか。右の三つの行ないは地獄・餓鬼・畜生の三つの世界を繁盛させ、解脱への教えを修めるには至らない。身体や言葉や心の種々の行ないは世間の在り方におぼれているのだ。これを厄介なことを増やすものという。

では、熱して悩ますものとはなにか。右の四つの事を行ない、身体と心を悩ましている人がいる。煩悩がない静かな境地を離れているのを熱いという。地獄の報いを受けるのを熱いという。人々を焼くのを熱いという。善なる教えを焼くのを熱いという。清らかで清々しい信心を持たないことを熱いという。

　では、悪い報いを受けるものとはなにか。右の五つの事を行ない、死んでから地獄・餓鬼・畜生の三つの世界に堕ちることである。三つのことをすると悪い果報がある。一つは煩悩による悪、二つは業による悪、三つは果報による悪である。これを悪い報いを受けるものという。

　右に述べたような六つのものを行なったとすれば、その人は善根を断ち、母や父を殺すなどの五つの重罪を犯したのと同じで、また盗みなどの四つの重罪を犯したのと同じであり、ブッダと教えと修行者の集まりの三つの柱を謗り、修行者に布施された品物を勝手に使用し、様々な善くないことをしたのと同じである。

　このようなことから阿鼻地獄に沈むことになる。そこで受ける身体の特徴は縦横八万四千キロメートルという容貌となる。彼の身体や言葉や心の悪業ははなはだ重いために、地獄から抜け出ることができない。それはまったく心に善いことをしようという気持ちが起こらないからである。数えきれない数のブッダが
575b 世間に出現しても、それを聞くことも見ることもしない。だからそれをいつも沈んでいるという。ちょうどガンジス河の大魚のようである。

　カッサパ菩薩、私は極悪人の一闡提はいつも沈んでいる者と説いたことがあるが、また、一闡提はいつも沈んでいる者ではないと説いたこともある。では、いつも沈んでいる者とは一体誰なのか。ある人がなにかのためと思って施しや正しい習慣などの善行を行なうことがあれば、これはいつも沈んでいる者という。

　カッサパ菩薩、善いことをしても、次の四つの行ないは悪い果報をもたらす。では、その四つの行ないとはなにか。

一つは他に抜き出ようとするために経典を読み暗唱すること。

二つは自分の利益のために戒律を守ること。

三つは関係のない仲間に施しをすること。

四つはまったく意識があるかないか判らないような瞑想の境地を得るためにこだわり思い続けること。

これらの四つのためを思ってする善行は善くない果報をもたらすことになる。これら四つのことをしたら、それは沈んでからまた浮かび上がって、浮かび上がってからまた沈むような行為である。

なぜ「沈む」というのだろうか。それは世間の種々の迷いの生き方を楽しむからである。次になぜ「浮かぶ」というのだろうか。明かりを見るからだ。この場合の明かりとは、聞くこと、習慣、施し、そして注意である。なぜ「また沈む」というのだろうか。誤った考え方や見方を増長し、おごりの心を生み出すからである。だから私は説法の中で次にような詩偈を述べた。

もし人々にこの世間の生き様を楽しみ、ためを思って善悪の行ないをする人がいたら、彼は妙寂への道を失うだろう。これをしばらく浮かび、また沈むという。

真っ暗闇の生死の海を渡り、解脱を得たとしても煩悩を集め、再び彼は悪い果報を受けるだろう。これをしばらく浮かび、また沈むという。

カッサパ菩薩、かの大魚が光を見たためにしばらくは水面上に浮かび出られたとしても、その身が重いために再び沈むことと右に述べた二人も同じである。

ある人は世間の様々な迷いの生き方に執着している。これを「沈む」という。このような人も妙寂の教えを聞くと信心を生じることになる。これを「浮かぶ」という。

どういう理由でこれを「浮かぶ」というのだろうか。それはこの教えを聞いたら悪い教えからはなれ、よい教えを学ぶからである。これを「浮かぶ」という。

この人も信じるようになるが、身に付けるに至らない。なぜ身に付かないのだろうか。

この人は妙寂の特色である常住・安楽・実在・清浄の四つの功徳を信じるだろうが、しかしブッダの身体は無常であり、実在でなく、苦であり、そして不浄であると考えている。ブッダにはじつは二つの妙寂があることを知らなければならない。一つは世間の在り方としての妙寂、二つは世間を離れた在り方としての妙寂である。

世間の在り方としての妙寂は常住でなく、安楽でなく、実在でなく、清浄でない。世間を離れた在り方としての妙寂は常住・安楽・実在・清浄の功徳を持っている。

信心について

ブッダになる可能性が人々にはみなあると信じるようになるが、しかしすべての人々にみなあるとは考えていない。だから彼は信心が十分ではないというのだ。

信心に二つあって、一つは聞いて起こる信心、二つは考えてから起こる信心である。この人の信心は聞

575c いて起こった信心であり、考えてから起こった信心ではない。だから彼は信心が十分ではない。

信心にまた二つあって、一つは道があると信じること、二つは道を得た人を信じることである。この人の信心はただ道があることだけを信じて、道を得た人がいることを信じていない。だから彼は信心が十分ではない。

信心に二つあって、一つは正しいことを信じること、二つは邪なことを信じることである。世間には因果の道理があり、ブッダと教えと修行者の集まりの三つの柱があると信じる、これを正しいことを信じるという。世間に因果の道理がなく、三つの柱はそれぞれ異なり、邪な考えやプーラナ・カッサパ師の教えなどを信じる。これを邪なことを信じるという。

この人は三つの柱を信じているとはいえ、三つの柱がみな同一の性質であることを信じないし、因果の道理を信じているとはいえ、道理を得た人がいることを信じない。だから彼は信心が十分ではないという。

このような人は信心を十分に持っていないし、すべきではない規則を完全に履行していない。では、どういう理由で具足していないというのだろうか。

習慣について

守るべき習慣に二種類ある。一つは行、住、坐、臥で守るべき習慣、二つは禁則を守る習慣である。この人はただ行、住、坐、臥の習慣を守っているだけで、禁則を守る習慣を履行しているのではない。だから習慣を十分に具足していないという。

また守るべき習慣に二種類ある。一つは作られた習慣、二つは自然（じねん）に行なわれる習慣である。この人はただ作られた習慣だけを履行し、自然（じねん）に具足している習慣を履行しているのではない。だから習慣を十分に具足していないという。

また、守るべき習慣に二種類ある。一つは身体や言葉がほしいままに正しいはたらきをすること、二つは身体や言葉がほしいままに正しいはたらきをしないことである。この人は身体や言葉がほしいままになるとはいっても正しいはたらきを得ていない。だから習慣を十分に具足していないという。

また、守るべき習慣に二種類ある。一つは求める習慣、二つは捨てる習慣である。この人はただ生存を求めるための習慣を具足しているが、生存を求めない習慣を具足していない。だから習慣を十分に具足していないという。

また、守るべき習慣に二種類ある。一つは生存に従うこと、二つは道に従うことである。この人はただ生存に従う習慣を具足しているだけで、道に従う習慣を具足していない。だから習慣を十分に具足していないという。

また、守るべき習慣に二種類ある。一つは善なる習慣、二つは悪なる習慣である。身体と言葉と心の三つが善であれば、それを善なる習慣という。牛の習慣、犬の習慣などは悪なる習慣である。この人はこの後の二つの習慣を具足すれば善なる果報が得られると信じている。だから習慣を十分に具足していないという。

聞法(もんぽう)について

信心もなく、正しい習慣を具足していなければ、教えを聞く気持ちも持ち合わせていないだろう。では、聞く耳を持たないとはどんなことだろうか。

私がかつて説いている十二種の説法集のうち、わずか六種だけを信じて、後の六種を信じないことである。これを聞く耳を持たないという。

また、六種の説法集だけを伝えているといっても、読み、暗唱し、他人に解説することができないので、まったく役に立っていない。これを聞く耳を持たないという。

また、この六種の説法集だけを伝えているが、論議するために、他人に勝つために、自分の利益のために、生きるために、伝え、読み、暗唱し、解説している。これを聞く耳を持たないという。

576a 私はかつて教えを聞く耳を持つとはどんなことかを説いたことがある。では、聞く耳を持つとはなにか。

修行者が身体も言葉も心もみな善であり、和尚や教師や徳のある人に施しをしたとする。これを受けた和尚たちはこの修行者のことを気に掛け、教えを教授するだろう。彼はこれを心から受け、学ぶであろう。暗記し、唱え、繰り返し実行して知慧を得るであろう。知慧を得たら、それをいつも忘れず、教えのように生活するだろう。正しく理解したら、正しい意味を知ることができる。正しい意味を知ることができたら、身も心も静寂となるだろう。身も心も静寂となったら喜びにあふれるだろう。喜びにあふれたら、いままでの生き方に後悔の念を持つだろう。いままでの生き方に後悔の念を持ったら、いずれ解脱を得ることになろう。

先の人はこの修行者のようにはしないだろう。だから彼は聞く耳を持たないという。

施しについて

また、これまでの信心と正しい習慣と教えを聞くことの三つの行ないを具足していなければ、この人は施す行ないを具足していないといえる。

施しに二種類ある。一つは物を施すこと、二つは教えを施すことである。この人が物を施すことはあっても、生活のために行なっているのであるから、教えを施すことはない。教えを施さないという理由は、隠してわずかばかりを教え、教えて相手が自分より優れることを恐れるからだ。だから施すことに十分さがないといわれる。

物と教えの二つの施しにまた二種類ある。一つは賢い施し、二つは愚かな施しである。賢い施しは施してから果報を求めない行ないで、愚かな施しは施してから果報を求める行ないである。聖者が教えを施す行ないは教えを増長するためにすることで、愚かな者が教えを施す行ないは世間の生活を増長するためにすることである。愚かな者は財産を増やすために物を施しており、世間の生活を増長するために教えを施している。だから施すことに十分さがないといわれる。

また、このような人は十二種の説法集の中の六種の説法集しか伝えていない。伝えている人を見たら、その人に施し、伝えていない人を見たら、施さない。だから施すことに十分さがないといわれる。

知慧の具足について

これまでの信心も、正しい習慣も、教えを聞くことも、そして施しも具足していない人は知慧も具足していないといわなければならない。

知慧の本来的性質はものをよく分別するはたらきである。ところがこの人はブッダは常住であるか、無常であるかを分別できない。私が妙寂についての説法の中で「ブッダはすなわち解脱であり、解脱はすなわちブッダである。ブッダはすなわち妙寂であり、妙寂はすなわち解脱である」と述べたのを彼はよく分別できない。また、「禁欲行はすなわちブッダの行ないであり、ブッダはすなわち慈しみ・憐憫・喜び・平等の心そのものであり、慈しみ・憐憫・喜び・平等の心はすなわち解脱であり、解脱はすなわち妙寂であり、妙寂は慈しみ・憐憫・喜び・平等の心そのものである」と述べたのを彼はよく分別できない。だから知慧を具足していないという。

また、この人はブッダになる可能性を分別できない。「ブッダになる可能性はすなわちブッダであり、ブッダはすなわちブッダだけにしかない十八種の功徳である。その十八種の功徳はすなわち解脱であり、
576b 解脱はすなわち妙寂である。妙寂はすなわち十八種の功徳である」と述べたのを彼はよく分別できていない。だから知慧を具足していないという。

また、この人は四つの真理、つまり苦・集・滅・道の四つについてよく分別できていない。四つの真理を分別できないので、高潔なる行がなにかを知らない。高潔なる行を知らないからブッダを知らない。ブッダを知らないから、解脱を知らない。解脱を知らないから、妙寂を知らない。

だから知慧を具足していないという。

再び七種人について

もとに戻って、いつも沈んでいる人とは信心など五つを具足していない人をいうが、この人には二つの行ないがある。一つは善を増長する行ない、二つは悪を増長する行ないである。

では悪を増長する行ないとはなにか。

信心など五つを具足していない人は自分が具足していないことに気付かず、具足していると思い込んで

おり、一緒に修行している人たちの中にあって自分が優れていると思っている。気付かないので自分と同じような仲間、つまり悪友と付き合う。付き合っているうちに、信心など五つに背くことを知らないうちに聞き、仲間と一緒になって楽しみ、心は悪に染まり、おごりの気持ちを持ち、怠けるようになる。怠けるようになると俗人と親しくなり、世間話に耳を傾け、清々しい出家の生き方から離れるようになる。このような結果になるので悪を増長するという。

悪を増長するので、身体も口も心もみな汚れた行ないをするようになる。これらの三つの行ないが不浄であるために、地獄・畜生・餓鬼の世界を増長することになる。これをしばらくは浮かんでいるがまた沈むという。

しばらくは浮かんでいるがまた沈む人とはブッダの教えの中でどんな人だろうか。

提婆達多（だいばだった）、コーカーリカ僧、椀手（わんしゅ）という僧、スナカッタ僧、ティッサ僧、プナルバス僧、メッティヤブンマジャカー尼僧、セーラー尼僧、ディサー尼僧、慢とあだなされた尼僧、浄潔長者、求有（ぐう）という男性信者、舎勒（しゃろく）という釈迦族出身者、象という名の長者、名称という名の女性信者、光明という名の女性信者、ナンダーという名の女性信者、ウルヴェーラ・セーナーニー村出身の女性信者、鈴という名の女性信者などである。これらの人はしばらく浮かんでからまた沈むという人たちである。

次に善いことを増長する行ないとはなにか。

自分で五つのことを具足していないと自覚していることである。具足していないので善知識を求めて近付く。善知識に近付くので、まだ聞いていないことを訊ねる。訊ねて聞いたら、心に止めることを楽しむ。

止めると、それを善く理解し、教えられたとおりに生活する。教えられたとおりに生活するので善いことが増長する。善いことが増長するので、落ち込むことがない。これを浮いたまま止まっているという。

　私の教えの中でどんな人がこれに当たるだろうか。舎利子尊者、目連尊者、アンニャー・コンダンニャ
尊者などの五人のグループである。またヤサなどの五人の僧である。また、アニルッダ尊者、クマーラ・
カッサパ僧、マハーカッサパ尊者、十力カッサパ僧、キサゴータミー尼僧、ウッパラ・ヴァンナ尼僧、勝
576c 尼僧、実義尼僧、海意尼僧、跋陀（ばつだ）尼僧、浄尼僧、不退転尼僧、ビンビサーラ王、ウッガ長者、スダッタ長
者、コーリタ、貧しいスダッタ、鼠狼という名の長者の子、名称という長者、具足という長者、獅子将軍、
ウパーリ長者、刀という長者、無畏という女性信者、善住という女性信者、愛法という女性信者、勇健と
いう女性信者、天得という女性信者、善生（ぜんしょう）という女性信者、具身という女性信者、牛得（ごとく）という女性信者、
広野という女性信者、マハーセーナという女性信者などである。

　これらの僧や尼僧、男性や女性の信者を浮いたまま止まっているものという。

　浮いたまま止まっているとはどういうことだろうか。いつも願って善い光を見ようとする人はブッダが世間に現われなくても、つねに悪行をしない。これが浮いたまま止まっているという人である。浅いところに住む魚は好んで光を求め、沈まず、潜らない。この魚のように彼らもみな同じである。そこで私はかつて次のような詩偈を説法の中で説いたことがある。

　もし善く意味を理解して、心から沙門のさとりを求め、世間の生き方を離れれば、この人は教えのように止まっている人といわれる。

もし無数のブッダを供養すれば、無数の世に道を修めたことになる。もし世間の楽しみを受けながらも怠けなければ、この人は教えのように止まっている人といわれる。善知識に近付き、正法を聞き、心によく止めて忘れず、教えのように生活し、好んで光を求め、道を修めるならば、解脱を得て安らぎに安住するだろう。

カッサパ菩薩、先ほどの知慧を具足していないことにおよそ五つのことがある。この五つを具足していない人は具足していないことを知って、善知識に近付こうと思う。ところがこの善知識はこの人物はむさぼりの心が多いのか、怒りの心が多いのか、愚かな心が多いのか、思索することが多いのかなどを観察するだろう。

この人物がむさぼりの心が多い人であったら、彼に対して善知識は世間のものは不浄であるという教えを説くだろう。おごり・怒りの心が多い人であったら、彼に対して慈しみを起こすことを教えるだろう。考え込んで悩んでいる人であったら、呼吸を整えることを教えるだろう。自我に執着する人であったら、身体と感覚器官とそれを取り巻く環境とのかかわりについて教えるだろう。

このようなことを聞き、記憶し、それを教えられたとおりに実行すれば、次第に身体は不浄であり、感覚作用は思うようにならない、心は無常であり、ものに実体はないという四つの記憶しておくべきことを習得し、さらに次第に十二種の因果関係によって世間を見ることができるようになる。このように観察するようになると、さとりの体温を感じる境地にまで至るだろう』

第五十二章　四種沙門の境地

カッサパ菩薩はこれを聞いてから、次の質問をした。

『世尊、人々は誰でも四つの真理のなかで世間は思うようにならないという苦の道理を知ることができます。つまり火の熱さまでは至りませんが、その暖かさくらいまでは理解できます。なぜなら、生類とは
577a 寿命と体温と意識の三つが和合したものだとブッダは説かれたからです。この考えに従うと、生類にはもともと暖かさがあることになっております。それであれば、なぜブッダは「理解までの暖かさは善知識によって得られる」とお説きになったのでしょうか』

ブッダは答えて次のように言われた。

『カッサパ菩薩、君が質問したところの「理解までの暖かさがある」という意味は、普通の人々から一闡提に至るまですべてのものにあるということだ。私が言った暖かさとは必ず方便によって得られることであり、本来なくて現在あるという意味の暖かさである。この意味で人々に本来あるということではない。だからすべての人々にみな暖かさがあるというふうに簡単に理解してはならない。

私のいう暖かさとは性欲などの本能的欲望に支配されない境地に達した人が得る感覚である。もしすべ

ての生類にこれが最初からあるなら、本能的欲望に染まっている人々にもあることになろう。この部類の人々にはないのであるから、一切といっても必ずしもすべてにあるという意味ではない。

カッサパ菩薩、本能的欲望を超えた境地で得られるとはいっても、すべての境地にあるわけではない。なぜなら、私の弟子にはあるが、外道の修行者にはないからだ。この意味から、一切の人々にといっても、必ずしも「すべて」というわけではない。外道の修行者は四つの真理をもって世間を観察する場合に私の弟子が行なうように十六種の仕方すべてを行なっていないからである』

『世尊、では苦の道理を理解するまでの暖かさはどうして暖かさといわれるのでしょうか。それは本性としての暖かさなのでしょうか。それとも他による暖かさなのでしょうか』

『カッサパ菩薩、この暖かさは本性としてのもので、他による暖かさではない』

『世尊、ブッダは前に六人の悪僧の仲間であるアシュヴァカ僧とプナルヴァス僧の二人はブッダなどの三つの柱に対する信仰を持たないので彼らには暖かさはないと説かれたことがあります。しかしこの信心は暖かさを意味しているのではないでしょうか』

『カッサパ菩薩、信心は暖かさではない。なぜなら、信心によって暖かさを得られるのだ。暖かさとはすなわち知ることである。それは四つの真理を観察することであるからだ。だから四つの真理による十六種の観察法というのだ。観察の仕方とは知ることである。

君が質問している「どういう理由で暖かさというのか」とは、その暖かさは八正道という火の特徴を表わしている。だから暖かさというのだ。

喩えで説明しよう。火を起こす時に先に暖かさが現われる。次に火が起こる。火が起こってから煙が出る。このように汚れのない修行も同じである。この場合の暖かさは四つの真理をもって世間を十六種に観察する仕方でもある。火はブッダの教えについての最初の理解をいう。煙は修行によって煩悩を断ったことを意味する』

577b
『世尊、お説きになった暖かさも所詮世間のものであり、作られたものです。このものは本能的欲望を離れた身体を得ていることだから、これは生存していることです。したがって作られたものということになります。作られたものであれば、汚れがない境地の特徴はないことになりましょう』

『カッサパ菩薩、そのとおりだ。君が言うとおりである。確かにこのように生存し、作られたものではあるが、生存し、作られたものを破壊することができるのだから汚れのない境地の特徴を持つともいえるのだ。

喩えると、人が馬に乗った時、愛している馬でもむち打つではないか。暖かさの心境もこれと同じである。渇きに似た欲望によって再生し、後に厭離の気持ちから四つの真理を観察する。だから生存し、作られたものであるが、八正道をもって汚れを破る特徴を現わす。

暖かさを得る人に七十三種ある。本能的欲望に染まっている境地の者に十種があり、彼らはあらゆる煩悩を具足している。一分を断っている者から九分を断っている者までいろいろである。この上にさらに本能的欲望を断っている者から一切の記憶も、意識も持たなくなっている境地にある者に至るまで同じで、合計七十三種の人がいる。このような人たちは暖かさを得た後に善根を断つとか、五つの重罪・四つの重罪を犯すとか、まったくしなくなる。

四方を見る者

このような人に二種ある。一つは善友に遇う人、二つは悪友に遇う人。

悪友に遇う人はしばらく水面に浮き出て、また沈むような魚に喩えられる。善友に遇う人はあまねく四方を見る魚に喩えられる。

四方を見るとは最上の善根を生じる絶頂の境地にあることを表わす。この境地は身体の上で行なわれるが、いつも四つの真理を観察している。だからこれを四方を観察しているという。

この絶頂の境地を得た後に聖者になる確約を得た境地に至る。この境地も本性は身体にあり、四つの真理をもって観察する。この境地に至った後、彼はさらに世間において第一の境地に至る。この境地も本性は身体にあり、四つの真理をもって観察する。世間の苦がなにかを理解し、道理に暗い考えを断ち、聖者になる智を取得して後、この人は道理に対する理解を得ることになる。そして四つの真理のなかの苦の真理について知ることになる。この苦の真理を知ることで、ついには道理に対する無知を断ち、ブッダの教えについての最初の理解を得ることになる。これを四方を見るという。この場合四方とは四つの真理のことである』

スローター・アーパンナとは

『世尊、ブッダは前に「最初のさとり、つまり苦の真理について理解を得た人は、断った無知の煩悩は百六十キロ立方メートルの水の量に匹敵し、それ以外の人の場合は一本の毛先の水滴の量にすぎない」と説かれたことがあります。その中でまた、霊魂不滅の考え、原因でないものを原因と見る考え、なにかにつけて疑いを持つ態度など三つの偏見を断ち切った境地を最初のさとりと説かれました。そこで世尊、どういう理由で最初のさとりを得た者を四方を見る者といい、どういう理由で最初のさとりを得た者といい、どういう理由で最初のさとりを得た者を鮫に喩えられたのですか』

『カッサパ菩薩、最初のさとりを得た人は数えきれない煩悩を断ち切っているとはいっても、君が言った三つの偏見ははなはだ重く、また、すべての最初のさとりを得た者たちが断ち切った煩悩を所有してもいるからだ。

喩えるならば、王が諸国を巡検する時、四種の軍隊を従えているとはいっても、世間の者はただ王が来た、そして立ち去ったというだけでしかない。なぜか。それは世間が重大であるからだ。先の三つの偏見も同じである。

ではなぜこれを重いというのだろうか。それは人々がこれら三つをいつも思っているからだ。また、目に見えない微かな状態であるために認識できないからだ。だから重いと言ったのである。

577c このように三つの偏見は断ち切ることがむずかしいために、すべての煩悩の大本（おおもと）となるために、正しい習慣と正しい注意と正しい理解という三つの善行の敵となる。

カッサパ菩薩、人々が最初のさとりを得た人はこのような数えきれない煩悩を断ち切っていると聞いたら、彼らは尻込みして、「我々にはこのような数えきれない煩悩を断ち切ることはできない」というに違いない。そこで私は先の三つの偏見だけに止めて説いたのである。

君が質問した「どういう理由で最初のさとりを得た人を四方を見る者に喩えるのか」については、最初のさとりを得た人は四つの真理をもって観察して、次の四つができるようになるのだ。

一つは堅固な道を歩むようになる。二つは広く四方を見るようになる。三つはありのままに見るようになる。四つはどんな恨みもなくしてしまうようになる。

堅固な道を歩むようになるとは、最初のさとりを得た人の感覚器官はどんな誘惑にも動じないことをいう。だから堅固な道を歩むという。

広く四方を見るようになるとは、身体の内外から起こる煩悩を一つ一つ反省し、自責することをいう。

ありのままに見るようになるとは、世間は苦であると熟知し、道理に無知な煩悩を断ち切る境地になることをいう。

どんな恨みもなくしてしまうとは、四つの誤った見解をなくすことをいう。

次に君が質問した「どういう理由で最初のさとりを得た人というのか」については、汚れのない、修学した者がその名前の意味である。原語ではスローター・アーパンナというが、スロータとは流れをいう。流れに順流と逆流がある。流れに逆らうのをスローター・アーパンナという。

『世尊、もしその意味で理解すると、この上のさとりの段階にいる一度生まれ変わってさとる者や不退転の段階にいる者、そして最高の聖者の段階にいる阿羅漢などの聖者たちもスローター・アーパンナといってもおかしくないと考えますが……』

『カッサパ菩薩、最初のさとりを得た人から最高のさとりを得たブッダに至るまでみなスロータ・アーパンナということができる。考えてみるに、それぞれの聖者からブッダに至るまでにスロータ・アーパンナがなければそれぞれの段階の聖者もないしブッダもその名を得ることはないのだから。

人々の名前に二種類ある。一つは元からあるもの、二つは後で付けられたものである。俗人の時は世間の名字が付けられている。ところが修行によって道を得ると、それにふさわしい名字をたてることになる。これが最初のさとりの、いわゆるスロータ・アーパンナという名称である。最初に得ているからスロータ・アーパンナと呼び、次に修行して上のさとりを得たところだからサクリド・アーガーミンと呼ばれることになる。同じ人がスロータ・アーパンナと呼ばれ、サクリド・アーガーミンと呼ばれ、ないしブッダとも呼ばれるようになるのだ。

流れに二種類ある。一つは解脱の流れ、二つは妙寂の流れである。すべての聖者はみなこの二つがあれば、スロータ・アーパンナともサクリド・アーガーミン、ないしブッダとも呼ばれる。

カッサパ菩薩、最初のさとりを得た人は求道の人と呼ぶことができる。なぜならば、求道の人は四つの真理を知り尽くしているという確証と四つの真理を知り尽くし、もはやなにも他に得るものはないという自覚を得た人であるから、最初のさとりを得た人はこの二つの智を求めている意味で、求道の人といえる。

最初のさとりを得た人はまた自覚した人といえる。なぜなら、正しく四つの真理を理解したと自覚して、
578a 煩悩を断ち切った人であるからだ。正しく因果の道理を熟知できるから、また誰にも共通の道とブッダだ

けが歩む道の違いを正しく熟知できるからである。最初のさとりを得た人から最高の阿羅漢まですべての聖者たちも同じである。

最初のさとりを得た人、つまりスロータ・アーパンナにおおよそ二種類ある。一つは才能がある人、二つは才能がない人。才能がない人は人間界と神々の世界とを七度も往復して生まれ変わる。

この才能がない人にまた五種類ある。あるいは六種、四種、三種、二種もある。才能がある人は生きている間に阿羅漢の境地にまで至ることができる。

さて、君が質問した「どうして最初のさとりを得た人を鮫に喩えるのか」についてだが、鮫という魚に四つのことが考えられる。

一つは骨が細いので体重が軽いこと、二つはヒレがあるから動きが軽いこと、三つは明るいところを好むこと、四つは物をはかり、堅持することである。

最初のさとりを得た人にもこれら四つのことが考えられる。骨が細いとは煩悩が少ないことの喩え、ヒレがあるとは心を静めて周りをよく観察するはたらきがあることの喩え、明るいところを好むとは四つの真理をもって観察する境地の喩え、そして物をはかり、堅持するとは世間は無常であり、苦であり、実体がなく、そして不浄であると私が説法したことを聞いて、固く信じ続けることの喩えである。

ある時、魔王がブッダの姿に変身したのをスッパーラカ村の長者が見て驚いた時、魔王は長者の動揺する心を察して、

「私が前に四つの真理について説いたことは、じつは間違っていた。そこでいま君のために五つの真理

（五諦）、六つの構成要素、十三の感覚器官とその対象物、十九の感覚器官とその対象物と感覚領域とについて説明しようと思う」

と長者に告げたことがある。長者はこれを聞いてから物の在り方をよく観察してみると、魔王が言っていることは道理に反していると気付き、前に聞いたブッダの教えを堅持し、心を動かされなかった。この長者の態度が第四の喩えである』

『世尊、最初のさとりを得た人は他の聖者たちより先に道を得たからスロータ・アーパンナと呼ばれるのでしょうか。最初のさとりであるからスロータ・アーパンナと呼ばれるのでしょうか。もしだれよりも先に道を得たから、そのように呼ばれるのであれば、世間は苦であると理解して聖者になる確約が得られた境地になった時に、どうしてスロータ・アーパンナと呼ばれないで、スロータ・アーパンナに向かう聖者とされるのでしょうか。もし最初のさとりを得たところをスロータ・アーパンナと呼ぶのであれば、外道の修行者でも先に煩悩を断ち切って、一切のこだわりも記憶も離れた境地にいたり、一切の汚れを除いた境地を修めて不退転のさとりの境地を得た人がいます。その人たちをどうしてスロータ・アーパンナと呼ばないのでしょうか』

『カッサパ菩薩、最初のさとりを得たところをスローター・アーパンナということは間違いない。ただ君が訊ねているところの「外道の修行者でも先に煩悩を断ち切って一切のこだわりを記憶も離れた境地に至り、一切の汚れを除いた境地を修めて不退転のさとりの境地を得た人がいる。その人たちをどうしてスロータ・アーパンナと呼ばないのか」については、最初のさとりをもってスロータ・アーパンナというのだ。その人たちはその時に、聖者になる前段階で十六種の仕方で四つの真理を理解し、そして聖者になった最初の段階で四つの真理に関して八種の知慧を取得しているからである』

『世尊、不退転の境地を得た聖者の段階でもこれら十六種の理解の仕方、八種の知慧が得られています。どうしてこの聖者をスロータ・アーパンナと呼ばないのでしょうか』

『カッサパ菩薩、まだ汚れがある段階の十六種の理解の仕方に二種類がある。一つは共通したもの、二つは共通しないものである。汚れがない段階の十六種の理解の仕方には二種類がある。一つはさとりに向か
578b うもの、二つはさとりを得たものである。先の八つの知慧にも二種類がある。一つはさとりに向かうもの、二つはさとりを得たものである。

　最初のさとりを得た人は誰でも行なっている十六種の理解の仕方を捨てて、誰もが行なっていないユニークな十六種の理解の仕方を行なう。また、さとりへ向かう八種の知慧を捨てて、さとりを得た八種の知慧を求める。不退転の境地にある聖者は至っているのだから彼とは異なる。だから最初のさとりを得たところをスロータ・アーパンナと呼ぶのだ。

　最初のさとりを得た人は四つの真理をもって観察するが、不退転の聖者はただ一つの真理だけで世間を観察する。だから最初のさとりをスロータ・アーパンナという。この理由で彼の段階を鮫で喩えたのである。

見渡してから行く者

第五番目の周りを見渡してから行く者とは、つねに心に掛けて仏道を修行し、むさぼりや怒りやおごりの煩悩を断ち切ろうとする不退転の聖者をいう。ちょうど鮫が四方をぐるっと見て餌を求めに行くようなことと同じである。

行ってはまた止まり浮いている者

行ってはまた止まり浮いている者とは不退転の聖者の喩えである。鮫が餌を捕えてからそこに止まることを喩えたのである。

この不退転の聖者に二種類ある。一つはいま不退転の境地を得て、さらに進んで修行して阿羅漢の境地に到達する者、二つは本能的欲望を離れたが物質的条件に執着した境地、さらに上の精神的条件に縛られている境地という、それぞれの三昧の境地を得たいと願っている者である。このような不退転の聖者は本能的欲望に染まった身体ではないので不退転の聖者と呼ばれる。

この聖者にまた五種類ある。

一つは本能的欲望に満ちた世界で死んで、この上の、欲望がなくなり物質的条件に執着した者の世界に生まれるまでの、中間的生存の間に煩悩を断ち切る者である。（中般涅槃）

二つはこの物質的条件に執着する者の世界に生まれて間もなくして煩悩を断ち切る者である。（受身般

涅槃）

三つはこの物質的条件に執着する者の世界に生まれてから久しくして煩悩を断ち切る者である。（行般涅槃）

四つはこの物質的条件に執着する者の世界に生まれて、ここで修行をせず長く生き続けているうちに煩悩を断ち切った者である。（無行般涅槃）

五つはこの物質的条件に執着する者の世界に生まれて、さらにそこから次第に上の天界にすすみ、ついにこの世界の最高の神である色究竟天、またはこの世界の上にある精神的条件のみに生きる神々の中で最高の神・有頂天として生まれて、そこで煩悩を断ち切る者である。（上流般涅槃）

この聖者にまた六種類がある。それは右の五種に、欲望に満ちた世界にありながら煩悩を断ち切る者を加えたものである。

また、七種類がある。それは右の六種類に、欲望に満ちた世界で死んだのち、精神的条件に執着している者の世界に生まれて煩悩を断ち切る者を加えたものである。

物質的条件に執着する者の世界に生まれてから久しくして煩悩を断ち切る者に二種類がある。二つの身体を授かる者があり、四つの身体を授かる者がある。もし二つの身体を授かれば、才能ある身体を受けたことになり、四つの身体を授かれば才能がない身体を受けたことになる。

物質的条件に執着する者の世界に生まれてから久しくして煩悩を断ち切る者に、また、二種類がある。一つは努力する意志があるが、自在に心を静めることができない者、二つは怠けているが、自在に心を静めることができる者である。また、二種類がある。一つは努力する意志があり、自在に心を静めることができる者、二つはこれら二つとも持たない者である。

カッサパ菩薩、欲望の世界とこの上の欲望を離れた世界に住む者に二種類の行為がある。一つは悪を作る行為、二つは再びこの世間に再生する要因を作る行為である。

ところで本能的欲望に満ちた世界で死んで、この上の欲望がなくなり物質的条件に執着した者の世界に生まれるまでの、中間的生存の間に煩悩を断ち切る者は悪を作る行為だけをなし、次の再生を促す要因を作る行為をしない。だから再生するまえに解脱する。それはすぐれた才能があるために解脱できるのだ。

ところでこの不退転の聖者の心に四種類ある。一つは学ぶのでもなく、学ばないのでもないという心、二つは学ぶ心、三つは学ばない心、四つは学ぶのでもなく、学ばないのでもないという心。

妙寂に入ることがどうして中間的生存の間の解脱といわれるのだろうか。カッサパ菩薩、この不退転の聖者の四種の心の中で二つは解脱の心境であり、二つは解脱の心境でないものがある。だから中間的生存の間の解脱というのだ。

物質的条件に執着する者の世界に生まれて、間もなくして煩悩を断ち切る者の行為に二種類ある。一つは悪を作る行為、二つは再びこの世間に再生する要因を作る行為である。この人は欲望の世界の身体を捨ててから、次に物質的条件に執着する世界に生まれて、そこで精進して仏道を修め、寿命を全うした後に解脱に入ることができる』

578c 『世尊、寿命を全うしてから解脱に入るのであれば、どうして物質的条件に執着する者の世界に生まれて

「間もなくして」煩悩を断ち切る者があるのでしょうか』

『カッサパ菩薩、彼は身体を授かった後に三界の煩悩を断つので、間もなく煩悩を断ち切る者と呼ばれるわけである。物質的条件に執着する者の世界に生まれてから久しくして煩悩を断ち切る者とは、つねに仏道を修めて世間の三昧の力によって煩悩を断ち、解脱する者をいう。

また、物質的条件に執着する者の世界に生まれて、ここで修行をせず、長く生き続けているうちに煩悩を断ち切った者は、必ず解脱を得るはずだと知っているために怠ける者である。また、世間の三昧の力によって寿命が尽きて後に解脱を得る者である。

物質的条件に執着する者の世界に生まれて、さらにそこから次第に上の天界に進み、ついにこの世界の最高の神である色究竟天、またはこの世界の上にある精神的条件のみに生きる神々の中で最高の神・有頂天として生まれて、そこで煩悩を断ち切る者にはいろいろある。この中で、ある者は第四番目の瞑想を得てからも第一番目の瞑想の境地に起こる欲望があり、このためにまた最初の瞑想の境地に落ちることになる。

このような流れにある者が二種類ある。一つは煩悩に流されている者、二つは仏道に流されている者である。仏道に流されている者は寿命が尽きた時に、第二番目の瞑想の境地に起こる欲望があり、これによって同じように第四番目の瞑想の境地においても、その欲望が起こる。

第四番目の瞑想にある者に二種類がある。一つはさらに上の精神的条件のみに執着する境地に入る者、二つは物質的条件のみに執着する境地のなかで第四番目の瞑想の境地にある五つの神々の境地に入る者である。このような二人のなかでは、三昧を好む者と知慧を好む者がいる。知慧を好む者は五つの神々の境地に入り、三昧を好む者は上の精神的条件のみに執着する境地に入る。

このような二人に第四番目の瞑想の境地を修めて、位に五つの差別ができる者と、まったくその境地を修めない者がいる。

では、その五つの差別とはなにか。下位、中位、上位、上の中位、上の上位の五つである。上の上位を修める者は無小という天界に処し、上の中位を修める者は善見という天界に処し、中位を修める者は無熱という天界に処し、下位を修める者は小広という天界に処す。

このような二人には論議を好む者と、心を静めることを好む者がいる。心を静めることを好む者は精神的条件に執着する境地に入り、論議を好む者は第四番目の瞑想の境地にある五つの神々の境地に処する。

また、このような二人には仏法を心に匂いづける瞑想を修める者と、これを修めない者がいる。

前者は五つの神々の境地に処すが、後者は上の精神的条件に執着する境地にあって、寿命が尽きて完全な解脱をする。

以上のような者たちがいわゆるの上流般涅槃の者である。もし精神的条件だけで修行している境地に入ろうとすれば、この下にある五つの神々の境地を得ることはできない。もし五つの神々の境地を修めたら、上の境地をねたみ非難するだろう』

『世尊、先ほどの中間的生存の間に解脱する者はすぐれた才能を持つ者です。すぐれた才能を持つ者であれば、どうして生きている間に解脱できないのでしょうか。また、本能的欲望が渦巻く世界に処している間にこのような解脱があるのに、どうして欲望を離れた物質的条件だけに処している境地の者にこの中般涅槃がないのでしょうか』

『カッサパ菩薩、この中間的生存にある者は身体が虚弱で衰えていて、十分に仏道を修めることができない。健康で堅固であっても居所や飲食や衣服や寝具や薬などがなく、条件が整わないと生きている間に解脱を得ることはできない。

579a カッサパ菩薩、私がある期間、舎衛城のアナータピンディカ長者が寄進してくれた精舎にいた時のことである。ある修行僧が私のところに来て、次のことを告げた。

「世尊、私はいつも仏道を実践していますが、阿羅漢の境地に達することができません」と。

その時、そばにいた阿難尊者に私は次のことを頼んだ。

「君、この修行僧のために生活必需品を用意してやってくれたまえ」と。

阿難尊者はこの修行僧をジェータ林に連れてゆき、精舎の一室を与えた。すると、その修行僧は阿難尊者に、

「尊者、ここを掃除して、調度品を揃え、種々の宝石で装飾してくださいませんか」

と頼んだ。すると阿難尊者は

「世間では修行に励む人といえば沙門のことをいう。沙門である私どもにどうして工面できよう」

と応えた。すぐさまその修行僧は、

「尊者、もし用意してくだされば有難いのですが、できないのであれば私がブッダのところに赴いて頼んでみます」

と言った。これを聞いた阿難尊者は彼より先に私のところに来て、次のように告げた。

「世尊、件の修行僧が部屋に種々の調度品を揃え、そして装飾してくれと頼んでいますが、いささかおかしいと思います。いかが致しましょうか」

　私は言った。

「君、いますぐに立ち返って、彼の言うとおりに必要とする物を揃えてやりたまえ」と。

　阿難尊者は精舎に帰り、その修行僧が求めている物を工面して、揃えたのである。この後、修行僧は心を落ち着けて仏道を修め、間もなく最初のさとりを得て、後に阿羅漢の境地に達することができたという事例があった。

　カッサパ菩薩、多くの人々は解脱を得ようと思っても、貧しいために心が集中できず達成できないのである。人々は教えを受けることを喜んでいるが、俗事に追われて心の落ち着く時がないので、生きている間に解脱を得ることができないのだ。

　君は先ほど「どうして本能的欲望が渦巻く世界に処している間にこのような解脱があるのに、欲望を離れた物質的条件だけに処している境地の者にこの中般涅槃がないのでしょうか」と質問したが、この者は欲望に染まった世界の煩悩に二種類あることを見ている。一つは内面にあると見ている。二つは外面にあると見ている。物質的条件だけに執着している世界には外的理由はない。

　欲望の世界には二種類がある。一つは本能的欲望、二つは物質的欲望である。これら二つの欲望があることを本心から責め、反省していくことで最後の解脱に到達できる。欲望の世界において表面に現われた大きな煩悩を責めていくのである。いわゆるむさぼり・怒り・おごり・嫉妬・慚愧（ざんき）などのない心である。これらを責め、なくすことで解脱を得る。

また、欲望の世界の修行には本質的に勇ましい勢いがある。なぜなら、四つの聖者の境地を得ることができるからだ。だから欲望の世界にあって中般涅槃を得ることができるのだ。それがこの上の物質的条件だけに生きる世界にはない。

中間的生存の中で解脱を得る者に上・中・下の三種類がある。上の者は肉体を捨ててはいるが、欲望の
579b 世界を離れないうちに解脱に達している。中の者は欲望の世界を離れているが、上の物質的条件だけに生きている世界に達しないうちに解脱に達している。下の者は欲望の世界を離れて、物質的条件だけに生きる世界に入り解脱に達している。喩えるならば、鮫が餌を得てからしばらく止まっているような状態とこの解脱の境地にある者は同じである。

では、止まっているとはどういう意味なのだろうか。物質的条件だけに生きる世界、この上の精神的条件に生きる世界に所在して、そこに身体を授かることを止まるといったのだ。欲望の世界の神々や人々、地獄・餓鬼・畜生の生類などに生まれないことを止まるといったのだ。すでに数えきれない煩悩の塊を余すところなく断ち切っているから、その境地を止まるといったのだ。

では、どんな理由でこれらの境地を止まると呼ぶのだろうか。それは結局のところ俗人のすることを行なわないからである。恐れることがなく、また他の者を恐れさすことをしないからである。本能的欲望と物質的欲望の二つの欲望、むさぼり、怒りなどを離れているからである。

水中も陸上も自在に行く者

カッサパ菩薩、彼岸に至った者とは阿羅漢であり、孤独なブッダであり、求道の人であり、真のブッダを喩えたのである。ちょうど亀が水陸を自在に行くことと同じである。

では、どうして亀をもって喩えたのだろうか。それは亀が五肢を甲羅の中に隠すことができるからである。これら阿羅漢をはじめとする聖者たちも亀のように眼・耳・鼻・舌・身などの五官を正しく制御している。だから亀に喩えられる。水陸という場合の水は世間のことをいい、陸は世間を超えたところをいっている。彼ら聖者たちもこれと同じで、すべての煩悩を熟知しているからこそ彼岸に至ることができた。だから水中も陸上も自在に行くと説いたのである。

沙門が得るもの

カッサパ菩薩、ガンジス河における七種の生類を見ると、そこに魚とか亀とか名前の違いはあるが、彼らはみな水から離れて生きているわけではない。このように大いなる妙寂の教えの中では、一闡提から上はブッダたちに至るまで、その呼び名は異なるが、ブッダになる可能性という水から離れているわけではない。

七種の生類にみられる善いことも、善くないことも、方便としての道も、解脱への道も、次第に段階を踏んでゆく道も、解脱への原因も、結果である解脱も、これらはみなブッダになる可能性で貫かれている。これが私の言う〈思うままに説く言葉〉である』

ここでカッサパ菩薩は新たな質問をした。

『世尊、もし原因があればすなわち結果があり、もし原因がなければすなわち結果がないとすれば、解脱である妙寂は結果であり、そして常住であるとすれば本来原因はないことになります。もし妙寂に原因がなければ、どうしてそれを結果ということができますか。また、妙寂を沙門といい、沙門が得る結果といいます。では、沙門とか沙門が得る結果とはどういうものでしょうか』

『カッサパ菩薩、世間には七種類の結果があるといえる。

一つは方便による結果、二つは報恩としての結果、三つは近付きによる結果、四つは残余としての結果、五つは平等な結果、六つは果報としての結果、七つは遠離による結果である。

まず、方便による結果とは、秋に穀物をたくさん収穫して、蓄えてから、人々は互いに「今年は順調にすすみ、多くの収穫があった」と喜び合うようなことをいう。方便による結果は行為による結果といわれる。

このような結果に二種類の原因がある。一つは近い原因、二つは遠い原因である。近い原因とは種子をいい、遠い原因とは水や糞や人の力などをいう。

579c
次に報恩としての結果とは両親を扶養した結果、母や父が「私たちは子供たちに扶養によって恩を返された」と互いに語るようなことをいう。子供が恩に報いれば、これを結果という。

この結果にも二種類の原因がある。一つは近い原因、二つは遠い原因である。近い原因とは両親の過去の善行をいい、遠い原因とは生んだ孝行な子供をいう。

次に近付きによる結果とは、喩えばある人が善知識と親しくなり、最初のさとりを得ることができたり、阿羅漢になったりしてから、「私は善知識と親しくなったおかげで、いまの私がある」と述懐するようなことをいう。

このような結果にも二種類の原因がある。一つは近い原因、二つは遠い原因である。近い原因とは信心をいい、遠い原因とは善知識をいう。

残余としての結果とは、不殺生の功徳によって過去・現在・未来に亙って年齢を延ばし、寿命を増すことができるようなことをいう。

この結果にも二種類の原因がある。一つは近い原因、二つは遠い原因である。近い原因とは身体と口と心の三つが清浄であることをいい、遠い原因とは年齢が延び、寿命が増すことをいう。

次に平等な結果とは世界の器をいう。この結果にも二種類の原因がある。一つは近い原因、二つは遠い原因である。近い原因とは人々の十種の善行をいい、遠い原因とはいわゆる三種の災害をいう。

次に果報としての結果とは、人が清浄な身体を得て、身体と口と心の三つの行ないが清浄であって、この人が「私は果報としてこのような報いを得ることができたのであろう」とつぶやくことをいう。

この結果にも二種類の原因がある。一つは近い原因、二つは遠い原因である。近い原因とは現在の身体と口と心の行ないが清浄であることをいい、遠い原因とは過去の身体と口と心の行ないが清浄であることをいう。
次に遠離による結果とは、妙寂のことである。あらゆる煩悩を離れているからである。すべての善行はみな妙寂の原因となる。

この結果にも二種類の原因がある。一つは近い原因、二つは遠い原因である。近い原因とは解脱への三種の三昧をいい、遠い原因とは数えきれない生まれ変わりの中で修めた善行をいう。

世間の事象には生起の根本的原因と補助的顕現の原因があるが、このように世間を超えたものにもこれら二つの原因がある。解脱への三種の三昧は解脱への三十七種の修行のことである。これらの三昧は一切の煩悩を生じないような状態にするための根本的原因となり、妙寂を現わす顕現の因となる。

カッサパ菩薩、煩悩を離れるとはっきりと妙寂を見ることができる。だから妙寂には顕現の因だけがあり、生起の因はない。

君が質問した「沙門とか沙門が得る結果とはどういうものでしょうか」についてだが、沙門とは八正道
580a をいい、沙門が得る結果とは、仏道を修めて、究極はすべてのむさぼりや怒りやおごりの、三毒という煩
悩を断ち切ることをいう』

シュラマナと八正道

カッサパ菩薩はさらに質問した。

『世尊、どういう理由で八正道をシュラマナ（沙門那）といわれるのでしょうか』

『カッサパ菩薩、世間ではシュラマ（沙門）とは怠けといわれていて、ナ（那）は道のことだという。この八正道はすべての怠けの気持ちを断ち、すべての世間の道を断つのである。このような意味から八正道をシュラマナというのだ。この道を歩む中で結果を得るから沙門の結果という。

シュラマナについて、世間の人たちのように静けさを好む者がいたら、これをシュラマナという。この八正道も同じである。この道を実行するのを見て身体も口も心もみな邪な生き方をせず、静かなところを好むようにさせるならば、これをシュラマナという。

カッサパ菩薩、世間の下劣な人が上品な人となれば、世間の人たちは彼をシュラマナというように、この八正道も同じで、下劣な人を上品な人にするので、これをシュラマナと呼ぶことができる。

カッサパ菩薩、阿羅漢がこの八正道を修めれば、シュラマナのさとりを得ることができる。そして彼岸に至ることができる。阿羅漢のさとりは正しい習慣と正しい注意と正しい理解と煩悩からの解脱、その解脱を自覚した境地の五つの境涯である。この五つの境涯に至れば、彼岸に至れる。これをパーラミター、つまり彼岸に至ったという。

彼岸に至ってから、彼は「私のこの世の生は終わった。すべての成すべき修行は成し終え、すでにここに完成し、再生することはないことが確証された」と宣言する。彼はそこで永く三世に再生することがなくなったから、「私の世間における生は終わった」と宣言したのである。修めるべき禁欲的修行をすべて成し終えてしまったのだから、すべての修行を成し終えたと宣言したのである。そして学ぶべき道をすべて成し終え、捨ててしまっているから、すでに成し終えたことになる。もともと求めていたものをいますでに得てしまっているから、成すべきことが完成したのである。道を修めて結果を得たのだから、ここに完成したと宣言したのである。一切の煩悩を断ち切ったと知り、再び生まれ変わらないことを知ったから、私は世間に生まれることがなくなり、すべての生存への愛着と煩悩がなくなったと宣言したのである。

このような意味で、阿羅漢は彼岸に至った人といわれる。この阿羅漢のように孤独なブッダも同じである。ところが、求道の人と真のブッダは六種の完璧な修行を成就して彼岸に至る。この真のブッダと求道の人はブッダの最高のさとりを得ているから、六種の完璧な修行を成就しているともいわれる。その修行の結果を得ているからである。結果を得ているから具足し、成就しているといわれる。

七種の人々とブッダになる可能性

カッサパ菩薩、これら七種の人々が身を慎まず、正しい注意を払わず、心を調えず、正しい理解をせず、これら四つのことをし続けるならば、いずれ親を殺すなどの五つの重罪を犯して善根を断ち、生き物を殺
580b すなどの四つの重罪を犯し、さらにブッダや教えや修行者の集まりなどの三つの柱を誹謗するようになろう。このような人々はいつも沈没している者といわれる。

七種の人々の中に善知識と親しくなる者がいて、心から私の教えを聴き、それをよく思索し、教えのように生活して、身を慎み、正しい習慣を守り、正しく心を調え、正しい理解をするようになれば、これによって生死の輪廻の河を渡り、彼岸に至ることができる。もし一闡提でもブッダの最高のさとりを得るだろうという人がいたら、この人は邪見に染まっている人というべきである。もし「得ることはない」と言ったら、これは偽りの言葉というべきである。

カッサパ菩薩、七種の人々には一人で七種の特徴を備えている人もあり、七種の人々の特徴がそれぞれ特有であることもある。

カッサパ菩薩、もし心や口に「一闡提もブッダの最高のさとりを得る」と思ったり、発言したりすれば、その人はブッダなどの三つの柱を誹謗しているといわなければならない。もし心や口に「極悪人の一闡提はブッダの最高のさとりを得ることはない」と思ったり、発言したりすれば、この人も三つの柱を誹謗しているといわなければならない。

もしすべての人々には「必ずブッダになる可能性がある」とか、あるいは「決してブッダになる可能性はない」という人がいたら、この人も三つの柱を誹謗しているといわなければならない。

カッサパ菩薩、だから私は「ブッダなど三つの柱を誹謗する二種類の人がいる。一つは信心がなく、怒りの心を持っている人、二つは信心はあるが、教えの意味を理解しない人である」と説いたことがある。もし信心があっても知慧がない人は道理に暗い煩悩を増長するだけである。反対に知慧があっても信心がない人は邪見を増長するだけである。信心がない人は怒りやおごりの気持ちがあるために、ブッダや教えや修行者の集まりという三つの柱などあるわけはないと言い触らす。信心がある人は知慧がないために、ものを逆さまに見て意味を理解し、教えを聴く人に三つの柱を誇るように導く。

だから私は信心のない人は怒りやおごりの気持ちがあるために、信心がある人は知慧がないために、これらの人は三つの柱を誇ると説いたのだ。

カッサパ菩薩、もし「一闡提などはまだ善いことをしようという気持ちを起こしてはいないが、それでもブッダの最高のさとりを得られる」という人がいたら、この人も三つの柱を誹謗しているといわなければならない。

もし「一闡提が善根を植え、善根を生じつづけて絶えなければブッダの最高のさとりを得るだろう。だ
580c から一闡提もブッダの最高のさとりを得られる」という人がいたら、この人は三つの柱を誇る人ではない。

もし「人々には必ずブッダになる可能性があり、それは常住で、安楽で、実在で、そして清浄であり、作られるのでもなく、生じるのでもない。人々は煩悩が邪魔をしているために見ることができない」という人がいたら、この人は三つの柱を誇る人である。

もし「人々にはみなブッダになる可能性がない。ちょうど兎の角のようである。方便によってそれは生じるのだ。もともとなかったのが現在にあるもので、すでにあったが、それがいまになってなくなっているのである」という人がいたら、この人も三つの柱を誹謗しているといわなければならない。

もし「人々のブッダになる可能性の存在は虚空のようではない。ないといっても兎の角のようなものではない。なぜなら、虚空は恒常であるから、また、兎の角は存在しないからである。だからあるともない

ともいえる。あるというから兎の角ではない、ないから虚空ではない」という人がいたら、この人は三つの柱を誇る人ではない。

カッサパ菩薩、ブッダになる可能性は一つでもなく、十種あるのでもない。百種あるのでもない。千種あるのでもない。万種あるのでもない。まだブッダの最高のさとりを成就していない時は、善とも不善ともそれらいずれともいえないものをみなブッダになる可能性といってもいい。私はある時は原因の中に結果があると説き、結果の中に原因があると説くこともある。これを私の思うように説く言葉という。

自在に説く言葉であるから、ブッダといい、自在に説く言葉であるからアラハンといい、自在に説く言葉であるから、サンミャクサンブッダというのだ』

第五十三章　ブッダになる可能性は虚空と同じか

カッサパ菩薩が次のような質問をした。

『世尊、ブッダは人々のブッダになる可能性はちょうど虚空のようだと説かれました。どうして虚空のようだといわれるのでしょうか』

『カッサパ菩薩、虚空の本性は過去のものでもなく、未来のものでもなく、現在のものでもない。ブッダになる可能性もこれと同じである。

虚空の本性が過去のものでないのは、現在していないからである。ものがもし現在していれば、過去のことを説明するわけだが、現在していないのだから過去がないといわなければならない。

虚空には現在もない。なぜなら、未来にあるということがないからだ。ものがもし未来にあれば現在していることを説明するわけだが、未来にないのだから現在もないといわなければならない。

581a また、未来がないのは現在も過去もないからである。もし現在と過去にあれば、未来にあるというべきであろうが、現在も過去もないのだから、未来もないというべきであろう。

このような意味から虚空の本性は過去にも現在にも未来にも存在しない。

カッサパ菩薩、虚空は無であるから、三世は存在しない。また、虚空は有であるから、三世に存在しないのでもない。

虚空の花は有ではないから、三世に存在することはない。虚空は有ではないから、三世に存在することはない。

ものがなければ、これは虚空という。ブッダになる可能性もこの虚空と同じである。虚空は無であるから三世に存在しない。ところがブッダになる可能性は恒常であるから三世に存在するという言い方は成り立たない。

私はすでに最高のさとりを得ているので、所有するブッダになる可能性も、すべての仏法も恒常であり、不変である。だから私は虚空のように三世に存在するとはいえない。

虚空は無であるから、内にあるのでもなく、外にあるのでもない。ブッダになる可能性は恒常であるから内にあるのでもなく、外にあるのでもない。だからブッダになる可能性は虚空のようだといったのだ。

世間では妨害するものがないところを虚空のようだというが、私は最高のさとりを得ているから、あらゆる仏法に処し、まったく妨害される境地ではない。だから私のブッダになる可能性は虚空のようであるといったのである。この理由で私は「ブッダになる可能性は虚空のようである」と説法した』

『世尊、如来とブッダになる可能性と妙寂は過去・現在・未来の三世に存在しないのに、それらを有といわれるのであれば、虚空も同じように三世に存在しないのだから、その意味では有と考えていいのではないでしょうか』

『カッサパ菩薩、もし妙寂でなければ、それを妙寂となし、もし如来でなければ、それを如来となし、もしブッダになる可能性でなければ、それをブッダになる可能性となすのだ。

では、なにが妙寂でないのだろうか。いわゆる煩悩に染まった、作られたものをいう。この煩悩に染まった、作られたものを排除した境地であるから、妙寂といわれる。

次に如来ではないものとは一闡提から未熟な聖者たちまでをいう。これらの人たちをいなくなるようにする人を如来という。

次にブッダになる可能性でないものとは、いわゆる土壁・瓦礫・石ころなどの無情の物をいう。これら無情の物を離れたものがブッダになる可能性である。

カッサパ菩薩、世間では虚空でないもので虚空に対立できるものは存在しないのだ』

『世尊、世間には四大でないもので対立できるものはないが、しかし四大は有ということができます。虚空に対立できるものはないが、その虚空をどうして有といえないのでしょうか』

虚空とはなにか

『カッサパ菩薩、妙寂は三世に存在しないと説いたが、虚空も同じように三世に存在しないと考えているようであれば、それは正しくない。なぜなら、妙寂は有であり、見ることができ、証明することができるのだ。これは形で現わすことができ、足跡があり、言葉で表わすことができる。これは存在しているのであり、特徴を持つのであり、条件となるのであり、頼りすがるところであり、静寂なのであり、光であり、
581b 安らぎであり、彼岸である。だから三世に存在するという言い方では表わせないのだ。

ところが虚空の本性にはこのようなものがない。だから虚空は無といったのだ。

もしこれらのものとはさらに別のものがあれば、それは三世に存在することになろう。虚空がもし同じように存在するものを持っていれば、それらは三世に存在するものとはいえまい。

カッサパ菩薩、世間の人たちは虚空とは形がなく、対立するものがなく、見ることができないものという。もし形がなく、対立するものがなく、見えないものであれば、心のはたらきと同じとなろう。虚空がもし心のはたらきと同じであれば、三世に存在するものではなくなる。もし三世に存在しないのならば感受作用（受）・表象作用（想）・意志作用（行）・認識作用（識）の四つのはたらきと同じことになる。となれば、これらの四つの心のはたらきがなくなれば、虚空は存在しないことになろう。

カッサパ菩薩、外道の人たちは「虚空とは光である」ともいっている。もし虚空が光であれば、色があることになる。虚空にもし色がついていれば、無常なものとなろう。もし無常なものであれば、三世に所属するものとなろう。どうして外道の人たちは三世に存在しないと説くのだろうか。もし三世に所属するならば、虚空ではなくなる。また、そうであれば、どうして虚空を恒常といえようか。

カッサパ菩薩、ある人は「虚空とは物が所在するところである」という。もし物が所在するところであれば、物質的なものである。ところですべての場所はみな無常なものであり、三世に所属するものである。

ところが虚空は恒常なものであり、三世に存在するものではない。もし場所といえば、虚空は存在しないことを知らなければならない。

また、ある人は「虚空とは順序次第である」という。もし順序次第であれば、これは数字であろう。もし数えられるのならば、三世に所属するものである。もし三世に所属するものなら、恒常とはいえまい。

また、ある人は「虚空とは次の三つから離れないものをいう。一つは空っぽなもの、二つは中身があるもの、三つは空っぽと中身とを備えたものである」という。

もし空っぽなものが虚空であれば、虚空は無常なものといわなければならないだろう。なぜなら実在する場所にないからである。もし中身があるものが虚空であれば、この虚空も無常であるといわなければならないだろう。なぜなら、空っぽなところに存在していないからである。もし空っぽと中身があるところとが虚空であれば、この虚空も無常である。なぜなら、相反する二つのところに同時に存在することはないからである。だから私は虚空は無と説くのだ。

また、ある人は「虚空は作ることができるもの」という。彼は樹木を伐採し、家を壊してしまえば、そこに虚空が出現するという。また、彼は虚空を平らにして、虚空を覆い、虚空に上り、虚空に大海を描いて水があるようにすることができる。だから虚空は作り出すことができるともいう。ところがこれら作り出されたものはみな無常であると知るべきである。ちょうど瓦や瓶のようなものである。虚空がもし瓦や瓶のようなものであれば、無常なものといわなければならない。

世間の人たちは「まったく妨害するものがない場所が虚空である」という。ところでまったく妨害するものがないところがどこにでもあるだろうか。あるいは分散してあるというのだろうか。

もしどこにでもあれば、他には虚空がないということになる。もし分散してあるのならば、あちらこちらというように数えられるものとなろう。もし数えられれば、無常なものとなろう。

581c カッサパ菩薩、ある人は「虚空は妨害せず、存在物と併合するもの」という。また、「虚空は物の中に存在する。器の中の果物のような在り方と同じである」ともいう。この二つの考えは共に正しくない。もし存在しているものと併合するという場合に三つのことが考えられる。

一つはまったく関係のないはたらきが合体する場合である。例えばいろいろの飛び方をする鳥が樹木に集まるような事例である。二つは共通したはたらきが合体する場合である。二頭の羊が互いに接触するような事例である。三つはすでに合体して共に集合している場合である。二本の指が集合して一つのところにあるような事例である。

もしまったく関係のないはたらきが共に合体する場合があれば、まったく無関係なものに二つのことが考えられる。一つは物質のはたらきである。二つは虚空のはたらきである。

もし虚空のはたらきが物質と合体するならば、虚空は無常なものとなる。もし物質のはたらきが虚空と合体すれば、物質は行き渡ることがない。もし行き渡ることがなければ、無常なものになる。

もし「虚空は恒常であり、その本性は不動であって、動くものと合体する」という人がいたら、その考えは正しくない。なぜなら、虚空がもし恒常であれば、物質も恒常なものでなければならない。物質がもし無常であれば、虚空もまた無常となろう。

もし「虚空は恒常であり、そして無常である」という人がいたら、そんな道理はありえない。共通したはたらきが合体するということも正しい考えではない。なぜなら、虚空とは行き渡るものである。もしはたらきと合体すればはたらきも行き渡るものとなる。もし行き渡るならば、あらゆるところに余さず行き渡らなければならない。もしすべてに行き渡るならば、すべてが合体しなければならない。となれば、合体と合体しないとが共にあるとはいえない。

もし「すでに合体しているものが共に集合している、つまり二本の指が集合しているようなことと同じである」といえば、これも正しい考え方ではない。なぜなら、ものは先に合体しておらず、後になって合体するものだからである。先になく、後にあることは無常のものの在り方である。だから「虚空はすでに先に合体しており、共に集合している」ということはできない。世間に存在するものは先になくて後になって存在するもので、したがって物質は無常である。もし虚空がこれと同じであれば無常なものとなろう。

もし「虚空は物質の中にある。それは器の中の果物のような在り方と同じである」というのも、正しい考え方ではない。なぜなら、この場合の虚空は器が存在しない時はどこにあったのだろうか。もしある場所があったら、虚空は多数あることになろう。もし多数あれば、どうして恒常といったり、唯一といったり、行き渡るといったりするのだろうか。もし虚空が空を離れて存在すれば、存在する物も虚空を離れて存在できることになろう。このような意味で、虚空は無というのだ。

もしある人が「指差すところが虚空である」といえば、虚空は無常のものといわなければならない。なぜならば、指差すところは四方であるからだ。もし四方が存在すれば、虚空にも四方があることになる。

じつは常住するものには方角はない。方角があれば、虚空は無常なものとなる。もし無常であれば生類の身体を構成する五つの要素と無関係ではなくなる。五つの要素を離れたら、虚空は所有するものがなくなる。

カッサパ菩薩、ものが原因と条件によって存在すれば、それは無常といわなければならない。喩えで説明しよう。一切の生類と樹木は大地に依存して生活している。大地は無常であるから、大地から生じた物
582a 質はしたがって無常となる。大地は水に依存している。水が無常であるから大地もしたがって無常である。水は風に依存している。風も無常であるから水もしたがって無常となる。風は虚空に依存している。虚空も無常であるから風もしたがって無常となる。

無常であれば、どうして「虚空は恒常であり、至る所に行き渡る」といえるだろうか。虚空は無であるから、過去・現在・未来に所属しない。兎の角は本来存在しないのであるから、これが過去・現在・未来に所属しないことと同じである。だから私は「ブッダになる可能性は常住であるから、三世にない。虚空は無であるから三世に所属しない」と説いたのである』

第五十四章　ブッダは世間と争わない

ブッダは自分の立場を説かれた。

『カッサパ菩薩、私は世間と争わないことにした。なぜなら、世間の知慧者があると説けばあると説き、ないと説けばないと説くことにしたからだ』

カッサパ菩薩は即座に質問した。

『世尊、求道の人たちはどれほどの教えを学んだら世間と争わないようになるのでしょうか。また世間の俗事に汚されないようになるのでしょうか』

『カッサパ菩薩、十種のことを学ぶと世間と争わないようになり、世間の俗事に染まらないようになる。その十種はなにか。

一つは信心を持つこと、二つは正しい習慣を守ること、三つは善知識と親しくなること、四つは物事をよく思慮すること、五つはなに事にも努力すること、六つは教えられたことを正しく記憶すること、七つは正しく理解すること、八つは正しい言葉を使うこと、九つは正法を好むこと、十は人々を憐憫することである。

これらの十種を具足したら、世間と争わず、世間の俗事に染まることはない。池に生える紅蓮のように』

『世尊、ブッダは先ほど世間の知慧者があると説けばあると説き、ないと説けばないと説くといわれたが、そのあるとかないとかはなにを意味しているのでしょうか』

『カッサパ菩薩、もし肉体は無常であり、思うようにならない、実体がなく、実在せず、また感覚器官のはたらきも同じであると世間の知慧者が説いたとしよう。これが「知慧者があるという」意味である。そのように言ったら、私もそのようにあると説くと言ったのである。

また、肉体は常住であり、安楽であり、実在し、清浄であることはありえず、また感覚器官のはたらきも同じであると説いたとしよう。これが「知慧者がないという」意味である。そのように言ったら、私もそのようにないと説くと言ったのである』

『世尊、世間の知慧者とはブッダや求道の人や聖者たちをさすものと考えます。これら聖者が肉体は無常であり、思うようにならない、実体がなく、実在しないと説いたのであれば、あなたはブッダの肉体は恒常であり、不変であるとお説きになっています。彼らの説いていることは正法ではないといわれるのであれば、どうしてブッダはあると説かれるのでしょうか。世尊、ブッダのこのような矛盾する説き方自体が世間と争うことであり、世間の俗事に染まることを意味するのではありませんか。

ブッダはかつて周りのものを正しく分別できずに迷うこと、ものには実体があるかのように誤解する迷い、そしてものをありのままに見ることができず妄想することの三種の誤りから私は離れているといわれました。ブッダのいまの肉体はじつは無常であるはずなのに、いま常住であると説かれました。どうして

582b
誤りを離れて世間と争わないでいるといえるでしょうか』

『カッサパ菩薩、俗人の肉体は煩悩から生じたものである。だから世間の知慧者は肉体は無常であり、思うようにならない、実体がなく、実在しないと説くが、私の肉体は煩悩を離れているのだ。だから恒常であり、不変であると説くことができる』

『世尊、肉体はどうして煩悩から生じるのでしょうか』

『カッサパ菩薩、煩悩には三種類ある。妄執から生じる汚れ（欲漏）、生存への執着から生じる汚れ（有漏）、道理を知らないことから生じる汚れ（無明漏）という三つがある。知慧者はこの三種の煩悩によってもたらされる過ちをありのままに観察しなければならない。なぜなら、過ちをありのままに熟知すれば、それら煩悩から離れられるからである。喩えるならば、医者が病状を診察して病の原因を知り、それから薬を与えることと同じである。

カッサパ菩薩、盲人を密林の中で手放したら、盲人は独りでそこから脱出することは非常に困難である。たとえ脱出することができたとしても、体がぼろぼろになってしまうように、世間の俗人もこの盲人と同じである。三種の煩悩の過ちに気付かなければ、過ちを繰り返し、苦悩することになる。もし気付いたら、それらの煩悩から離れられる。過ちに気付くことができたら、たとえ一時その報いを受けたとしても軽く済むことになろう。

世間に四種の人がいる。一つは実行している時は重いが、その果報を受ける時は軽い人、二つは実行している時は軽いが、その果報を受ける時は重くなる人、三つは実行している時は重いが、その果報を受ける時も重い人、四つは実行している時は軽いが、その果報を受ける時も軽い人である。ところで煩悩の過ちを熟知すれば、その人の行ないとその果報を受ける度合いのいずれも軽く済むのだ。

カッサパ菩薩、知慧者は次のように考える。

〈私はこのような煩悩から離れなければならない。また、このような悪行をしてはならない。なぜなら、私はまだ地獄・餓鬼・畜生などの世界、そして人間界・天界などで受ける報いを避けることができないから。私がもし仏道を修めたら、その功徳によってあらゆる苦悩から解放されるだろうから〉と。

このように考えて修行する人にはむさぼりや怒りやおごりなど三毒が微弱となろう。三毒が微弱となったことを自覚したら、だれでも喜ぶだろう。

また、次のようにも考えるだろう。

〈私はいまこのように修行の功徳によって不善の事柄を離れ、善の道に近付くことができた。だからいまありのままに正しい道を見ることができた。さらに精進して修行しよう〉と。

この人は精進修行によって数えきれない煩悩から離れて、六道の報いを受けないで済むことになる。

私はこのようなことから、次のように説法したことがある。

「すべての汚れに塗れた煩悩、及び汚れが生じる原因がなにかを観察しなければならない。知慧者がもし汚れの現状を見るだけで、その汚れの原因を見ようとしなかったら、あらゆる煩悩を断ち切ることはできなかっただろう。なぜならば、知慧者は汚れはこれこれの原因から生じるのだから、この原因を断ち切るならば、あらゆる汚れは生じないと観察するからである」と。

カッサパ菩薩、医者が先に病の原因を断ち切れば、病には罹らないと知ることと同じで、知慧者が先に煩悩の原因を断ち切るやり方もそうである。知慧者は先に原因を観て、次にその結果を観る。善因から悪果が生じることを知り、悪因から悪果が生じることを知る。結果を観たら悪因から離れなければならない。結果を観たら、次に煩悩の軽重を観なければならない。軽重を観たら、先に重いものから離れなければならない。重いものから離れたら、軽いものは自然になくなる。

もし煩悩とその原因と結果と軽重などを熟知したら、その人はその時、ひたすら精進し、修行し、善知識と親しくなり、真剣に教えを聴くようになるだろう。それは煩悩を断ち切りたい一心からである。

カッサパ菩薩、喩えるならば病人が自分の病が軽く、必ず治癒するだろうと知ったら、飲みにくい薬でも喜んで飲むだろう。そのように知慧者も聖者の道を精進して修めることを後悔もせず、相続し、そして喜びを感じている。

もし煩悩とその原因と結果と軽重などを知り、煩悩を除くために仏道に精進して修行すれば、煩悩から肉体を生じることはない。また、感覚器官のはたらきを生ずることもない。もし煩悩とその原因と結果と軽重などを知らず、その上、仏道を修行しなければ、煩悩から肉体を生じ、感覚器官のはたらきも生じることになろう。

もし煩悩とその原因と結果と軽重などを知り、煩悩を除くために仏道に精進して修行すれば、その人は如来である。如来の肉体は常住であり、その感覚器官のはたらきも常住である。もし煩悩とその原因と結果と軽重などを知らず、その上、仏道を修行しなければ、その人は俗人である。俗人の肉体は無常であり、その感覚器官のはたらきも無常である。

世間の聖者である知慧者はこれらの二つの意味を説明するが、私もこのように二つの意味を説いている。

だから私は「世間の知慧者と争わず、世間の俗事に汚されない」と言ったのだ』

第五十五章　煩悩とはなにか

三つの汚れと無知の関係

カッサパ菩薩が煩悩について質問した。

『世尊、まえに説かれた三種の煩悩は、どうして妄執から生じる汚れ、生存への執着から生じる汚れ、道理を知らないことから生じる汚れといわれるのでしょうか』

『カッサパ菩薩、妄執から生じる汚れとは外界からの刺激によって内面に起こる欲望をいう。私が昔、王舎城に滞在していた時、阿難尊者に言ったことがある。

「阿難尊者、君はいまこの女が述べた詩偈を記憶したまえ、この詩偈は過去の多くのブッダが説かれたこ
583a とと同じである。その意味から外界の刺激によって内面に起こるものを欲望といい、これを妄執から生じる汚れという。

生存への執着から生じる汚れとは、本能的欲望を離れた物質的条件だけの世界、精神的条件だけの世界にある者たちに外界からの刺激で起こる汚れで、本能的欲望の世界の内外の様々な心のはたらきを除く、

いわゆる生存への執着という汚れである。

道理を知らないことから生じる汚れとは、私や私のものがなにかを認識できず、内外からの刺激に区別なく執着して起こる汚れである。

ところで道理への無知（無明）はすべての汚れの根本であると知らなければならない。人々はこの道理に暗い煩悩を起こして世間の事象に執着し、様々な妄想を起こす。だから様々な生類というのだ。彼らはそこで事象に対して妄想を起こし、実体があるかのように考え、ありのままに見ることができないでいる。このようなことで彼らは様々な汚れを生むことになる。だから私は十二種の説法集の中で「道理への無知とはむさぼりの原因であり、怒りの原因であり、おごりの原因である」と説いたのである』

『世尊、ブッダは昔、十二種の説法集の中で「善からぬ考えが原因でむさぼりや怒りやおごりが生じる」と説かれています。それなのにいまの言葉ではそれらの原因は道理への無知（無明）だと言われたが、どのように理解したらいいでしょうか』

『カッサパ菩薩、善からぬ考えと道理への無知の二つは互いに因果関係にあり、また、互いに力を与え合っている。つまり善からぬ考えは道理への無知を生み、道理への無知が善からぬ考えを生んでいる。

様々な煩悩を増長させているのは煩悩にとって原因であり条件である。このような煩悩の原因となり条件となっているものを道理への無知、善からぬ考えという。種子が芽を生じる時に種子は近い原因であり、地・水・火・風の四つの要素は遠い原因であるように、煩悩もこれと同じである』

『世尊、ブッダは道理への無知は汚れであると説かれていますが、道理への無知によって種々の汚れが生じるとどうして説かれないのでしょうか』

『カッサパ菩薩、私が言うところの道理への無知から生じる汚れとは内面に起こる無知である。一体に道理への無知によって様々な汚れが生じるのは、これは内外のものが原因となっている。道理への無知から生じる汚れとは内面における誤った見解であり、なにが無常であり、思うようにならないものであり、実体がないものであり、私のものはないという事実を知らないことをいう。

すべての煩悩が起こる原因と条件は外界のものには私とか私のものとかはないという事実を知らないことをいう。道理への無知から生じる汚れは始めがなく、終わりがないことをいう。道理への無知から世間の事象は生じる』

汚れの原因について

カッサパ菩薩はさらに質問した。

『世尊、ブッダは知慧者は汚れの原因を熟知していると言われますが、どうすれば汚れの原因を熟知することができますか』

『カッサパ菩薩、次のように観察しなければならない。

〈どういう原因と条件によってこの煩悩は生じたのだろうか。どんなことをしたからこの煩悩が生じたのだろうか。どんな時にこの煩悩は生じたのだろうか。誰と居た時にこの煩悩を生じたのだろうか。どこでこの煩悩を生じたのだろうか。なにを観たからこの煩悩を生じたのだろうか。誰から居所・寝具・飲食・衣服・薬を受けた時にこの煩悩が生じたのだろうか。どういう理由で下のものを転じて中となし、中のものを転じて上となし、下劣の行為を転じて中くらいの行為となし、中くらいの行為を転じて上の行為としたのだろうか〉と。

583b
このように観察した時に、汚れを生じた原因や条件から離れることができよう。そしてまだ生じていない煩悩を起こらないようにし、すでに生じた煩悩をすぐに取り除くことができよう。だから私は説法の中で「知慧者は煩悩を生じる原因がなにかを観察しなければならない」と言ったのだ』

『世尊、人々の身体一つにどうして種々の煩悩が起こるのでしょうか』

『カッサパ菩薩、一つの器の中に入っている種々の種子が水や雨を注がれると各々芽を生じることと同じで、人々も同じである。器は一つであるが、渇きに似た欲望のはたらきによって種々の煩悩を増長するのだ』

汚れがもたらす結果について

『世尊、知慧者はどのようにして汚れがもたらす結果を観るのでしょうか』

『カッサパ菩薩、彼らは次のように観る。

〈種々の汚れの原因と条件は地獄・餓鬼・畜生の世界を現わす。汚れの原因と条件はまた、人間界と天界に再生させる。無常で、思うようにならず、空しく、そして私のものなどないような生きざまを受けることになる。そしてこの身体という器に三種の苦しみと三種の無常を授かることになる。この汚れの原因と条件は人々に五つの重罪を作らせ、その苦しみの報いを受けさせ、すべての善根を断ち切らせ、さらに四つの重罪を作らせ、三つの柱を謗らせるようにする。私はすでにこのような身体を授かってきている。したがってこのような煩悩を起こして種々の苦しみの報いを受けることがないようにしなければならない〉と』

『世尊、汚れのない果報があります。そして知慧者はあらゆる果報を断ち切っているともいわれます。この場合、汚れのない果報はその断ち切った果報の中に含まれているのでしょうか。また、仏道を得た人には汚れのない果報があります。知慧者はこの汚れのない果報を求めるから、どうしてブッダはすべての知慧者は果報を断ち切っていると説かれるのでしょうか。もし断ち切っていないといわれるのならば、聖者はいないことになりますが、……』

『カッサパ菩薩、私はある時は原因の中に結果があると説き、結果の中に原因があると説くことがある。世間には粘土がすなわち瓶であり、糸がすなわち衣であるというような考え方があるが、これは原因の中に結果があるという説である。結果の中に原因があるという説は、牛はすなわち水草であり、人はすなわち食べ物であるという考え方である。私もこのように原因の中に結果があると説いている。

かつて説法の中で「私は心によって身体が梵天のところに行く」と言ったことがあるが、これは結果の中に原因があると説いたのである。結果の中に原因があるというのは我々の六つの感覚器官（眼・耳・鼻・舌・身・意）は過去世の行為の習慣そのものという考えである。これは結果の中に原因があるという考えである。

カッサパ菩薩、すべての聖者には本当は汚れのない果報などない。彼らの修行による果報は再び汚れを生じないからだ。だから汚れがない果報と言ったのである。

このように観察したら、永く煩悩の果報を受けなくなる。だから聖者は煩悩の果報を受けないために正道を修行するのである。正道とは世間のものはみな実体がなく、それぞれの特徴がないので、願わしく求めるものはなに一つないと観察する修行である。これを修めれば、あらゆる煩悩の果報を受けなくなる』

583c 『世尊、人々はみな、自分が起こす煩悩によって種々の果報を受けています。煩悩は悪です。悪といわれる種々の煩悩から生じる煩悩も悪です。

このような悪といわれる煩悩に原因としての煩悩と結果としての煩悩があります。原因が悪であれば結果も悪です。結果が悪であるから当然種子も悪であるといえます。ニンバ樹の果実の種子は苦いが、この樹木の花も果実も茎も葉もみな苦いことと同じです。毒樹の種子に毒があれば果実にも毒があることと同じです。

このように原因も人々であり、結果も人々です。原因も煩悩であり、結果も煩悩です。煩悩の原因と結果はみな人々です。人々はすなわち煩悩の原因と結果です。もしこのようでなかったら、ブッダは前にヒマラヤには毒草もあり、すぐれた薬草もあるという喩えをなぜ使われたのでしょうか。もし煩悩はすなわち人々であり、人々はすなわち煩悩であれば、どうして人々の身体にすぐれた妙薬があるといわれるのでしょうか』

『カッサパ菩薩、よいことを聞いてくれた。数えきれないほどの人々はみなその疑問を持っているはずである。君はその疑問に対する解答を求めているようであるから、疑いを晴らしてあげよう。よく聴きたまえ、そして思索したまえ。君のために解るように順序立てて解説しよう。

ヒマラヤの喩えは人々のことを喩えたのである。毒草とは煩悩のことを言ったのだ。すぐれた薬草とは仏道修行を言ったのだ。この仏道修行を実行することが身体の中にすぐれた妙薬があるという意味である』

第五十六章 真の仏道修行とはなにか

欲と感受作用を知ること

カッサパ菩薩は訊ねた。

『世尊、人々に仏道修行は可能でしょうか』

『カッサパ菩薩、種子から結果が生じた時、その結果はその種子のための原因となる場合があり、ならない場合もある。原因となる場合はこれを結果の種子といい、ならない場合はただ結果にすぎないのであり、種子とはいえない。このように人々の場合も、一つは煩悩の結果が煩悩の原因となる場合があり、二つは煩悩の結果が煩悩の原因とならない場合があるという二つがある。煩悩の結果が煩悩の原因にならない場合はこれを仏道修行という。

カッサパ菩薩、人々は外界の刺激を感受した時に、煩悩を起こす最も直接的原因は汚れであると理解しなければならない。いわゆる内外から受ける汚れは肉体自身が感受するためになかなか断ち切ることができない。汚れは迷いの牢獄から脱出させてくれない。

人々は外界から感受したものを私のものだと妄想するようになり、ありのままに見ることができず、実体があると錯覚し、事象に振り回されてしまうようになる。だからまず、人々は外界の事象を感受する時に用心しなければならない。

感受作用はあらゆる欲望が起こる直接の原因となることを知らなければならない。だから欲望を断ち切るにはまず感受作用に用心しなければならない。

十二種の因果関係によって作られる善行であれ、悪行であれ、これらはみな感受作用によって作られる。
584a だから私は阿難尊者に「人々の善行も悪行もみな感受作用による」と説いて聴かせた。

感受作用に用心したら、さらに次のことを観察しなければならない。

〈この感受作用はなにを条件にして生じたのだろうか。もしなにかの条件によって生じたのなら、それはなにか。もし原因がなかったのなら、原因がないのにどうして感受作用が生じたのだろうか〉と。

このように観察したら、さらに次のように観察しなければならない。

〈この感受作用は一切創造の自在天の仕業で生じたのではない。世界創造主のプルシャ（原人）の仕業で生じたのではない。原子によって生じたのではない。時節がきて生じたのではない。想像によって生じたのではない。本性によって生じたのではない。自力で生じたのではない。他力によって生じたのではない。自力と他力とが協力して生じたのではない。まったく条件がなくて生じたのではない。この感受作用はみな衆縁和合して生じたのである。感受作用の因縁とはすなわち渇きに似た欲望である。この和合の中に感受作用があるというのでもないし、ないというのでもない。だから私はこの和合を断ち切らなければならない。和合を断ち切れば、感受作用が起こらなくなるだろう〉と。

このように原因がなにかを観察したら、次にその果報を観察しなければならない。〈感受作用によって人々は地獄・餓鬼・畜生の世界から上は天界に至るまでの量り知れない苦悩を受けなければならない。感受作用のために人々は永遠の安楽を得られず、善根をなくすが、反対にその作用のために解脱を得ることができる〉と。

この観察をした時には感受作用を起こさなくなる。では、どうして感受作用を起こさないかというと、感受作用についてよく分別するからである。つまりどんな感受作用が欲望の原因となるのか、どんな欲望が感受作用の原因となるのかという分別をするからだ。

カッサパ菩薩、人々がこのように深く欲望の原因と感受作用の原因とを観察したら、自己中心の考え、私のものという考えなどを離れるようになる。また、このように観察すれば、欲望と感受作用はどこでなくせるかを分別できるようになる。そうすればこれら二つのものが少しずつなくなる状況を観察し、ついには全滅した状況を知ることができる。

その時、彼は解脱の境地があることを信じるだろう。信じる気持ちが起こると、解脱はどうすれば得られるだろうかと真剣に考え、八正道を修めるようになる。

では、八正道について説明しよう。

この道では感受作用に三種の特徴があると観る。一つは苦、二つは楽、三つは苦でなく楽でないことである。これらの三つが身心に煩悩をますます生じさせる。

では、どんな条件が増長させるのだろうか。それは外界との接触作用である。

接触作用に三種ある。一つは道理への無知による接触作用、二つは知慧による接触作用、三つは知慧でも無知でもないものによる接触作用である。

中でも知慧による接触作用は、八正道である。他の二つは身心と三種の感受作用を増長する。だから私はこの二つの接触作用の条件を断ち切るべきだと説いた。接触作用をなくせば、三種の感受作用は生じなくなるからだ。

カッサパ菩薩、この感受作用は原因とも結果ともいえるものである。そこでこの作用の原因と結果の両方を観察しなければならない。

では、どうして原因というのか。それは感受作用によって渇きに似た欲望が起こるからだ。では、どうして結果というのか。それは接触作用によって起こるからだ。だから感受作用は原因でもあり結果でもあ
584b る。このように感受作用を観察したら、次に渇きに似た欲望を観なければならない。

その欲望とはそれに果報が付き物であるから、欲望という。欲望を見ると二種類ある。一つは雑食する欲望、二つは食べない欲望である。雑食する欲望とは生まれること、老いること、病むこと、死ぬことなどのあらゆる生存によって起こるものである。食べない欲望とは、生まれること、老いること、病むこと、死ぬことなどのあらゆる生存を断ち、汚れのない生き方をむさぼることをいう。

知慧を求める人は次のことを忘れないようにしなければならない。

〈もし雑食する欲望を起こしたら、生まれること、老いること、病むこと、死ぬことなどのあらゆる生存

の苦悩から解放されないだろう。いま汚れのない生き方をむさぼってみても、感受作用を制御しなければ、汚れのない境地を得ることはできまい。だからまずこの接触作用を断たなければならない。断つことができたら、感受作用はおのずから消滅し、消滅したら、欲望もしたがって消滅することになろう。これが八正道である〉と。

カッサパ菩薩、もし人々がこのように観察できたら、たとえ毒のある身であっても、その中にすぐれた妙薬があるという。ヒマラヤに毒草があったとしてもすぐれた薬草もあることと同じである。

このように人々は煩悩によって果報を受けるけれども、その果報はさらに煩悩を増長する原因とはならない。これが仏道修行である。

カッサパ菩薩、感受作用と渇きに似た欲望の二つはなにが原因で生じるかを観察してから、表象作用によってそれらが生じることを認識しなければならない。なぜなら、人は物を見ただけではむさぼりの気持ちを起こさない。また感覚しただけではむさぼりの気持ちを起こさない。もし物に妄想を生じて、物は恒常であり、安楽であり、実在であり、清浄であり、感受作用は恒常であり、そして不変であると考えれば、その妄想はむさぼりや怒りやおごりの煩悩を引き起こすだろう。だから表象作用に用心しなければならない。

では、どのように表象作用を観るべきであろうか。それはいつも次のように考えていなければならない。〈人々はまだ八正道を実行していない。みな妄想を持っている。その妄想は、無常であるものを恒常のものと思い、安楽でないものを安楽なものと思い、清浄でないものを清浄なものと思い、実在でないものを実在であると思い、男女・大小・昼夜・歳月・居所・寝具でないものをそのようなものと思い込んでいるのだ。この妄想に三種類ある。一つは小、二つは大、三つは無辺である。

小さい条件が小さい妄想を生じる。大きい条件が大きい妄想を生じる。数えきれない条件が数えきれない妄想を生じる。

また、小さな表象作用がある。それを心が瞑想の状態に入る前段階のはたらきという。大きな表象作用がある。それをすでに瞑想の状態にはいった段階のはたらきという。量り知れない表象作用がある。その事象を地・水・火・風・青・黄・赤・白・虚空・意識の十通りに観察するはたらきという。

また、小さな妄想がある。それは欲望の世界におけるすべての妄想である。大きな妄想がある。それは物質的条件だけの世界の妄想である。量り知れない妄想がある。それは精神的条件だけの世界の妄想である〉と。

これらの三種の表象作用が消滅すれば感受作用も自ずから消滅する。表象作用と感受作用が消滅する状態を解脱という』

584c 『世尊、ブッダの教えによると、身体と感覚器官とその感覚する対象物を含むすべての事象がはたらきをなくした状態を解脱と理解しているが、いま、ブッダは表象作用と感受作用だけがなくなった状態を解脱だと説かれました。この違いはどのように理解したらいいのでしょうか』

『カッサパ菩薩、私はある時は相手によって教えを説いているのに、聞く者は教えのことと解釈している。ある時は教えにもとづいて人々に説いているのに、聞く者は人々のことと解釈している。

では、「相手によって説法しているのに、聞く者は教えのことと解釈する」とはどういうことをいうのだろうか。

私は前にマハーカッサパ尊者のために、

「人々が滅したら、その時正法も滅する」

と説いたことがある。これを「相手によって説いたのに、聞く者は教えのことと解釈する」という。

では、「教えにもとづいて人々に説いているのに、聞く者は人々のことと解釈する」とはどういうことをいうのだろうか。

私は前に阿難尊者に、

「私は世間のすべての事象に愛着するとも、愛着しないとも言わない。もしそれらの事象に愛着し、正法が衰え、不善の考えが横行するようであれば、そのようなものに近付いてはならない。もしそれらの事象に愛着し、不善の考えが衰え、正法が増長するようであれば、そのようなものには近付かなければならない」

と説いたことがある。これを「教えにもとづいて人々に説いているのに、聞く者は人々のことと解釈する」という。

カッサパ菩薩、私は表象作用と感受作用の二つの心のはたらきがなくなることを説いているが、その時すでに私はすべての心のはたらきを断つべきことを説いている。

このように表象作用を観察したら、次に表象作用の原因を観なければならない。つまりこの量り知れない表象作用はなにが原因で起こるのだろうか、と。

それはものと接触するはたらきが起こすのである。その接触作用に二種ある。一つは煩悩による接触、二つは解脱による接触である。この中で道理への無知によって起こる接触作用が煩悩による接触である。これに対して知慧によって起こる接触作用が解脱による接触である。煩悩による接触作用は妄想を生じ、解脱による接触作用は妄想がないはたらきを生む。

このように表象作用の原因を観察したら、次にその果報を観なければならない』

『世尊、もし煩悩にもとづいて表象作用が妄想を生じるならば、すべての聖者たちは妄想だけあって煩悩はないのでしょうか。これについてはどのようにお考えになりますか』

『カッサパ菩薩、どうして聖者に妄想があるのか』

『世尊、聖者はだれでも牛を見て牛という表象をもって、これを牛だといいます。馬を見て馬という表象をもって、これを馬だといいます。男女・大小・家・車・去来もみな同じことがいえます。これを妄想というのではありませんか』

『カッサパ菩薩、俗人に二種の表象作用がある。一つは世間の流行にもとづく表象作用、二つは愛着にもとづく表象作用である。

聖者には世間の流行にもとづく表象作用はあるが、愛着にもとづく表象作用はない。ところが俗人は善くない考えや思いを持っているので世間に流行しているものに愛着した妄想を持つ。聖者は善い考えや思いを持っているので世間に流行しているものに愛着した妄想を持たない。だから俗人の表象作用は妄想といい、聖者のそれは知っているといっても妄想とはいわない。

このように表象作用の原因を観たら、次にその果報を観なければならない。

585a

悪に染まった表象作用による果報は地獄・畜生・餓鬼の世界、人間界、天界で受けるだろう。私は善くない考えや思いを断ち切ったために、煩悩によって起こる接触を断ち、それによって表象作用も断つことができた。表象作用を断つことによって、それがもたらしたであろう法も未然に断つことができたのである。このように表象作用の原因を断ち切るためには八正道を修めなければならない。

カッサパ菩薩、もしこのように観察すれば、これを仏道修行という。これを「毒身の中に妙薬がある。それはヒマラヤに毒草があっても、またすぐれた薬草もあることに喩えられる」と言ったのである。

欲を知ること

また、次に知慧者は欲について観察しなければならない。欲とは色、声、香り、味、触れることなどである。

私は原因の中に結果があると説いたが、これらの五つのものが欲を生じるだけで、欲そのものがはたらいているのではない。

愚かな人はこれら五つの対象物をむさぼり、感受する。例えば色のあるものや光るものを見て錯覚を起こす。他の対象物に対しても同じである。このように錯覚して、その錯覚をもとにして妄想している。したがって世間の人々は妄想によって十種の思いを抱いていると私は説いている。

欲が原因となって種々の悪い報いを受け、また母や父・沙門・バラモンなどに悪行をはたらくようになる。してはならないことを意図的に行ない、それに命を懸ける愚かな者がいる。だから知慧者は対象物への妄想が悪行を生み、そのために欲が生じると観察する。知慧者はこのように欲が生じる原因を観察したら、その果報がどんなものかも次のように観察する。

〈この欲は様々な悪なる果報を生む。地獄・餓鬼・畜生の三悪道、人間界、天界などの世界に生まれる果報である〉と。これを果報を観察するという。

もしこの妄想を取り除けば、ついにはこれらの欲を起こさなくなる。欲がなくなれば、悪を感受しない。悪を感受しなければ悪の報いがなくなる。だから私は以前に「妄想を断つべきだ。断てば、これらの欲も欲の報いも自然になくなる。だから知慧者は妄想を断つために八正道を修める」と言った。この修行が仏道修行である。これこそが煩悩に汚された身体の中の最高の薬王（ブッダ）である。ヒマラヤ中に毒草もあり、しかも妙薬の草もあるという喩えである。

業を知ること

カッサパ菩薩、知慧者はこのように欲を観察してから、次に人々の行為（業）を観察しなければならない。なぜなら、知慧者はいつも次のように考えているからだ。

〈感受作用、表象作用、感触作用、欲のはたらきはみな煩悩である。この煩悩は種々の行為を起こしても他からの影響を受けない。この煩悩は行為と一緒にはたらく時に二つのことをする。一、事を起こす、二、他からの影響を受ける、である〉と。

だから人々は行為をよく観察しなければならない。

行為に三種ある。すなわち身体的行為と言語的行為と心理的行為である。この三つの中で身体的行為と言語的行為とは行為そのものであり、また行為がもたらす結果でもある。心理的行為はただ行為そのもの
585b であり、結果はない。つまりただ行為そのものが原因であるから、これを業という。

身体的行為と言語的行為は外の行為であり、心理的行為は内の行為である。これら三つの行為は煩悩と一緒にはたらいて二つの行為を起こす。一つは事を起こす行為、二つは他からの影響を受ける行為である。ところで正業（しょうごう）、つまり事を起こす行為は心理的行為であり、期業（ごごう）、つまり他からの影響を受ける行為は身体的行為と言語的行為の二つである。心理的行為は先にはたらくから正業といわれ、この心理的行為から生じるものが身体的行為と言語的行為であるから、これら二つを期業という。

このように行為（業）そのものを観察したら、次に行為の原因について考えなければならない。行為の原因は道理への無知（無明）と感触作用である。これら無知と感触作用によって人々は生存を求める。生存を求める煩悩が起こる原因は渇きに似た欲望、つまり渇欲（愛）である。渇欲が因縁となって身体的行為・言語的行為・心理的行為の三つが起こる。

このように行為の原因を観察したら、次にその行為の果報を考えなければならない。

果報に四種ある。一つは黒々（こくこく）果報、二つは白々（びゃくびゃく）果報、三つは雑々（ぞうぞう）果報、四つは不黒不白不黒不白果報（ふこくふびゃくふこくふびゃくかほう）である。

黒々果報とは動けば垢（黒）が出るが、その果報は垢という意味の果報。白々果報とは動いた時、清（白）ければ、その果報は清いという意味の果報。雑々果報とは動いた時、乱（雑）れれば、その果報は乱れているという意味の果報。不黒不白不黒不白果報とはまったく汚れがない、純粋清浄な行為そのものである』

カッサパ菩薩はブッダのこれまでの説明を聞いてから、最後の言葉に疑問を呈した。

『世尊、汚れがなければ果報はないと先に説かれたと思います。それなのにいまどうして不黒不白不黒不白果報があるといわれたのでしょうか』

ブッダは言われた。

『カッサパ菩薩、これには二つの意味がある。一つは結果と報いとを分けて考える意味、二つはただ結果だけで、報いではないと考える意味である。たとえば黒々果報は結果であり、また報いと考えられる。つまり汚れ（黒）は原因から生じるから結果というべきであり、また次の垢の原因となるので報いというべきである。これは清浄な場合も乱れの場合も同じである。

無漏果（むろか）、つまり汚れがない果報とは汚れによって生じるものであるから、結果というべきである。まったく関係のない、つまり汚れとまったく関係のないものの原因とならないので、報いとはならない。これは清浄な場合も乱れの場合も同じである。だから結果といい、報いとはいわない』

『世尊、この汚れのない行為は汚れたものではありません。では、どうして清浄（白）とされないのでしょうか』

『カッサパ菩薩、報いがないから清浄としないのだ。つまり汚れを退治するから清浄というのである。そこで私は、果報を受ける人は清浄というが、この汚れのない行為は果報を受けないので白ではなく、静寂の行為という。このような行為は必ず果報を受けるところがある。十種の悪行を行なえば地獄・餓鬼・畜生の三悪道に堕ち、十種の善行を行なえば人間界・天界に生まれる。十種の不善を行なえば上・中・下の段階の報いがある。上の不善の因縁によって地獄に身を変えることになり、中の不善の因縁によって畜生に身を変えることになり、下の不善の因縁によって餓鬼に身を変えることになる。

585c

人の行為に見られる十種の善行に四種ある。一つは下の十善、二つは中の十善、三つは上の十善、四つは上の上の十善である。

下の十善を行なえば北方のウッタラクル洲に生まれる。中の十善を行なえばプールヴァヴィデーハ洲に生まれる。上の十善を行なえばアパラゴーダーニーヤ洲に生まれる。上の上の十善を行なえばジャンブドゥヴィーパ洲に生まれる。

このように知慧者は観察した後で、

〈私はどうしてこの果報を断つことがあろうか。これらの行為の因縁は無知と感触作用である。もし私が無知と感触作用を制御できたら、これらによって起こる行為の結果を破壊し、再び生じないようにするだろう〉

と考える。このことから知慧者は無知と感触作用という因縁を断ち切るために八正道を実践する。これを仏道修行という。これを「ヒマラヤの中には毒草があり、またすぐれた薬草も一緒に生えているように人々の毒ある身体に妙薬の王がある」と説いたのである。

十二種の因果関係を知ること

カッサパ菩薩、知慧者は行為を観察し、行為によって起こる煩悩を観察して、次にこれら二つから得る果報を考える。この二つから得る果報は苦である。この苦について知るならば、どんなところにも生を受けなくなる。

彼は次のように観察する

一、煩悩の因縁は煩悩を生ずる。
二、行為の因縁によって煩悩を生ずる。
三、煩悩の因縁は新たな行為を生ずる。
四、行為の因縁は苦を生ずる。
五、苦の因縁によって煩悩を生ずる。
六、煩悩の因縁は新たな生存を生ずる。

七、生存の因縁は苦を生ずる。
八、生存の因縁は生存を生ずる。
九、生存の因縁は新たな行為を生ずる。
十、行為の因縁は煩悩を生ずる。
十一、煩悩の因縁は苦を生ずる。
十二、苦の因縁は新たな行為を生ずる。

このように観察したら、行為と苦をよく観察しているといわなければならない。なぜなら、右のように観察することを生死の十二種の因果関係というのだ。もしこのように生死の十二種の因果関係を観察した人がいたら、彼は新たな（悪の）行為をしなくなるであろう。そしてそれまで行なってきたことを再びしなくなるだろう。

知慧者は次に地獄の苦を観察する。一つの地獄から百三十六ヶ所の地獄に至るまで、その一つ一つの地獄に種々の苦を見る。これらはみな煩悩のはたらきが因縁となって生じたことを観察する。

地獄を観察したら次に餓鬼世界や畜生世界の苦を観察する。このように観察してから、人間界や天界の苦を観察する。とにかくこれらの種々の苦はみな煩悩のはたらきによって生じたと観察する。

天界に大きな苦悩はないといっても、そこの者たちの身体は柔軟でか細く、肌が滑かであるが、五衰の兆しが現われる時には極めて大きな苦悩を受ける。地獄の苦と同じで違いがない。

カッサパ菩薩、知慧者はこのように世間のあらゆる苦はみな煩悩のはたらきによって生じていることを

586a 深く観察している。喩えで説明しよう。盃は壊れやすいように生類が授かった身体も壊れやすい。授かったのであれば、これはあらゆる苦が盛られた器というべきである。

大きな樹木に多くの花や果実が咲き、そして実っていれば、多くの鳥が来て散らしたり、食べたりするように、また多くの枯れ草を小さな火が焼き尽くすように、生類の身体は苦のために壊される。

もし苦の八種（四苦八苦のこと）を観察する時に八正道を修めれば、その人はあらゆる苦を断ち切ることができるだろう。

カッサパ菩薩、この八種の苦を深く観察したら、次に知慧者は苦の原因を考える。苦の原因は渇きに似た欲望、すなわち渇欲（愛）と道理についての無知（無明）である。これら渇欲と無知に二種ある。一つは身体を求めること、二つは金銭を求めることである。これらは二つとも苦である。だから渇欲と無知は苦の原因である。

渇欲と無知にまた二種ある。一つは内のもの、二つは外のものである。内のものは行為を起こし、外のものはそれを盛んにさせる。また、内のものは行為を起こし、外のものは行為の結果をもたらす。内の渇欲を断ち切れば行為は即座に断たれる。外の渇欲を断ち切れば結果を即座に断つことができる。内の渇欲は来世の苦をもたらし、外の渇欲は現世の苦を生じる。渇欲は苦の原因であると知らなければならない。

この苦の原因を観察したら、次に果報を考えなければならない。苦の果報は執着である。渇欲の結果を執着という。この執着によって内にも外にも渇欲を起こせば、そこに苦が生じる。

知慧者はそこで〈渇欲は執着にとって原因である。執着はまた渇欲の原因ともなる。もし私がこの渇欲と執着の二つを断ち切れば、（悪なる）行為を起こして種々の苦を味わうことはなくなるだろう〉と観察する。だから彼は渇欲によって生じる苦を断つために八正道を修める。

もしこのように観察すれば、それは仏道修行といわなければならない。これを「ヒマラヤの中には毒草があり、またすぐれた薬草も一緒に生えているように人々の毒ある身に妙薬の王がある」と説いたのである』

万物がそのまま仏道修行

カッサパ菩薩はブッダに質問した。

『世尊、仏道修行とはなにをいうのでしょうか』

ブッダは即座に言われた。

『カッサパ菩薩、万物（一切法）がそれである』

『世尊、万物といわれても意味がはっきりしません。なぜなら、ブッダはそれをある時は善と説かれ、あ
586b る時は不善と説かれることがあります。ある時はそれを四念処で観察すべきと説かれ、ある時はそれを
十二入で観察すべきと説かれ、ある時はそれを善知識のものと説かれ、ある時はそれを十二種の因果関係
のものと説かれ、ある時はそれを生類と説かれ、ある時はそれを正しい見方と間違った見方で分けて説か
れ、ある時はそれを十二種の説法集と説かれ、ある時はそれを世間の真理と世俗を超えた真理とに分けて

説かれています。ところがいま、ブッダは万物を仏道修行と説かれました。では、万物とはいったいなんでしょうか』

『よし、よし。カッサパ菩薩、この妙寂の教えはあらゆる善なる教えの宝庫である。喩えれば大海があらゆる宝石の蔵であるように妙寂の教えもあらゆる文字の秘蔵である。

ヒマラヤから多くの薬草が得られるように妙寂の教えも求道の人たちが守る正しい習慣の根本となるものである。

虚空があらゆるものを存在させているように妙寂の教えはすべての善なる教えが存在するところである。暴風を縛り付けておけないように、求道の人たちが妙寂の教えを修学する時にはあらゆる煩悩に縛られることがない。また、ダイヤモンドを破壊する物質がないように、この妙寂の教えを破壊できるものはない。たとえ外道の邪悪な人でさえ、この教えをなきものにはできない。ガンジス河の砂の数が教えられないように、この妙寂の教えの量り知れない意味は数えられない。

この妙寂の教えが求道の人のために教えの旗となるのは、ちょうど帝釈天の旗のようである。

この妙寂の教えは妙寂の城に向かう隊商のリーダーのようであり、また、多くの商人を率いて大海を渡るリーダーのようである。

この妙寂の教えが求道の人のために教えの光となるのは、ちょうど太陽や月が闇を取り除くようなことと同じである。

この妙寂の教えがあらゆる病苦に悩む人々のためにすぐれた妙薬となるのは、ちょうど香酔山の中に住む不思議な名医があらゆる病を治療することと同じである。

この妙寂の教えは極悪人の一闡提の杖となる。それはちょうど橋があらゆるものを渡すことと同じである。

この妙寂の教えは二十五種の生存に輪廻している者が煩悩の熱に悩まされている時に日陰となる。それはちょうど傘が灼熱を遮り、覆ってくれることと同じである。

この妙寂の教えはまったく恐れを持たない王である。この教えが一切の煩悩の悪魔を排除しているからで、それはライオンの王が他の獣を従えていることと同じである。

この妙寂の教えは偉大な呪術師である。この教えがあらゆる煩悩の悪鬼を退治しているからで、ちょうど世間の呪術師が厄神を退治することと同じである。

586c

この妙寂の教えは上がないほどの大きな雹（ひょう）である。教えが一切の輪廻の果報を破壊するからで、ちょうど雹がすべての果実を駄目にすることと同じである。

この妙寂の教えは破戒という眼病に罹っている人にすぐれた妙薬となる。ちょうど最良の薬が目の痛みを癒すことと同じである。

この妙寂の教えにはあらゆる善の教えが含まれている。ちょうど大地があらゆる物質を在らしめていることと同じである。

この妙寂の教えは戒律を踏みにじる者たちには明鏡となる。ちょうど明鏡があらゆるものの色や形を映しだすことと同じである。

この妙寂の教えは慚愧（ざんき）の心を持たぬ人の衣服となる。ちょうど衣装が身体の形を覆い隠すことと同じである。

この妙寂の教えは善の教えに飢えている人に多大な財宝となる。ちょうど吉祥天が貧者に利益を与えることと同じである。

この妙寂の教えは教えに渇きをおぼえる人に甘露の水となる。ちょうど八味の水が渇いた人を満足させることと同じである。

この妙寂の教えは煩悩に悩む人には教えのベッドとなる。ちょうど疲れた人がくつろげるベッドに臥すことと同じである。

この妙寂の教えは求道の人が修行の最高の段階に至るまでに瓔珞（ようらく）、花、香油、清浄な乗物となり、六種の完璧な修行をしのぐ、不思議な安楽を受けるところとなる。ちょうど三十三天にあるパリチトラ樹のようである。

この妙寂の教えはよく切れる知慧の斧である。あらゆる煩悩の大樹を伐採するからだ。よく切れる刀である。あらゆる潜在的な悪業を切断するからだ。優れて勇敢で頑健である。あらゆる悪魔を退治するからだ。すぐれた知慧の火である。あらゆる煩悩の薪を燃焼するからだ。すぐれた因縁の蔵である。縁起の教えを会得したブッダを生み出すからだ。聞法（もんぽう）の蔵である。教えをよく聞く修行者を生み出すからだ。あらゆる神々の目となる。あらゆる人々の正道となる。あらゆる畜生の拠り所となる。あらゆる餓鬼が解脱する拠り所となる。地獄の者たちにとって、この上ない尊敬すべき教えとなる。十方の生類にとって、この上ない器となる。十方の、過去・現在・未来のブッダの母となり父となる。

だからこの妙寂の教えはあらゆるものを包摂する。

前にも説いたことがあるが、この妙寂の教えはあらゆるものを包摂しているが、仏道修行はさとりへの三十七種の修行のことをいう。もしこの三十七種の修行を無視したら、沙門の最初のさとりも、ブッダの最高のさとりも得ることはできまい。また、ブッダになる可能性を見ることも、その実現も不可能である。このような理由から仏道修行は三十七種の修行である。なぜなら、三十七種の修行の本質は誤った見解がまったくないからだ。というより誤った見解を破壊するのだ。その本質には一切のおそれがない。というより一切のおそれを破壊するのだ。その本質は清浄な行ないである。というのは最後にこの仏道修行を実行するように人々を導くからである』

仏道とは三十七種の修行

587a これまでの説明を聞いたカッサパ菩薩は次のように質問した。

『世尊、汚れのあるものでも汚れのないものを生じる原因となることがあります。この意味で考えると、ブッダはなぜ汚れのあるものを清浄な修行といわれないのでしょうか』

『カッサパ菩薩、すべて汚れのあるものは誤った見解にもとづいている。だから私は汚れのあるものを清浄な修行とはいわない』

『世尊、汚れのある世間の中で汚れのない境地に入る直前の、最高の境地に達した世間で第一の境地は汚れがあるというべきでしょうか、汚れがないというべきでしょうか』

『カッサパ菩薩、その境地には汚れがある』

『世尊、汚れがあるといっても本性は誤った見解がないはずです。どうして清浄な修行とはいえないのでしょうか』

『カッサパ菩薩、世間で第一の境地は汚れのない境地を得る原因であるから汚れがない境地に似ている。したがって汚れのない境地に至る所であるから誤った見解があるとはいえない。清浄な修行ははじめて発心してからずっと終りまで続けられる行をいう。世間で第一の境地はただ一瞬の心のはたらきである。だから清浄な修行とはいえないのだ』

『世尊、人々の五官の感覚は汚れているが、これらは誤った見解を持っているわけではありません。一瞬の心のはたらきもありません。ではどうしてこれらを清浄な修行といえないのでしょうか』

『カッサパ菩薩、人々の五官の感覚はたしかに一瞬の心のはたらきではないといっても、汚れがあるといわなければならない。また誤った見解があるといわなければならない。なぜか。さまざまな汚れを増やすからだ。だから汚れがあるといわなければならない。五官の感覚そのものは確かなものではない。ものに執着するから誤るのである。


では、どうして五官の感覚そのものが確実でなく、ものに執着するから誤るというのだろうか。それは男とか女でないものを見て、男だと思い、女だと思うからで、家や乗物、器物、衣類などについても同じことである。これを誤った見解というのだ。

三十七種の修行の本質には誤った見解がまったくない。だから清浄な修行といわれるのである。カッサパ菩薩、三十七種の修行について、なにがその根であり、原因であり、なにを包摂し、増長し、なにが主宰であり、案内者であり、すぐれており、真実であり、畢竟(ひっきょう)であるかを熟知する人がいたら、その人は清浄な修行を成就した人といえる』

『世尊、ではいかにして、その根であり、原因であり、なにを包摂し、増長し、なにが主宰であり、案内者であり、すぐれており、真実であり、畢竟であるかを知ることができるでしょうか』

『よし、よし。カッサパ菩薩、人が質問する時に大体二つのことを思ってするものだ。一つは自分自身が知りたいため、二つは他人にも知らせたいためである。ところで君はすでに承知しているから、その質問の意図は理解していない多くの人々に解らせようと思ってしたことであろう。その気持ちに対して重ねて私は称賛する。

カッサパ菩薩、三十七種の修行の根は欲である。原因は道理についての無知と物との接触である。包摂は物を感受するはたらきである。増長はよく思念することである。主宰は記憶である。案内者は三昧である。すぐれているとは知慧である。真実とは解脱である。畢竟は大いなる妙寂である。

善い欲ははじめて発心してからブッダの最高のさとりを得るまでの根本となる。だから私は欲を根本と
587b 説く。世間のすべての苦悩は五欲を根本としており、すべての湿疹は食べ合わせにより、すべての断り事は争いが本であり、すべての悪事は嘘・偽りが本であると世間でいっていることと同じである』

『世尊・ブッダは前にこの妙寂についての説法で、すべての善は精進を本とすると説かれました。ところが、いまブッダは欲だと説かれました。これはどのように理解したらいいのでしょうか』

『カッサパ菩薩、もし生起する原因というなら善い欲がこれに当たる。もし顕現するはたらきの原因というなら精進がこれに当たる。世間でいう結果は種子を原因として得られるという。あるいは種子を生起する原因、大地を顕現するはたらきの原因と同じである。この欲と精進も同じである』

『世尊、先に今の説法で三十七種の修行を根本とするとブッダは説かれたことがあるが、これとのかかわりはどう理解したらいいでしょうか』

『カッサパ菩薩、私は先に人々がはじめて三十七種の修行を知った時、それを根本と説いたことがある。もし自分自身で実践して体得する時は、欲を根本とするのだ』

『世尊、では無知と外界との接触をどうして原因とするのでしょうか』

『カッサパ菩薩、私はある時は知識は理解であると説くことがあり、信じることであると説くこともある。信じることがもとで善友と親しくなることがある。これを接触という。親しくなることで正法を聞かれるようになる。これを接触という。正法を聞くことで振る舞いも言葉遣いも心遣いも清潔になる。これを接触という。これら身・口・意（心）の三つの行ないが清潔になって規則正しい生活ができるようになる。これを接触という。正しい生活をして身体の六つの感覚器官を正しく制御する習慣が身に付くようになる。この習慣が身に付いて静寂なところを求めるようになる。静寂なところで生活することでよく物事を考えるようになり、教えのように行動できるようになる。そのように行動して三十七種の修行を成就するだろう。そして数えきれない煩悩を取り除くだろう。これを接触という。

カッサパ菩薩、次に感受作用を包摂という。人々はものを感受する時に善悪の判断をする。これを包摂という。感受してさまざまな煩悩を起こしている。三十七種の修行はその煩悩を破壊する。だから感受作用を包摂という。

よく物事を考えて煩悩をなくすことができる。これを増長という。なぜなら、勤めて修学すると三十七種の修行を成就できるからだ。

もしよく観察すればさまざまな煩悩を破壊できる。それはひたすら思念したことによる。だから思念することを主宰という。世間の中で四種の兵隊が大将の命令に従うように三十七種の修行も同じで、みな思念という主宰に従う。

三昧に入るならば、三十七種の修行はみなあらゆる事象の特徴を判別できるようになる。だから三昧を案内者という。

三十七種の修行があらゆる事象の特徴を判別する時は理解力を殊勝とする。だから理解力がすぐれてい
587c るという。理解力によって煩悩を熟知したら、煩悩を消滅することになる。四種の兵隊が敵を倒す時、一人、あるいは二人くらいの勇敢な兵士の活躍に負うところ甚大であるが、そのように三十七種の修行も理解力によって煩悩を破壊している。だから理解力がすぐれているという。

三十七種の修行を習得すれば四種の瞑想の境地と神通力と安楽を獲得できるが、それでも真実なものとはいえない。もし煩悩を破壊して解脱を体得した時、はじめの真実のものという。三十七種の修行は、発

心してから修行し続けて、世間の安楽と世間を超えた安楽と、四段階の聖者のさとりから解脱を得たとしても、それでも畢竟とはいえない。もし三十七種の修行がが行なうすべての修行をまったく断ち切ってしまえば、それを妙寂という。私がいう畢竟とはすなわちこの大いなる妙寂のことである。

カッサパ菩薩、善なる愛情は欲である。善なる愛情によって善友と親しくなる。それを接触といい、これを原因という。善友に近付くことを感受作用といい、これを包摂という。善友に近付くことで善く思惟する。だからこれを増長という。いわゆる善い欲と思念と三昧と正しい理解という四つによって三十七種の修行は成就する。これを主宰とか案内者とかすぐれているとかいったのである。

後の三つによって二つの解脱が得られる。すなわち五欲を断ち切って心の解脱を得る。無知を断ち切って知慧の解脱を得る。これを真実といったのだ。この八つを最後まで極めていった結果、それを妙寂という。これを畢竟という。

カッサパ菩薩、欲とは発心(ほっしん)して出家することをいう。

接触とは正しく教団の行事を実行することである。これが原因となる。

包摂とは二種の習慣をいう。一つは禁則を守る習慣、二つは五官を制御する習慣である。これらを感受作用といい、これを包摂という。

増長とは四つの瞑想の境地を修学することをいう。

主宰とは四種の沙門の各々さとりの段階の中でその仲間に入ったばかりの人が得たさとりと一度在家の生活に戻ってから再び出家の生活に戻り、精進する聖者のさとりをさすものである。案内者とは不退転の心が確立した聖者のさとりをさし、すぐれているとは阿羅漢のさとりをさす。真実とは孤独なブッダのことで、畢竟とはブッダの最高のさとりのことである。

また、欲は識別作用のことであり、接触は六種の感覚器官のことであり、包摂は感受作用のことであり、増長は無知のことであり、主宰は名称と形相のことであり、案内者は五欲のことであり、すぐれているとは執着のことであり、真実は存在のことであり、畢竟は生まれ・老い・病・死のことである』

『世尊、根本・原因・増長の三つはどのように違うのでしょうか』

『カッサパ菩薩、根本とは最初の発心をいう。原因とは似ていて断てないことをいう。増長とは似ているところを断って、さらに似ているところを生ずることをいう。また、根本は作ることをいう。原因とは結果をいう。増長とははたらきをすすめることをいう。

588a

来世の果報があるとはいっても、まだ感受していないのだから、それは原因といわなければならない。しかしそれを感受したら、これを増長という。

カッサパ菩薩、根本とは求めるはたらきをいう。それが得られたら、それは原因である。はたらきとなったら、増長である。ところで説法の中で述べた根本とは四つの真理を理解した段階の境地に当たる。原因とはその理解した真理を体得しようと修行する段階の境地に当たる。増長とはもはや学ぶことがなくなった段階の境地に当たる。

また、根本は根本の原因に当たり、原因は方便という原因に当たる。これら二つの原因によって果報を得ることを増長という』

十種の念想を修めること

カッサパ菩薩はさらに次の質問をした。

『世尊、ただいまのご説明によると、畢竟とは妙寂のことだと知りました。では、この妙寂はどうすれば得られるのでしょうか』

ブッダは次のように言われた。

『カッサパ菩薩、出家者であれ、在家者であれ、次の十種の念想を習得したら、その人は妙寂を得るであろう。では、その十種の念想とはなにかを説こう。

一つは無常の念想、二つは苦の念想、三つは無我の念想、四つは厭離食（おんりじき）の念想、五つは楽しむべからずという念想、六つは死の念想、七つは多くの罪過ありという念想、八つは厭離の念想、九つは滅の念想、十は無愛の念想、である。これら十種の念想を習得したら、ついには必ず妙寂を得るだろう。他人の言うことに惑わされず、なにが善であり、不善であるかを自分でよく分別することが大切である。これが本当の出家者の正義に適うことである、本当の在家者の正義に適うことである』

『世尊、では無常の念想とはどのような修行でしょうか』

『カッサパ菩薩、求道の人に二種類ある。一つははじめて発心した人、二つはすでに修行に入っている人である。また、無常の念想に二種類ある。一つはおおまかな念想、二つは綿密な念想である。

はじめて発心したばかりの求道の人が世間は無常だと念想する時に次のように考える。

〈世間の物はおよそ二つに分けられる。一つは内の物、二つは外の物である。内の物は無常で千変万化する。私が生まれた時、子供の時、大人になった時、壮年になった時、老年になった時、死ぬ時など同じ時節がないことが解る。だから内の物は無常である。

また、人々を見ると、肥えて肌色がよく、体力があり、行・住・坐・臥に自由自在に行動する人がいるかと思えば、病苦に悩まされ、体力がなく、憔悴して顔色も悪く、自由に行動できない人がいる。

また、蔵にあふれるほど財宝を所有している人がいる一方で、貧しくて、なんでもわずかしかなく、なにをしてもうまくゆかぬ人もいる。

また、量り知れない功徳を積んでいる人がいるかと思えば、悪行ばかりしている人がいる。

だから必ず内の物は無常であると解った。

また、外の物は種子の時、芽の時、茎の時、葉の時、花の時、果実の時など、時節の違いがあることが
588b 見られる。外の物にはこれらの条件がすべて満たされる物と満たされない物とがある。したがって外の物はみな無常であるといわなければならない。

このようにものがみな無常であると観察したら、次にものを見聞しなければならない。私はもろもろの神々は言葉は尽くせない快楽を享受し、神通力をもって自在に行動していると聞いているが、五種の衰滅の兆しがあるという。したがって彼らも無常であるといわなければならない。

また、次のことも聞いている。世界創造の頃に人々が誕生した。彼らは各人すぐれた功徳を具足して、身体から各々光を放ち、太陽や月の光を借りなくてもよかった。しかし無常のゆえにその光も滅し、自然

と功徳も損なわれていったという。

また、次のことも聞いている。昔、転輪王(てんりんおう)がいて天下を統治していた。転輪王は七宝を所持し、自在力を得た。しかし無常の道理をなくすことはできなかったという。

また、次のようなことを見た。大地は昔、数えきれない数の生類を安住させ、車輪がとめられる空間もないほど生存していた。あらゆる妙薬があり、みな健やかに生長していた。森林や樹木も茂り、果実もたわわになっていた。しかし生類は功徳が薄かったため、この大地をいつの間にか痩せた状態にし、生えてくる物をみな消耗させてしまうことになったという〉と。

このようなことから内の物、外の物はみな無常であることを知らなければならない。これをおおまかな念想による無常観という。

このようにおおまかな念想をしたら、次に綿密な念想をする。では、綿密な念想とはなにかを説明しよう。カッサパ菩薩、すべての内外の物から、目に見えない微塵まで、未来に亙ってみな無常である。なぜなら、すべて破壊する特徴を持ち、現実に壊れているからだ。もし未来に存在する物が無常でなかったら、ものに十種の差別が存在しないことになろう。その十種とは、一つは膜の時（受精した直後の七日間）、二つは泡の時（泡のような状態の七日間）、三つは皰(ほう)の時（凝結した状態の七日間）、四つは肉団の時（硬い肉の塊の状態の七日間）、五つは肢の時（手足が形成され、出産までの二百三十八日間）、六つは赤子の時（誕生から六歳まで）、七つは幼児の時（七歳から十五歳まで）、八つは少年の時（十六歳から三十歳まで）、九つは壮年の時（三十一歳から四十歳まで）、十は老衰の時（四十一歳以後）である。

もし膜の時、膜が無常でなかったら、泡になることはできない。同じように壮年が無常でなかったら、老衰することはない。もしそれぞれの時が一瞬一瞬に消滅しなければ、一時に成長をしていることになる。こんなことは有り得ないことであるから、少しずつ、一瞬一瞬に無常があることを知らなければならない。ある人の顔色が悪く、体の調子もおかしく、憔悴しているのを見たら、誰でも〈この人は刻々に変わっている〉と考えるだろう。

また、身体を構成している地・水・火・風の要素や行・住・坐・臥を見るだろう。また、内外の物のそれぞれの苦しみの原因、飢えや渇き、暑さや寒さを見るだろう。四つの要素や行・住・臥が刻々に無常でなかったら、四苦八苦を説く意味がない。

もしこのように念想したら、それを綿密な念想による無常観という。内外の物のように心もまた同じで
588c ある。なぜなら、六つの感覚器官のはたらきも無常であるからだ。六つの感覚器官がはたらく時、ある時は喜び、ある時は怒り、ある時は五欲を生じ、ある時は考え込むことがある。さまざまに変化し、その生じる表情は一つではない。このことからすべての物、あるいは物でないものはみな無常であるといわなければならない。

カッサパ菩薩、もし一瞬の念想の中ですべての物が生滅し、そして無常であることを観察する人がいたら、無常の念想を成就した人といえる。求道の人は無常の念想を修めて世間のものは常在するというおごりや偏見や妄想を離れる。

次に苦の念想を修めるべきである。ところでどうして苦があるのだろうか。

まず、この苦は無常によってある。無常によって生まれ、老い、病、死の苦を受ける。生まれ、老い、病、死があるから無常といわれる。無常であるから、内外の苦を受ける。例えば飢えや渇き、寒さや暑さ、むち打ち、侮辱などはみな無常によることをよく知らなければならない。

また、次に求道の人は、この身体は無常の器であり、この器であること自体が苦であり、そして器が苦であるから、そこに盛り込まれる物もまた苦であると見なければならない。

カッサパ菩薩、求道の人は次のように観察しなければならない。

〈生まれることは苦であり、滅ぶことは苦である。生滅は苦であるから無常である。それらは私でもなく私のものでもない。それらに不滅の実体はないと繰り返し念想しなければならない〉と。

また次のように観察しなければならない。

〈苦であることは無常である。無常であることは苦である。もし苦であって無常であれば、どうしてものに不滅の実体があるといえようか。苦であることは不滅の実体でない。これは無常についても同じである。このように五蘊も苦であり、無常である。したがってどうして不滅の実体があるといえようか〉と。

また次のように観察しなければならない。

〈すべてのものに多種の和合がある。一種の和合からすべてのものが生じることはない。一つのものはすべての和合から結果したのではない。なぜならば、すべての和合はそれ自身の本性を持たないからである。また一種の性質もなく、多種の性質もなく、物の本性もなく、自在でもないからである。もしあらゆるものがこのような特徴を持っていれば、どうして不滅の実体があるといえるだろうか〉と。

また、求道の人は次のようなことを考える。

〈すべてのもののなかである一つのものがすべてを作る者とはなれない。もしある一つのものが作ることができないなら、それらのものが和合しても、なにかを作ることはできないであろう。すべてのものの本性は単独で生じて、単独で滅することはない。みな和合して滅し、和合して生じるのである。ものが生じたら、人々は妄想してこれは和合したものであり、和合によって生じたというだろう。ところが人々は妄想しているから、真実を捉えていないのだ。どうしてそこに真実の実体があるだろうか〉と。

このようにして求道の人は不滅の実体を観察する。そして彼は次のように観察する。

〈どういう理由で人々は不滅の実体があるというのだろうか。もしあるならば、それは一つか、多数かのいずれかでなければならない。もし一つであれば、どうして王族出身のもの、バラモン出身のもの、庶民出身のもの、奴隷出身のもの、人・神・地獄・餓鬼・畜生の世界のもの、大小、老少などの差別があるのだろうか。したがってその実体は一つでないと知らなければならない。もし多数であれば、どうして人々に内在する不滅の実体は一つであり、普遍であり、そして無限であるといわないのだろうか。このように
589a 考えると、一つであっても多であっても、二つとも不滅の実体ではないといわなければならない〉と。

このように不滅の実体はないと念想してから、次に厭離食の念想を修めるべきである。

ここで求道の人は次のように考える。

〈もしすべてのものが無常であり、苦であり、空であり、そして無我であれば、食べるためにどうして人は身・口・意の上で悪行をするのだろうか。もし食べ物をむさぼるために身・口・意の上で悪行をして、

それによって得たものを他の人々と共有すれば、悪行の報いをあとで共に受けるだろう。そうであれば誰もその報いを分けてもらおうと思う人はいなくなるだろう〉と。

また、次のように考える。

〈人々は飲食のために身心に苦しみを受ける。苦しみながら飲食を得ているのに、どうして私は飲食にむさぼりの心を起こすのだろうか。だから私は飲食にむさぼりの心を起こさないようにしたい〉と。

また、次のように考える。

〈飲食によってこの身体は増長するが、私はいま出家して戒律を守ることを誓い、仏道を実践し、わが身を捨てる覚悟である。この私がいま飲食をむさぼって、どうして身体を捨てることができようか。このように考えて飲食の布施を受け取っても、荒野でわが子の肉を食べるような思いで嫌々(いやいや)食べ、味わうことはしまい。飲食にはこのような難点がある。

次に感覚による飲食を見なければならない。それは皮をはぎ取られた牛が数えきれない虫に食われるようなものと見なければならない。

次に意志による飲食はまさに大火事のようであり、ちょうど三百本の錐や矛のような飲食と見なければならない。

このように四種の飲食を思念して、飲食に対してむさぼりの思いを起こしてはならない。もしむさぼりの気持ちを起こしたら、まず飲食を不浄だと思わなければならない。むさぼりの煩悩を取り払うためである。とにかくすべての飲食に不浄の思いを持ち、あらゆる不浄なものと同じであると見なければならない。

このように美味なものやまずいものを施されても、受ける時にそれらを腫れ物に薬を塗ってある物のように思い、むさぼりの気持ちを生じないようにしなければならない〉と。

カッサパ菩薩、このように念想すれば厭離食の念想を成就したことになる』

また、カッサパ菩薩は次の質問をした。

『世尊、いまのように受け取る食をみな不浄な物と思うのは、実感として受けるのでしょうか、それとも仮にそのように思うだけなのでしょうか。もし実感として受けるのであれば、実際には目の前の食は不浄ではありません。もし仮に思うだけであれば、この行為は善といえるでしょうか』

『カッサパ菩薩、食を不浄な物と思うのは、実感として受けるのであり、また、仮にそのように思うことでもある。食をむさぼる気持ちを破壊するはたらきがあるから、この場合は実感として受けたのである。ところが虫でないものを虫と見るのは仮に見る思いに当たる。

カッサパ菩薩、すべての汚れているものはみな仮の思いに属するし、また実感のものにも属する。もし修行者が托鉢しようと思ってから、あらかじめ次のようなことを考えたとしよう。

〈これから托鉢にゆくが、どうか好物の食べ物をもらえ、嫌いなものが当たらないように。どうかたくさんもらえ、少ししかもらえないことがないように。すぐにもらえて、遅くなることがないように〉と。

589b このような修行者は厭離食の念想を成就した者ではない。その者は日毎に善行を怠けるようになり、不善な行ないだけが増えてゆくことになろう。

もし修行者で托鉢しようと思ってから、次のことを考えたとしよう。

〈托鉢する修行者を満足させるならば、施しをした人は量り知れない幸せを得るだろう。私が食べ物を受けたら、この煩悩の毒に犯された身体を治療し、正法を修めて施主に利益を与えよう〉と。

このような誓いをする修行者がいたら、彼は日毎に善行に励み、不善な行ないを少しずつなくすことであろう。このように実行する修行者がいたら、その人は国中の信者の布施を無駄にはしないだろう。

カッサパ菩薩、求道の人はこれらの四つの念想を習得し、次に世間を楽しむべからずという念想を修めて、次のように考える。

〈どんなところであれ、世間には生まれ・老い・病・死の四つの苦がないところはない。私の身体にさえ、これらの四つの苦が生じないところがあろうか。もし世間で一ヶ所として生まれ・老い・病・死から逃れられるところがなければ、どうして世間を楽しむところといえるだろうか。世間では昇進しても必ず退かなければならない。このよう世間は無常である。もし無常であれば、求道の人たちはどのようにこの世間を楽しむのだろうか。

人々は各々世間を遍歴して、いろいろの苦楽を経験している。梵天の身、乃至非想非非想の境地にある神の身を授かったとしても、寿命があり、三悪道に堕ちるのだ、四天王の身、乃至他化自在天(たけじざいてん)の身を授かったとしても、やはり寿命があり、畜生の世界に堕ちるのだ。あるいはライオン・虎・豹・狼・象・馬・牛・ロバなどに生まれることもある〉と。

また、次のように考える。

〈転輪王の身は天下を統治して、高貴で、勇壮で、すべてに自在であるが、福がなくなればただちに貧困の身となり、衣食を得ることがなくなる〉と。

求道の人はこのように世間を観察して、世間を楽しむべからずと念想する。また、彼は次のようなことを考える。

〈世間に存在する物、つまり家、衣服、飲食、寝具、医薬品、花や香油、瓔珞（ようらく）、楽器、財産、宝石などを人々は苦しみから逃れるために取得しようとする。しかしこれらの物はじつは苦そのものである。どうして苦でもって苦を逃れようとするのだろうか〉と。

求道の人はこのように考えて、世間にある物に好意を持つが、愛着を持つことはない。喩えていえば、ある人が重病に罹ったとしよう。種々の音楽を聞き、遊女と戯れ、花や香油で装い、瓔珞で周りを飾っても、まったくなんの楽しむ気持ちが起こらないことと同じである。求道の人が世間の物を見るのもこれと変わりはない。

カッサパ菩薩、求道の人は世間を次のように見ている。

〈世間は拠り所ではない。解脱できるところではない。静寂なところではない。愛着すべきところではない。渡るべき先の彼岸ではない。究極の常住・安楽・実在・清浄なものではない。もし世間に私が愛着したら、
589c どうしてこの世間の俗事から離れることができよう。ちょうど人が暗闇を嫌って光を求めているのに、かえって暗闇に戻ってしまうような状態と同じになろう。暗闇は世間であり、光は出世間である。もし世間に馴染めば、暗闇を増長し、ますます光から遠ざかってしまうだろう。暗闇は道理についての無知であり、光は知慧である。この知慧の光こそが世間は楽しむべからずの念想である。

すべてのむさぼりは身心を束縛するが、この知慧の光はむさぼり、世間のものをむさぼることはしまい〉と。

このように求道の人が世間を見たら、彼は世間は楽しむべからずの念想を成就したことになる。求道の人は次に死の念想を修める。そこで彼は〈寿命は数えきれない敵に囲まれて、刻々と損なわれてもはや増長することはない。ちょうど山から流れ落ちる洪水をせき止められないように、朝露の形が永く止まらないように、囚人が町に一歩一歩近付くにつれて死が近くなるように、牛や羊を屠殺所に引き連れてゆくようにである〉と』

『世尊、求道の人は刻々に消滅して行く状況をどのように観察しているのでしょうか』

『カッサパ菩薩、喩えで説明しよう。ここに射撃の上手な四人の男がいたとしよう。彼らが一ヶ所に集まって、そこから各々の方角に向かって矢を射た。その時、四人はみな〈俺たち四人が放った矢はみな一緒に落ちるだろう〉と考えた。ところが中の一人が〈放たれた四本の矢が地に落ちないうちに、俺が一度に手で掴まえてしまおう〉と考えた。さてこの男のすることは速いというべきかどうか』

『世尊、速いというべきでしょう』

『カッサパ菩薩、地を走り去る鬼神の速さはこの男の速さどころではない。空を飛ぶ鬼神の速さは地を走る鬼神より速いのだ。四天王の速さや空を飛ぶ鬼神より速い。日月神の速さや四天王よりも速い。行堅疾天(ぎょうけんしってん)は日月神より速い。生類の寿命は行堅疾天よりも速いのだ。

カッサパ菩薩、生類の寿命は一呼吸、一瞬の間に四百回の生滅をしている。このように寿命を観察するならば、これを刻々滅の念想という。

求道の人は次のように考えている。

〈この寿命は死王に従属している。もし私が死王から逃れることができたら、無常の寿命と絶縁できるだろう〉と。

また、次のようにも考える。

〈この寿命は河岸の険しいところに立つ大樹のようである。また、ある人が重罪を犯し、報復され、残されても、誰も哀れんでくれないようなことである。死王は飢餓に苦しむライオンの王のようである。台風を吸い込む毒蛇のようである。渇きに苦しむ馬が水を惜しむようである。怒りを発する悪鬼のようである〉と。

このように寿命を見れば、これが死の念想を修めるという。

また、求道の人が、

590a 〈私はいま出家しよう。たとえ寿命があと七昼夜であっても、その間精進して仏道を修め、正しい習慣を守り、教えを人々に説き、人々のためになることをしよう〉

と考えたら、彼は死の念想を修めたといえる。

また、

〈七昼夜を多いというならば、六日間・五日間・四日間・三日間・二日間・一日間・一時間、乃至一呼吸の間でもあれば、その間に精進して仏道を修め、正しい習慣を守り、人々に教えを説き、人々のためにな

ることをしよう〉

と考えたら、彼は死の念想を修めたといえる。

これまでの六つの念想を習得したら、次の七つの念想を成就する本となる。では、その七つとはなにか。一つはつねに修学する念想、二つは楽しんで修学する念想、三つは怒りを離れた念想、四つは妬みを離れた念想、五つは善良な誓願を保つ念想、六つはおごりを離れた念想、七つは三昧が自在となる念想である。

これら七つの念想を具足したら、その人は沙門と呼ばれ、バラモンと呼ばれる。その境地は静寂といわれ、清潔といわれ、解脱といわれる。その人は知慧者と呼ばれ、正しい考え方を持つ人と呼ばれ、彼岸に達した人と呼ばれ、偉大な医者と呼ばれ、偉大な商人と呼ばれる。この人はブッダの秘密の教えを正しく理解した人と呼ばれる。またブッダの七種の言葉を熟知し、正しく知見し、七種の言葉の中に起こる疑惑を断ち切った人と呼ばれる。

カッサパ菩薩、もしこれまで述べてきた六種の念想を成就したら、その人は迷界を呵責し（多くの罪過ありという念想）、そして迷界を離れて（厭離の念想）、迷界を排除し（滅の念想）、ついには迷界に愛着を持たない（無愛の念想）ようになろう。以上を求道の人の十種の念想という。もしこれら十種の念想を成就したら、沙門と称えられる資格を得ることになる』

ブッダの説法を讃歎するカッサパ菩薩

590b

ここでカッサパ菩薩はブッダの前に進んで、次の詩偈を述べてブッダを讃歎（さんだん）した。


『世間を憐れむ偉大なる医師は、身体及び知慧共に静寂である。

実体なしという教えに真実の実在ありと説かれる。ゆえに無上なる世尊と仰ぐ。

発心と畢竟の二つは差別なし。この二つは我（が）を先とする心がない。

自ら渡らないで先に他を渡す。ゆえに私は発心を尊敬する。

初発心ですでに人々と神々の師となる。未熟な修行者を凌駕する。

だから発心は迷界を超える。ゆえに最高にして無上といわれる。

世間の救済者は頼んだ後で受けるが、如来は請われず救済者となる。

ブッダが世間に従うのは子牛が母に従うようで、大悲の牛といわれる。

如来の功徳は十方に満ちるが、俗人の無知は称えることができない。

私はいま慈悲心からブッダを讃歎する。身体と言葉をもって報恩するためである。

世間は自らの利益を楽しむが、如来は決して楽しまない。

人々が受ける世間の果報を断っている。だから私は如来の自利と利他を尊敬する。

世間は親密な人と付き合い、多くの利益を得るが、如来の利益には恨みも親密もない。

如来にはこの世間の人々の思いがない。ゆえに起こる心に差別なく、二つなし。

世間では言うことも違うし、行ないも違う。如来は言われたように行ないに違いがない。

如来の修行はあらゆる悪行を断つ。ゆえに如来といわれる。

先に煩悩の者を熟知して、その中に処して人々に教える。

永く世間にいながら解脱を得るが、喜んで世間に処するのは慈悲のゆえである。

神の身や人の身になるが、慈悲の気持ちがつねに付きまとうのは子牛が母に従うのに似る。

如来は人々の母である。慈悲心は子牛である。

ゆえに種々の苦悩を受けて人々を忘れず、憐憫しても後悔しない。

憐憫の心が強いので苦悩を感じない。ゆえに私は苦を抜く人を尊敬する。

如来は無量の福を作られたが、身・口・意の三つの行ないはつねに清浄である。

つねに人々のためであり、自分のためにすることはない。ゆえに私はその清浄な行為に敬礼する。

如来は苦悩を受けても苦悩を感じない。多くの苦悩を受ける人々を見てわがことのように苦悩する。

人々のために地獄に堕ちても、苦しいとか後悔とかの気持ちが起こらない。

人々が種々の苦悩を受けるのは、如来自身みな自分の苦しみと受け取られる。

さとった後もその心は堅固である。ゆえに誰も修めていない正道を修行されている。

如来は一味の慈悲心を具足され、人々をわが子のように慈しまれるのに、人々は如来が救いたもうことを知らず、如来や教えや修行者たちを謗る。

世間には種々の煩悩が渦巻き、無量の悪がはびこっているが、これらの煩悩と悪は、如来の最初の発心の時に取り除かれている。

ただ如来が如来だけを称えることができる。如来以外に称えられる者はいない。

私はいま、ただ一つのことをもって如来を称える。それは如来が慈悲心を持って世間に遊ばれるということ。

如来の慈悲は大いなる教えの集まりである。この慈悲がまた人々を救う。

それが無上の解脱である。その解脱はすなわち大いなる妙寂である』

第五十七章　ブッダとバラモンの対論

五蘊についての仏説

590c
ここでアンニャー・コンダンニャ尊者にブッダは次のように告げられた。

『肉体は無常である。この肉体を制御することで、解脱と不変の肉体を獲得できる。感受作用・表象作用・意志作用・認識作用も無常である。この心を制御することで、解脱と不変の心を獲得できる。また、肉体は苦である。この肉体を制御することで、解脱と不変の安楽の肉体を獲得できる。感受作用・表象作用・意志作用・認識作用も同じである。

肉体は空である。空である肉体を制御することで、解脱と空でない肉体を獲得できる。感受作用・表象作用・意志作用・認識作用も同じである。また、肉体には実体がない。この肉体を制御することで、解脱と実在である肉体を獲得できる。感受作用・表象作用・意志作用・認識作用も同じである。また、肉体は不浄である。この肉体を制御することで、解脱と清浄な肉体を獲得できる。感受作用・表象作用・意志作用・認識作用も同じである。

肉体は生まれ・老い・病・死の相を持つ。この肉体を制御することで、解脱と生まれ・老い・病・死がない相の肉体を獲得できる。感受作用・表象作用・意志作用・認識作用も同じである。肉体は無明の原因である。この肉体を制御することで、解脱と無明の原因がない肉体を獲得できる。感受作用・表象作用・意志作用・認識作用も同じである。肉体は生起の原因である。この肉体を制御することで、解脱と生起の原因とならない肉体を獲得できる。感受作用・表象作用・意志作用・認識作用も同じである。

また、肉体は四つの誤った見解を起こす原因である。この肉体を制御することで、解脱と四つの誤った見解の原因とならない肉体を獲得できる。感受作用・表象作用・意志作用・認識作用も同じである。肉体は無量の悪法の原因である。悪法とはいわゆる男女などの身体をいう。また食欲・性欲がある。むさぼり・怒り・おごりなどがある。悪心・吝嗇（りんしょく）の心がある。物の食、意識の中の食、意志の中の食、接触だけの食などがある。卵から生まれるもの、母胎から生まれるもの、湿気から生まれるもの、原因がなく生まれるものなどがある。五欲・五つの過ち（五蓋）がある。これらの物はみな肉体から生じたものである。肉体を制御することで解脱して、これらの限りない悪をなくした肉体を獲得できる。感受作用・表象作用・意志作用・認識作用も同じである。

肉体は束縛である。束縛された肉体を制御することで、解脱と束縛のない肉体を獲得できる。感受作用・表象作用・意志作用・認識作用も同じである。肉体は煩悩が流れ出す物質である。その流れ出す物質である肉体を制御することで、解脱と煩悩が流れ出ない肉体を獲得できる。感受作用・表象作用・意志作用・認識作用も同じである。

591a

肉体は拠り所ではない。この肉体を制御することで、解脱と拠り所となる肉体を獲得できる。感受作用・表象作用・意志作用・認識作用も同じである。肉体は傷・腫れ物である。その肉体を制御することで、解脱と傷・腫れ物のない肉体を獲得できる。感受作用・表象作用・意志作用・認識作用も同じである。肉体は静寂なものではない。この肉体を制御することで、解脱と静寂の肉体を獲得できる。感受作用・表象作用・意志作用・認識作用も同じである。

これまでのことを熟知した人がいたら、この人は沙門と呼ばれ、バラモンと呼ばれる。そして沙門とバラモンの教えを成就した人といわれる。

尊者、もしブッダの教えから離れたら、沙門でもなく、バラモンでもなく、そこには沙門やバラモンの教えもなくなるだろう。すべての外道の考え方は偽りであり、空しいものである。詐欺に満ち、実行が伴っていない。沙門の姿、バラモンの姿をして両方の生き方を示しても、見せかけにすぎない。なぜなら、沙門とバラモンの教えが実行されていないのに、どうして沙門とかバラモンとかいえるだろう。私はいつも大衆の中で師子吼しているが、君も大衆の中で師子吼したまえ』

バラモンたちが怒る

このブッダの言葉を聞いた外道の者たちは憎悪の気持ちを起こし、次のように言った。

『ゴータマは「我々（外道）の中には沙門やバラモンもいない。沙門やバラモンの教えもない」と説いている。なにか機会を見つけてゴータマに「我々の中にも沙門がおり、沙門の教えもある。バラモンもおり、バラモンの教えもある」と言ってやろう』

時に、彼らの仲間にバラモン族の学生がいて、次のように言った。

『みなさん、ゴータマの発言は気が狂った人が言っていることと同じです。どうして気にして詮索する必要があるでしょうか。世間では狂っている人は意味なく歌ったり、舞い踊ったり、突然泣いたり、笑ったり、罵ったり、ほめたりします。親しい人や嫌いな人の見境がなくなります。この人と沙門ゴータマも同じです。

彼はシュッドーダナ王の家に生まれたと言ったり、いや生まれなかったと言ったりします。生まれてからすぐに七歩歩いたと言ったり、歩かなかったと言ったりします。小さい時から学問に親しんだと言ったり、すでに一切のことを知り尽くしていたと言ったりします。宮殿に住み、あらゆる快楽を尽くし、子をもうけたと言ったり、そのような生活を嫌悪し、呵責し、子を卑しめたと言ったりします。ある時は親しく苦行を六年も修めたと言ったり、いや外道の苦行を忌み嫌ったと言ったりします。ある時は、ウッダカ・ラーマプッタやアーラーラ・カーラーマなどの仙人について、いまだ聞いたことがない教えを受け継いだと言ったり、彼らからはなにも受け継ぐものがなかったと言ったりします。ある時は、菩提樹の下でブッダの最高のさとりを得たと言ったり、その樹の下で修行したことも、そこで得たものもなにもなかったと言ったりします。自分の身体はすでに煩悩から解脱していると言ったり、この身体が滅した後に解脱するとか言ったりします。

　ゴータマのこのような発言はまったく狂っているとしか言いようがありません。だから彼のことで悩むことはありません』

591b

　これを聞いたバラモンたちは言った。

『君、我々はいま本当に悩んでいるのだ。沙門ゴータマは出家した後、世間は無常であり、苦であり、空であり、無我であるという教えを説いた。これを我々の仲間は聞いて恐ろしくなったのだ。どうして世間は無常であり、苦であり、不浄であるという教えを人々が受け入れることができようか。ところがいま、あのゴータマはこのシャーラ樹林に来て、大衆の前で世間に究極の常住で、安楽で、実在で、そして清浄なものがあると説いているではないか。我々の弟子がこれを聞いて、我々から離れてゴータマの言葉を聞きに行っているではないか。これをどうして悩まないでおれようか』

　ここでまた、一人のバラモンが次のようなことを言った。

『みなさん、よく聞いてください。沙門ゴータマは慈悲の心を持っているといわれるが、じつはまったくの偽りであり、真実ではありません。考えてみてください。もし慈悲の心を持っていたら、どうして我々の弟子に彼自身の教えを受けさせるのでしょうか。慈悲は果たして他人の気持ちに従うことを強いるのでしょうか。いま我々の願いとはまったく違背することを彼は行なっています。どうして彼に慈悲の心があるといえますか。

　聞くところでは沙門ゴータマは世間の八つのならわし（八法）に染まっていないといわれるが、これも偽りです。もしゴータマが少欲知足であるなら、どうして我々の利益を奪うのですか。もし生まれが我々より上であるというなら、これもまた偽りです。なぜなら、昔から偉大なるライオンの王が小さな鼠ごときを殺害した例を見たことも聞いたこともないからです。もしゴータマが我々より上の生まれであったら、どうしていまこのように我々を悩ませ、いじめているのでしょうか。

もしゴータマが偉大な力を持つ人といわれているなら、これも偽りです。なぜなら、昔からガルダ鳥の王が他の鳥と争った例を見たことも聞いたこともありません。もし力が絶大であれば、どうして我々とこんなことで争うのでしょうか。

もし沙門ゴータマが他人の心を読み取る力を持っているといわれるなら、これも偽りです。なぜなら、もしその力を持っていたら、どうして我々の心を読み取れないのでしょうか。

みなさん、私はかつて先輩や知慧者に「百年経ったら、世間に一つの妖怪が現われるだろう」と聞いたことがあります。その妖怪がゴータマであると思います。このような妖怪がいまこのシャーラ樹林の中で間もなく滅しようとしています。みなさん、悩まれることはありません』

また、一人のジャイナ教の修行者が次のように答えた。

『みなさん、私がいま悩んでいるのは弟子たちの生活のことを心配しているのではありません。ただ世間の無知蒙昧な人たちは見る目がなく、誰が幸せを与えてくれる人であるか、そうでないかを区別できないために、いま先輩の大徳やバラモンを差し置いて年若い修行者に供養しているという事実に危惧を感じているのです。あのゴータマ沙門は呪術に詳しく、実力もあり、一つの身体を無数の身体に見せたり、無

591c 数の身体を一つの身体に見せたりするそうです。あるいは自分の身体を男にしたり、女にしたり、牛や羊、象や馬にしたりすることもできるようです。しかし私の力で彼の呪術をやっつけました。やっつけてしまっているので、みなさんはいままでどおりに信者の供養を安心して受けることができるでしょう』と。

また、この時、一人のバラモンが次のように発言した。

『みなさん、沙門ゴータマは無量の功徳を修め、備えているといわれます。だから私たちは彼と争っても無駄です』と。

これを聞いた大衆は、

『なんと愚かなことをいう人だ。どうして沙門ゴータマが無量の功徳を積んでいるといえるものか。彼は生まれてから七日目に母を失ったではないか。これを幸せなことといえるか』

と罵った。するとそのバラモンは

『沙門ゴータマは罵っても怒らず、打たれても逆らわないのです。これこそ幸せの相というべきではないでしょうか。ゴータマの身体は三十二相八十種好相と無量の神通力を備えています。これこそ幸せの相というべきではないでしょうか。心におごりがなく、相手の気持ちを察して訊ね、言葉はやさしく荒々しさがなく、歳も気持ちも若々しく、粗暴なところがまったくなく、王権、国土、そして財産などにまったく関心がなく、これらを捨てて出家する気持ちはあたかも涙や唾を吐き捨てるようです。このようなことを考え合わせて沙門ゴータマは無量の功徳を積んでいると言ったのです』

と説明した。大衆はこれを聞いて

『よく解った。じつに沙門ゴータマは君が言ったように量り知れない神通力を備えているから、我々は彼と角付き合わせて争おうとはしない。ただ沙門ゴータマの性分は柔軟であるから苦行に耐えられないようだ。宮殿で成長した人だから世間の俗事をうまくさばけない。穏やかな話し方しかできず、技芸・書籍・議論などに通じていない。頼めば一緒になって詳しく正しいことを教えてくれる人ではある。彼がもし我々より優れていることが判れば、彼に仕えよう。もし我々が彼よりすぐれていたら、彼を従わせよう』

と口々に言った。


その時、外道の者たちは集まってマガダ国の阿闍世（あじゃせ）王のところに出かけた。阿闍世王は彼らを見て訊ねた。

『うち揃ってどうしました。あなたたちは各々が聖者の道を修めている方です。出家の人たちです。財宝も生業も捨てた人たちです。わが国の人たちがみなこぞって供養し、尊敬のまなざしで見ている人たちで、互いに干渉しない間柄の人たちではありませんか。その方々がどうしてこぞってここに来られたのですか。あなたたちは各々異なった教えと修行を持っておられ、出家生活も同じではありません。お互いは規律も異なり、修行の道も異なるのに、ちょうど風で一ヶ所に吹きだまった落ち葉のように一緒になって来られたのですか。なにか特別のことを説くために来られたのですか。私はつねに出家の人たちを擁護し、身命を惜しまず尽くしてきたのですが、……』


その時外道の者たちは次のように言った。

『大王、よく聞いてください。大王はいま人々にとって大きな教えの橋です。大きな教えの砥石です。大きな教えの秤です。つまりすべての功徳の母というべきです。すべての功徳の真実の本性です。正法の道

592a です。種子にとって肥沃な田です。すべての国土の根本です。すべての国土の大きな明鏡です。すべての神々の姿です。国土の人々の母父です。

大王、世間のすべての功徳が詰まった蔵は大王の身体です。大王の身体は功徳が詰まっているからです。大王が国事を決裁される態度は憎しみとか親しみを超えて平等の心で対処されています。ちょうど地・水・火・風のようです。だから大王を功徳の蔵と呼ぶのです。

大王、現在の人々は寿命が短いのですが、大王の功徳は昔の長寿で安楽であった頃の大王のようです。またマンダーター（頂生）王・マハースダッサナ王・クシャンティパーラ仙人・ナフサ王・ヤヤーティ王・シビ王・イクシヴァーク王などは善政を治めていましたが、大王はこれらの王たちのようです。大王のおかげで国土は安楽で人々の生活は活気を帯びています。だから出家者たちはこの国を愛し、規律を厳しく守り、正道を歩んでいます。

大王、私どもは教えの中で、もし出家者が自分の住んでいる国を愛し、規律を厳しく守り、正道を歩むならば、その国の王もまた善を修める定めがあるといっております。王はすでにあらゆる盗賊たちを討伐しておられるので、我々出家者はなにも恐れる必要はありませんが、現在、ただ一人の大悪人がいます。それはゴータマという沙門です。大王はまだお調べになっていないと思いますが、我々は非常に恐れております。彼は豪族の出で、良家の生まれと恵まれた身体をおごり、また前世で多くの布施をした報いとして現世で多大な供養を得ているようです。このことからおごりと侮りの気持ちがあり、また呪術ができることを誇りにしているのです。このようなことで苦行をすることができません。きめ細かく織られた、柔らかな衣服や寝具をもらい受け、蓄えています。世間の悪人は、取り入って利益を得たいために彼のところに集まり、仲間となって苦行をしなくなっています。呪術の力によってマハーカッサパや舎利子や目連などを手なずけてしまいました。いま、彼は我々が止まっているシャーラ樹林に来て、「私の身体は常住であり、安楽であり、実在であり、清浄である」と説いて、我々の弟子を誘惑しています。

大王、ゴータマが世間は無常であり、苦であり、無我であり、不浄であるとまえに説いたことに関してはいまは眼をつむりましょう。ところが現在、「私の身体は常住であり、安楽であり、実在であり、清浄である」と説いていることに関しては許すわけにはいきません。大王、我々がゴータマとこれについて議論することを許可していただきたく、お願いに参った次第です』

大王は即座に応えた。

『あなたたちは誰に唆されて、波のように、闇に描いた火の輪のように、樹上の猿が幹をたたくように、心を乱しているのですか。恥ずかしいことといわなければなりません。智者が聞いたら哀れみさえ感じるでしょう。愚者が聞いたら嘲笑(あざわら)うでしょう。あなたたちが言っていることは出家者とは思えない発言です。もしあなたたちが風邪を引いていたり、他の病気に罹っていたら、すぐに私が薬を手配して、治療させましょう。もし異物による病であったら、主治医のジーヴァカ医が取り除いてくれますよ。

592b あなたたちは爪でヒマラヤを平らに削ろうとしています。歯でダイヤモンドをかみ砕こうとしています。
喩えを引きましょう。飢えたライオンが眠っているのをわざわざ覚まさせようとする愚者の行為と同じこ
とをあなたたちはしています。また、蚊がガルダ鳥と速さを競おうとしていることと同じことを、また兎

が大海を海底に足を着けて渡ろうとすることと同じことをあなたたちはしています。もしゴータマに勝った夢を見たとしても、その夢は狂っているとしかいいようがない。信じるわけにはいかない。

あなたたちがいま願い出た事は、ちょうど蛾が火の中に飛び込むようなことと同じです。私が言うとおり議論することを止めなさい。

あなたたちは私のことを平等にして、秤のような人だと讃歎したが、他の人たちにそんなことを言い触らしてはなりません』

外道の者たちは言った。

『大王、沙門ゴータマが行なう幻術を近くで見たことがありますか。恐らく彼はここにいる聖者を信じさせないような気持ちに大王をさせることでしょう。ここにいる聖者を軽蔑されることがあってはなりません。

大王、月の満ち欠け、大海の塩味、栴檀香を出すヒマラヤなどは誰の仕業によるものでしょうか。我々バラモンの仕業によるのでしょうか。大王、あなたはアガタ仙人が十二年の間ガンジス河の水を止めて、自分の耳穴に入れていたという故事を聞いたことがありませんか。ゴータマが仙人であった時、神通力によって十二年の間変身して羊の姿になったり、千個の女性の性器を持って釈迦族に生まれたりしたことを聞いたことがありませんか。グリッディ仙人が一日で四つの大海の水を飲み干し、大地を乾燥させたことを聞いたことがありませんか。ヴァス仙人が自在天となって三つの目を持つようになったことを聞いたことがありませんか。アーラーラ仙人がカピラ都を塩分が多い土の町にしてしまったことを聞いたことがありませんか。

大王、バラモンの中にはこのようなすぐれた実力を持った仙人がいます。よく調べてください。大王はどうして我々をそのように軽蔑されるのですか』

大王は答えた。

『みなさん、もし私が言ったことが信じられないと言って、彼と議論しようと思えば、ブッダはいま近くのシャーラ樹林におられます。そこに行き、思う存分に議論されるがよい。ブッダもまたあなたたちのために解るように満足のゆくまで答えてくださるでしょう』

阿闍世王は外道の者、従者と一緒にブッダのところに行き、足下に敬礼して、三回右回りして一隅に
592c 坐った。そしてブッダに申し上げた。

『世尊、外道の者たちが自由に質問し議論したいと申し出ております。世尊、納得のゆくまで教えていただきたく存じます』

ブッダは言われた。

『大王、ちょっと待ちなさい。その時が来たら答えましょう』

バラモン・闍提首那との対論

バラモンたちの中に闍提首那（じゃだいじゅな）という人がいた。彼は次のように質問した。

『ゴータマ、あなたは妙寂は常住と説いているのですか』
ブッダは答えられた。
『そうだ、バラモン』
『では、ゴータマ、もし妙寂が常住というなら、その意味は正しくない。なぜなら、世間の定法は種子から結果が生じ、相続して絶えることがない。粘土から瓶を作り、糸から布を作るようなことをいう。あなたはいつも世間を無常と観察するによって解脱を得ると説いていますね。原因が無常であれば、結果がどうして常住なのでしょうか。

あなたはまた、五欲のむさぼりを離れれば、それがすなわち妙寂と言っています。物へのむさぼりや心のむさぼりを離れれば、それを妙寂と言っています。道理への無知などを初めとするすべての煩悩を排除した境地を妙寂と言っています。しかし今述べた五欲ないし無知などの煩悩はみな無常ではありませんか。これらの原因となる煩悩が無常であれば、得るところの妙寂も無常ではないでしょうか。

また、あなたは
「原因によって天に生まれることがあり、原因によって地獄に堕ちることがあり、原因によって解脱を得ることがある。だからすべてのものはみな原因から生じる」
と説いています。もし原因によって解脱を得るならば、どうして恒常と言わないのですか。

また、あなたは肉体は条件によって生じるから無常だと言われます。また感受作用・表象作用・意志作用・認識作用などの感覚作用も無常だと言われます。このように解脱をもし肉体で得るならば、それは無常です。感覚作用についても同じです。もし五つの要素を離れて、つまり身体を離れて解脱を得るならば、解脱は虚空と同じことになります。もし虚空と同じであれば、原因と条件から生じるとはいえなくなります。なぜなら、虚空は常住であり、一つであり、あらゆるところに遍在するものだから。

また、あなたは原因から生じたものはみな苦であると説かれます。もし苦であれば、どうして解脱を楽だと説かないのですか。

また、あなたは無常であり、苦なるものはすなわち私でないものと説かれます。世間のものは無常であり、苦であり、無我であり、不浄であり、みな原因から生じたものは無常であり、苦であり、無我であり、不浄であることになります。ならばどうして妙寂は常住であり、安楽であり、実在であり、清浄であると説くのですか。

ゴータマ、もし常住でもあり無常でもあり、苦でもあり楽でもあり、実在でもあり実在でもなく、清浄でもあり不浄でもあると説くなら、このような言い方は二通りのことを言っているのではないでしょうか。私も先人の智者に次のような言葉を聞いたことがあります。

「ブッダがもし世間に出現したら、彼の言葉に二言はない」と。

ところがあなたの言い方には二言があります。そして「ブッダとはすなわち私、この身体である」と言っていますね。これまでのことにお答え願いたい』

『バラモン、あなたが言ったようなことをあなたに向けて質問したい。思うままに答えてくれたまえ』

『解りました、ゴータマ』

『バラモン、あなたの本性は恒常なのか、それとも無常なのか』

『私の本性は恒常です』

『バラモン、その本性はあなた自身の内や外のもののはたらきの原因となっているのだろうか』

593a 『そのとおりです。ゴータマ』

『バラモン、どのように原因となっているのか』

『ゴータマ、本性から大きなものを生じ、大きなものから侮りを生じ、侮りから十六のものを生じています。いわゆる地・水・火・風の四つの要素、眼・耳・鼻・舌・身の五つの感覚器官、手・足・口・声・男女の性器の五つの身体の部分、そして心という十六である。これら十六のものは色・声・香り・味・感触の五つの感覚から生じます。これを合わせた二十一のものは次の三つの根本から生じています。一つは染、二つは麁（そ）、三つは黒です。染とは五欲のむさぼりをいい、麁とは怒りをいい、黒とは無知をいいます。

ゴータマ、これら二十五のものはみな本性から生じます』

『バラモン、この大きなものからはじまる二十五のものは恒常なものか無常なものか』

『ゴータマ、我々がいうところの真理の本性は恒常ですが、これらのものは無常です』

『バラモン、あなたたちが説く教えでは原因は恒常であるが結果は無常となる。しかし私が説く教えでは、原因は無常といっても結果が恒常であるということになにか間違いがあるだろうか。あなたが説く教えでは二つの原因があるのかないのか』

『あります』

『どのような原因があるのだろうか』

『ゴータマ、一つは生起の原因（生因）、二つは顕現の原因（了因）です』

『バラモン、生起の原因とはなにか。顕現の原因とはなにか』

『ゴータマ、生起の原因とは粘土が瓶を作るようなことで、顕現の原因とは灯りが物を照らすようなことです』

『バラモン、二つの原因の本性は一つか。もし一つであれば生起の原因は顕現の原因となることができ、顕現の原因は生起の原因となることができるのだろうか』

『ゴータマ、それはできません』

『バラモン、もし生起の原因が顕現の原因とならず、顕現の原因が生起の原因とならなければ、原因という特徴を持つものといえるだろうか』

『ゴータマ、お互いにならなくても、もとより原因の特徴はあります』

『バラモン、顕現の原因が現わすものは顕現したものと同じか、違うのか』

『違います、ゴータマ』

『私の教えでは無常なものから妙寂を得るといっても、妙寂は無常ではない。顕現の原因から得るのだから、常住であり、安楽であり、実在であり、清浄である。生起の原因から生じたら無常であり、苦であり、無我であり、不浄である。

だから私が二つのことを言っても、私の二言は矛盾したことを言っているのではない。あなたが先人から聞いた「ブッダが世間に出現したら、彼の言葉に二言なし」というのは間違いではない。十方の諸仏が説かれるものに少しの違いもないのだ。だからブッダに二言なしという。

　違いがないとはどういうことだろうか。あれば同じくあると説き、なければ同じくないと説く。だから意味は一つである。

　バラモン、如来と世尊という名号は二つの言葉であるが、一語を理解するための言葉である。では二つの言葉がどのようにして一語を顕わすのだろうか。たとえば眼と色の二つの言葉は識という一語を生じるようなことである。これは心とものとの二つ言葉でも同じである』

593b
『ゴータマ、いま筋道をたてて説明されたことはよく理解できました。私は二つの言葉が一語を顕わすことをいままで理解できませんでした』

　ここで世尊は彼のために四つの真理について説明された。

『バラモン、世間は苦であるという道理は二つでもあり一つでもある。乃至さとりへの歩みについての道理もまた二つでもあり、一つでもある』

『世尊、その道理についてはすでに聞いております』

『どのように理解しているのか』

『世尊、世間は苦という道理はすべての俗人では二つあり、聖者では一つである。乃至さとりへの歩みの道理もまたこれと同じです』

『よし、よく理解しているようだ』

『世尊、私はいま教えを聞いて、ものをありのままに見たり考えたりできるようになりました。ブッダ・教え・修行者の集まりの三つの柱に帰依します。どうか慈しんで私を弟子にしていただきたい』

ここでブッダはアンニャー・コンダンニャ尊者に告げられた。

『君、このバラモンの髪を剃り、出家させてやりなさい』

アンニャー・コンダンニャ尊者はブッダの命を受けて彼の髪を剃った。髪を剃り落とす時に二つのことが剃り落とされた。一つは髭と髪、二つは煩悩である。また坐ったところで阿羅漢のさとりを得たのである。

バラモン・ヴァシシタとの対論

大衆の中にヴァシシタというバラモンがいた。彼は次のように質問した。

『ゴータマ、あなたが説く妙寂は常住ですか』

『バラモン、そうだ』

『ゴータマ、世間に四種の無の意味があります。一つはまだ現われていないものを無といいます。たとえば粘土がなければ瓶はないという場合です。二つはすでに消滅しているものを無といいます。たとえば瓶が壊れてしまったら、瓶はないという場合です。三つは異なった特徴が互いにない時に無といいます。牛の中には馬がなく、馬の中には牛がないような場合です。四つは畢竟の無である時、無といいます。たとえば亀の毛、兎の角などの場合です。

もし煩悩を取り除いた後を妙寂といったら、妙寂は無というのでしょうか。もし無であれば、どうして常住であり、安楽であり、実在であり、清浄であるといえるのでしょうか』

『バラモン、妙寂は先に無であったのだ。粘土の時にちょうど瓶がないことと同じである。また煩悩を取り除いて無になったのは、瓶が壊れてなくなったこととは同じではない。また、畢竟無である亀の毛や兎の角のような無とも違う。異なった特徴が互いにないという場合の無と同じである。

牛の中には馬がないといっても、牛もまたないのではない。馬の中には牛がないといっても、馬もまたないというのではない。妙寂も同じである。煩悩の中に妙寂がないし、妙寂の中には煩悩がない。だから異なった特徴が互いにないというのだ』

593c 『ゴータマ、もし異なった特徴が互いにないという意味で妙寂を理解したら、異なった特徴が互いにない場合には常住・安楽・実在・清浄はないのではありませんか。どうして妙寂は常住であり、安楽であり、実在であり清浄であるといわれるのですか』

『バラモン、あなたが言った異なった特徴が互いにないという無に三種ある。一つは牛と馬はみな先になくて後にあるものである。これは先に無といった場合である。二つはすでにあったものがない状態に帰る場合である。これは壊れて無となった場合である。三つは異なった特徴が互いにない場合の無であるが、これはあなたが言ったとおりだ。

これら三種の無はじつは妙寂の中にはない。だから妙寂は常住であり、安楽であり、実在であり、清浄である。喩えるならば世間の病人のようである。一つは熱による病、二つは風邪による病、三つは冷えによる病である。これら三種の病は三種の薬で治療する。熱による病に罹った人には蘇油（ジャスミンから作った油か、あるいは牛乳から作った油か）が効き目があり、風邪による病に罹った人には油が効き目があり、冷えによる病に罹った人には蜂蜜が効き目がある。

ところで風の中には油がなく、油の中には風がない。乃至蜂蜜の中には冷えがなく、冷えの中には蜂蜜がない。だからそれぞれが治療できるのだ。

人々の場合も三種の病がある。一つはむさぼりの病、二つは怒りの病、三つは無知の病である。これら三種の病は三種の薬で治療できる。人の身体は不浄であると観察することでむさぼりの病を、慈しみの気持ちを持つことで怒りの病を、そして世間の事象はみな衆縁和合によると観察することで無知の病を、それぞれ治療できる。

人はむさぼりを除くことでむさぼりのない見方ができるようになり、怒りを除くことで怒りのない生き方ができるようになり、無知を除くことでものを衆縁和合の在り方としてみることができるようになる。

この場合、三種の病の中には三種の薬はないし、三種の薬の中には三種の病はない。三種の病の中に三種の薬がないから、無常であり、無我であり、苦であり、不浄であるといえるのだ。三種の薬の中に三種の病がないから、常住であり、安楽であり、実在であり、清浄であるといえるのだ』

『世尊、私のために恒常と無常について教えてください。なにを恒常とし、なにを無常とするのでしょうか』

『バラモン、肉体は無常であるが、解脱した肉体は恒常である。また、感覚作用のそれぞれは無常であるが、解脱した感覚作用のそれぞれは恒常である。もし肉体と感覚作用を無常とみることができる人がいたら、その人はなにが恒常なものかを知ることができよう』

『世尊、私はいまなにが恒常であり、なにが無常であるかを知ることができました』

『バラモン、あなたはどのように恒常と無常を理解したのか』

『世尊、私のこの肉体は無常であるが、解脱したらこの肉体は恒常となることをいま理解したのです。また、感覚作用もこれと同じであることを理解しました』

『バラモン、あなたはすでにこの身に素晴らしい果報を得た』

ここでブッダはアンニャー・コンダンニャ尊者に告げられた。

『このバラモンはすでに阿羅漢のさとりを得た。彼に三枚の衣と鉢を与えたまえ』

尊者は命じられたように衣鉢を与えた。ヴァシシタは衣鉢を受けてから次のように言った。

『大徳アンニャー・コンダンニャ尊者、私はこの粗悪な身体に素晴らしい果報を受けることができました。
594a 大徳、どうか曲げて世尊に私の真意を詳しく伝えてください。私はなんという悪人でしょう。ブッダに対
し、規律に反した態度をとったり、またゴータマと呼び捨てにしたりしました。どうか私の犯した罪を懺
悔させてください。そうすれば私はこの毒身から速やかに逃れることができると考えます。そして妙寂に
入ることができます』

これを受けてアンニャー・コンダンニャ尊者はブッダのところに行き、次のように申し上げた。

『世尊、ヴァシシタは慚愧(ざんき)の心を起こし、「ブッダに対し、規律に反した態度をとったり、またゴータマ

と呼び捨てにしたりしました。どうか私の犯した罪を懺悔させてください。そうすれば私はこの毒身から速やかに逃れることができると考えます」

と言っております。いま毒身を滅ぼして私のもとで懺悔しようとしています』

『尊者、ヴァシシタはすでに前世において無数のブッダについて善根を積み、そしていま私の言葉を受けて教えを実行しようとしている。教えのように生きるならば正しい結果を得ることであろう。君たちは彼の身体に供養しなければならない』

その時、アンニャー・コンダンニャ尊者はブッダの言葉どおりに、元のところに帰って供養の用意をした。ヴァシシタは火の中に身を投じ、その時種々の不思議な力を発揮した。外道の輩はこれを見て大きな声で呪文を唱えて、

『ヴァシシタは沙門ゴータマの呪術を取得したようだ。彼は遠からず沙門ゴータマを追い越すだろう』

とこぞって言った。

バラモン・セーニカとの対論

その時、バラモンの中にセーニカ（先尼）という名のバラモンがいた。セーニカは次のような質問をした。

『ゴータマ、アートマン（霊魂）はあると思いますか』

ブッダは沈黙していた。するとたたみかけて、

『ゴータマ、アートマンはないと思いますか』

これにも黙って答えなかった。さらにセーニカは同じ質問を再三にわたってしたが、ブッダは沈黙したままであった。そこでセーニカは言った。

『ゴータマ、もし人々にアートマンがあり、それがあらゆるところに遍在し、そして唯一のものであり、作るものであれば、これについてどうして沈黙して答えないのですか』

ブッダは言われた。

『セーニカ、あなたはアートマンはあらゆるところに遍在するというのか』

『ゴータマ、私だけが言っているのでなく、あらゆる智者が言っています』

『セーニカ、もしアートマンがあらゆるところに遍在するならば、地獄・餓鬼・畜生・人・天の五つの世界の生類はみな一度に悪業の報いを受けることになろう。

もし五つの世界の生類が一度に報いを受けるなら、バラモン、聞くが、どうして地獄に堕ちないために悪業を作らないとか、天界に生まれたいために善業を作るとかするのだろう』

『ゴータマ、我々が説く教えのアートマンには二種類あります。一つは身体となるアートマン、二つは常住の身体としてのアートマンです。身体となるアートマンのために悪行をせず、ついには地獄に堕ちない、そして善行をして天上に生まれるのです』

『セーニカ、あなたはアートマンはあらゆるところに遍在すると説くが、そのようなアートマンが、もし

作られた身体の中にあるとすれば無常なものではないだろうか。もし作られた身体にないというなら、どうして遍在するといえるだろうか』

『ゴータマ、私の説くアートマンは作るというはたらきの中にあって、また常在なのです。火の不始末で家が火事になった時、人自身が家から逃げ出したら、「家が火事になって主人が焼け死んだ」とは言いません。そのようにこの作られた身体は無常であるが、まさしく無常の時にアートマンはそこから逃げ出す
594b のです。だからアートマンもその意味では遍在であり、常在なのです』

『セーニカ、アートマンは遍在であり、常在であるというが、それは正しくない。なぜなら、遍在に二つの意味がある。一つは常在、二つは無常である。また、二つの意味がある、一つは物、二つは物でないものである。

したがってもしすべてにあるといったら、それは常在であるともいえ、無常であるともいえるし、また物ともいえるし、物でないともいえる。

もし家の主人が逃げ出したことを無常でないというなら、これも正しくない。なぜなら、家は主人ではない。主人は家ではない。別のものが焼け、そして別のものが逃げ出しているのだ。だから主人は逃げ出すことができたのだ。ところがアートマンの場合は違う。なぜなら、アートマンは物である。物はアートマンである。物でないものはアートマンである。アートマンは物でないものである。どうして物が無常である時にアートマンが逃げ出すことができるといえようか。

セーニカ、あなたは気持ちとしては、人々には同一のアートマンがあると言いたいのだろうが、それは

世間の道理にも世間を超えた真理に照らしても馴染まない見解である。なぜなら、世間の道理では父と息子、母と娘という言い方をする。もしアートマンが同一であれば、父はすなわち息子であり、息子はすなわち父であることになる。母はすなわち娘であり、娘はすなわち母であることになる。恨みは親しさであり、親しさは恨みであることになる。これはそのままあれであり、あれはそのままこれであることになる。このようにもし人々が同一であると言ったら、世間の道理、世間を超えた真理に背く考え方となろう』

『ゴータマ、私は人々に同一のアートマンがあるとは言っていない。一人一人、各々のアートマンがあると言っている』

『セーニカ、もし各々一つずつのアートマンを持っているなら、多数のアートマンがあることになろう。これも正しくない。なぜなら、あなたが先にアートマンはあらゆるところに遍在すると言ったからだ。もしあらゆるところに遍在するならば、人々の手・足・口・排泄器官・性器も同じでなければならない。神がなにかを見たら、同時にブッダもそれを見ていなければならない。神がなにかをしたら、同時にブッダもそれをしていなければならない。神がなにかを聞いたら、同時にブッダもそれを聞いていなければならない。すべてのことがこのようなことになってしまう。もし神がなにかを見て、同時にブッダがそれを見ることがなかったら、アートマンはあらゆるところに遍在しているといえない。もし遍在していなければ、アートマンは無常であることになろう』

『ゴータマ、人々のアートマンはあらゆるところに遍在しているが、善なるものと悪なるものとはあらゆるところに遍在していない。この意味からブッダは別なことをして、神は別なことをすることができる。

だから、ゴータマ、ブッダが見ている時に、神が同時にそれを見ていなければならないとか、ブッダが聞いている時に、神がそれを聞いていなければならないとかいえないのです』

『セーニカ、善なるものと悪なるものは行為によって作られたものではないか』

『ゴータマ、そのとおりです』

『セーニカ、もし善なるものと悪なるものを行為が作ったとすれば、これは同じものであろう。どうして別なものといわないのか。なぜなら、ブッダが善業を成就した時に神はアートマンを得て、天が善業を成
594c 就した時に、ブッダがアートマンを得ることがあるからである。だからブッダがする時に、神もすることがある。善なるものと悪なるものもこれと同じである。

セーニカ、だから人々の善と悪がもしこうであれば、それによって受ける果報もまた異ならなければならない。種子から結果を生み出す時に、その種子は「私はただバラモンに生まれたい。クシャトリヤ（王侯・武士）・ヴァイシャ（庶民）・シュードラ（隷属民）には生まれたくない」と考えもせず、えり分けもしないだろう。種子から結果を生み出す時に、このような四つのカーストに左右されることがないからだ。善なるもの・悪なるものも同じである。これらも「私はブッダが得られたものと同じ結果を得たいとか、神が得たものと同じ結果を得たいとか、神の得た結果を求め、ブッダの得た結果を求めまい」とえり分けはできないのだ。なぜなら、行ないはみな平等であるからだ』

『ゴータマ、喩えて説きましょう。一室に一万の灯りを点（とも）したとします。それぞれの灯りの炎は異なるが、光に差はない。これと同じで、灯りの炎が異なっているのは善なるもの・悪なるものを喩えている。光に

差がないことは人々の中にあるアートマンを喩えています』

『セーニカ、あなたは灯りの光でアートマンを喩えているが、これも正しくない。なぜなら、部屋と灯りはまったく別なものである。灯りの光は炎のそばにあって、同時に部屋中に遍在している。あなたがいうアートマンがもしこれと同じであれば、善なるもの・悪なるもののそばにアートマンがなければならない。同時にアートマンの中に善なるもの・悪なるものがなければならない。もし善なるもの・悪なるものにアートマンがなかったら、あらゆるところに遍在するとはいえない。もしそばにあるなら、どうして炎とか光とかを喩えにして説明する必要があろう。

セーニカ、炎と光とはまったく別なものだというなら、どうして炎が増すと明るさが増すのだろうか。どうして炎が衰えると明るさがなくなるのだろうか。このことから善なるもの・悪なるものを灯りや炎で喩えたり、光でアートマンを喩えたりできない。善なるもの・悪なるもの・アートマンの三つは一つであるからだ』

『ゴータマ、あなたが灯りを喩えに引いたことは不吉なことを予感させます。なぜなら、灯りの喩えがもし吉であれば、私はもっと先に引いていたでしょう。もし不吉であれば、どうして説いたでしょう』

『セーニカ、私がこの喩えを引いたから吉になるとか不吉になるとかは関係ない。私はあなたの意見に従って引いたにすぎない。

この喩えは炎を離れて光があり、炎に即して光があるといっている。あなたの心は一様でないようで、灯りや炎を善なるもの・悪なるものの喩えとして、光をアートマンの喩えとしている。そこで質問したい。

「炎は光であろうか。炎を離れた光があるだろうか。善なるものはアートマンであろうか。アートマンは善なるものであろうか。悪なるものがアートマンであろうか。アートマンは悪なるものであろうか。あなたはどうして一方だけを取り上げて、もう一方を取り上げないのだろうか」

このような喩えはあなたにとっては不吉であろう。だから私はいまあなたの考えを打破してやりたいのだ。セーニカ、このような喩えは喩えではない。喩えでないから、私にとっては吉であるが、あなたにとっては不吉であろう。

セーニカ、もし「私が不吉であればあなたも不吉であるはずだ」と思っているならば、これは正しくない。なぜなら、世間では自分の刀で自らを傷つけ、自分が行動して他人が使用していることがある。あなたが引いている喩えもこれと同じである。私においては吉であるが、あなたにおいては不吉であることがそれである』

595a 『ゴータマ、あなたは先に私の心は一様でないと責めましたね。それはあなたの言ったことにも当てはまります。ゴータマ、あなたは吉を自分に向けて言い、不吉を私に向けて言っています。考えると、これは一様な発言ではありません』

『セーニカ、私がいう一様でない言い方はあなたの一様でない心を打破するためのものだ。だからあなたが一様で、私が一様でないことは、吉である。私が一様でなく、あなたも一様でないことを打破して、あなたを一様にしようとしているのだ。それがすなわち私の一様である。なぜなら、聖者と同じように一様を得ることができるのだから』

『ゴータマ、私はいつも一様です。そんな私から一様でない心を打破することができましょうか。人々には等しくアートマンがあります。どうしてアートマンが一様でないといえましょうか』

『セーニカ、あなたも説いているように、地獄の世界に堕ちたことがある。餓鬼の世界に堕ちることも、畜生の世界に堕ちることも、人間界や天界に再生することもある。もしアートマンがそれぞれの世界にすでに遍在していれば、どうしていろいろの世界に生まれるというのか。あなたも母と父が和合した後に子が産まれると説いている。もし子が先に存在していたら、どうして和合してからあるというのだろうか。だから我々一人ひとりに五つの世界の生類の身があるといわなければならない。もし五つの世界に先に身体があったら、どういう理由で身体のために種々の業を作るのだろうか。だから一様ではないのだ。

セーニカ、あなたの気持ちとしてアートマンは作る主体と思うならば、これも正しくない。なぜなら、もしアートマンが作る主体であれば、どうして自ら苦しいことを作るのだろうか。しかるにいま人々は現実に苦しみを受けている。このことから、アートマンは作る主体ではないと知らなければならない。もし苦しいことはアートマンが作ったのではなく、原因から生じたのでもないなら、あらゆるものがこのように原因から生じないことになってしまう。どういう理由でアートマンが作ったというのか。

セーニカ、人々の苦楽はじつに因縁によって生じたのである。苦楽は憂いや喜びを作り出す。憂いがある時は喜びがなく、喜びがある時は憂いがない。また喜びと憂いとがいり混じっている時もある。この状態を恒常という智者が誰かいるだろうか。

あなたはアートマンを常在という。もしこれが常在であれば、どうして生を受けるに十種の時を説くのだろうか。もし常在であれば、カララの時から老衰の時までの変貌はないはずである。どうして十種まったく異なった時があると説くのだろうか。

もしアートマンが作るのであれば、アートマンにも旺盛な時や衰退の時がなければならない。人々にも旺盛な時や衰退の時があるからだ。もしアートマンがそうであれば、常在ではない。

595b もしアートマンが作るのならば、ある人にはすぐれた才能があり、ある人には低劣な才能があるという差がなぜあるのだろうか。

もしアートマンが作るのならば、身体的行為や言語行為も操っているはずである。言語行為がもしアートマンに操られているならば、どうしてアートマンはないというのだろうか。どうしてアートマン自身があるといったり、ないといったりするのだろうか。

セーニカ、眼を離れて見るはたらきがあるなら、この考えも正しくない。なぜなら、もし眼を離れて見るはたらきがあれば、なぜ眼を使うのだろうか。このように他の感覚器官の場合もいえる。

もしアートマンが見るといっても、必ず眼で見るということもおかしい。

なぜなら、ある人が

「スマナーという花が大きな村を焼いた。どうして焼けたのか。火で焼けてしまった」

と言うことと同じだからだ。アートマンが見るとあなたが主張しているのもこの人の言っていることと同じである』

『ゴータマ、人が鎌を手にすれば、草を刈るでしょう。アートマンが五官によって見たり、聞いたり、触れたりするのもこれと同じです』

『セーニカ、人と鎌はまったく別なものである。だから鎌を手にして事をなすことができるのだ。五官を離れてほかにさらに別のアートマンはない。どうしてアートマンが五官によって事をなすことができるというのだろうか。

セーニカ、もし鎌を手にして草を刈り、アートマンも鎌を手にして草を刈るというなら、そのアートマンには手があるのか、それともないのか。手があるなら、どうして自ら手にしないのだろうか。もし手がないなら、どうしてアートマンは作る主体というのだろうか。草を刈るのは鎌である。アートマンではなく、人でもない。もしアートマンや人が草を刈るのならば、どうして鎌を必要とするのだろうか。

人にはこの場合二つの行為がある。一つは草を手にすること、二つは鎌を手にすることである。この鎌にはただ切るというはたらきがある。人々がものを見る場合もこれと同じである。眼が色を見るのは衆縁和合による。もし衆縁和合によって見るならば、誰がアートマンがあるというだろうか。

セーニカ、もし身体がはたらき、その影響をアートマンが受けるとあなたがいうならば、この考えも正しくない。なぜなら、神が行為を起こしたら、ブッダがその結果を受けるという因果関係を聞いたことがない。もし身体が作ったことでなく、アートマンが原因がない結果を受けるのであれば、あなたはどうして手段を尽くして解脱を求めようとするのか。あなたの身体が先に因縁によらず生まれたのなら、解脱を得た後因縁によらずさらにあなたの身体を生じなければならないだろう。この身体のようにすべての煩悩も同じことになるだろう』

『ゴータマ、アートマンに二つある。一つは知を持つアートマン、二つは知を持たないアートマンです。知を持たないアートマンは身体を受けるが、知を持つアートマンは身体を離れる。ちょうど杯や瓶が焼かれると、元の粘土の色がなくなり、再びその色が現われないように、智者の煩悩もすでに滅してしまえば、再び生じません』

『ところであなたがいう知とは知識が知るのだろうか、アートマンが知るのだろうか。もし知識が知るのならば、なぜアートマンが知るとわざわざいうのか。もしアートマンが知るならば、なぜ工夫してさらに知を求め、必要があるのか。もしアートマンが知識によって知るのなら、先にあげたスマナーという花の

595c 喩えでいったようにアートマン自身が壊れてしまうことになろう。

喩えていうと、刺のある木の性質は物を刺すことである。それはその木が刺を手にして刺すのではない。知識もこれと同じである。知識はそれ自身知ることができる性質である。ならばどうしてアートマンが知識をたよりにして知るといえるだろうか。

あなたの考えではアートマンが解脱を得るのはアートマンを知らずに得るのだろうか、アートマンを知って得るのだろうか。もしアートマンを知らずに得るならば、なお煩悩を所有していることにならないだろうか。もしアートマンを知って得るならば、すでに五官があり、その感覚があることにならないだろうか。なぜなら、五官を離れて別に知ることはないからである。もし五官を備えていれば、どうして解脱を得たという必要があろうか。

もしこのアートマンの本性が清浄で、五官を離れているならば、どうして五つの輪廻世界に遍在するの

だろうか。どういう理由で解脱のために善を修めるのだろうか。

例えばある人が虚空から刺を抜き取ることと同じことをあなたもしている。アートマンがもし清浄であれば、どうして煩悩を断つのだろうか。あなたがもし因縁に従わずに解脱を得たのなら、あらゆる畜生はなぜ解脱を得ないのだろうか』

『ゴータマ、もしアートマンがなかったら、誰が記憶するのでしょうか』

『セーニカ、もしアートマンがあったら、なにが原因で忘れるのだろうか。もし記憶するはたらきがアートマンであれば、どうして悪いことを記憶したり、覚えのないことを記憶したり、記憶したことを忘れたりするのだろうか』

『ゴータマ、もしアートマンがなかったら、誰が見て、誰が聞くのでしょうか』

『セーニカ、人には六つの感覚器官（六入）がある。これらの対象物が六つ（六塵）ある。これと和合して六つの感覚（六識）が起こる。この六つの感覚は感覚器官と対象物との関わりで起こるので、この名称がつけられている。

喩えで説明しよう。火は木と木が摩擦して起これば木の火といわれ、草から生じたら、草の火といわれ、糠から生じたら、糠の火といわれ、牛糞から生じたら、牛糞の火といわれる。これと人々の感覚も同じである。眼によって、色によって、光によって、欲によって起こるならば、眼の感覚という。

このように眼の感覚は眼の中、乃至欲の中にはない。これら四つの物が和合して感覚を生じるのである。乃至心の感覚も同じである。もし衆縁和合によって生じるならば、「見るのはアートマンであり、乃至感触するのはアートマンである」ということはできない。だから私は「眼の感覚、乃至心の感覚する一切のものはみな幻である」と説いている。

では幻のようなとはなにか。それは元はなかったが、いまある、過去にあったものがかえってないことをいう。

喩えでいうと、ヨーグルトを混ぜて練った小麦粉と、蜂蜜を混ぜた生姜と、胡椒と、豆の根と、桃と、ぶどうと、ザクロと、たらの芽などを調合したものを歓喜丸というが、これらを調合しなければ、歓喜丸はできない。これと同じで、感覚器官と対象物のそれぞれ六つが集まったものを人は生類といったり、アートマンといったり、プドガラといったり、プルシャといったりしている。その六つを抜きにして別の生類やアートマンやプドガラやプルシャは存在しないのだ』

596a 『ゴータマ、もしアートマンがなかったら、どうして私が見るとか、聞くとか、苦しむとか、楽しむとか、悲しむとか、喜ぶとかがあるのでしょうか』

『セーニカ、もし私が見るとか、聞くのはアートマンがあるからというのならば、どうして世間であなたが犯した罪を私は見たことも聞いたこともないのだろうか。

例えば四種の兵隊を総合して軍隊というが、四種の兵隊を一つの兵隊とはしないけれども、私の軍隊は勇敢であるとか私の軍隊は相手の軍隊に勝るとかいうように、六つの感覚器官やその対象物が和合してはたらくことも同じである。これらは一つのものではないが、私が作るとか、受けるとか、見るとか、聞くとか、苦しむとか、楽しむとかできるではないか』

『ゴータマ、あなたの言われる和合の意味では、誰かが声を出して私が作り、受けると言っているのでしょう』

『セーニカ、五欲や無知という煩悩によって悪業を生じ、悪業から生存を生じ、生存から無量の心のはたらきが生まれる。心がものを種々に観察するはたらきを生じて、観察する風を起こし、その風は心のままに喉や舌や歯や唇に触れる。人々は思い違いをして声を出して、私が作る、受ける、見る、聞くという。

旗の頂上に付いている鈴は風が吹くと音を出すが、風が強ければ、大きな音を出す。風が弱ければ小さな音になり、ちょうど音を出すものがないようである。これと同じである。

例えば熱した鉄を水中に入れると、種々の音を出すが、鉄の中にその音を出すものがいるわけではない、これと同じである。

俗人はこのことをよく考えたり分別したりできない。だからアートマンがあるとか、アートマンのものがあるとか、アートマンが作るとか、アートマンが受けるとかいうのだ』

『ゴータマ、あなたの言うようにアートマンやアートマンのものがなければ、なにをもって常住なもの、安楽なもの、実在のもの、清浄なものというのですか』

『セーニカ、私も六つの感覚器官とその対象物と六つの感覚が常住であり、安楽であり、実在であり、そして清浄であるとは説いていない。六つの感覚器官とその対象物が和合して生じる六つの感覚をなくしたら、それを常住といい、この常住をいわゆる実在という。常住と実在があるから、これを安楽という。常住と実在と安楽があるから、これを清浄という。

苦しみを厭い、その苦の原因を断ち、自在にそれから離れるなら、この境地を実在という。この理由で私はいま常住であり、安楽であり、実在であり、清浄であると述べたのである』

『世尊、お慈悲をもって、どうすればそのような常住・安楽・実在・清浄の境地を獲得できるかを私に教えてくださるようお願い申し上げます』

『セーニカ、世間の人たちは昔から大きなおごりの心を持ち、そのおごりの心を増長し、さらにおごりの原因を作り、おごりの業を積んできた。だから現在その果報を受けていて、煩悩から離れて常住・実在・安楽・清浄の境地を獲得できないでいる。もし煩悩から離れたいのなら、まずおごりの煩悩から離れなければならない』

596b 『世尊、そのとおりです。まったく教えのとおりだと考えます。私にはまえからおごりの煩悩がありました。おごりの煩悩があったので、ブッダを「君、ゴータマよ」と呼び捨てにしました。私はいまこのようなおごりの気持ちを取り払いました。だから誠心誠意教えを求めます。どうすればそのような常住・安楽・実在・清浄の境地を獲得できるかを教えてくださいますようお願い申し上げます』

『セーニカ、よく聞きたまえ。いまあなたのために解るように説明しよう。もし自分のためでもなく、他人のためでもなく、人々のためでもなかったら、そんな法は捨てたまえ』

『世尊、私はいまの教えを知り、理解しました。そして正しくものを見る目を得ることができました』

『セーニカ、どのように知り、そして理解して、正しくものを見る目を得たのか説明したまえ』

『世尊、教えによるところでは、肉体は自分でもなく、他人でもなく、生類でもありません。四つの感覚作用も同じです。このように身体をありのまま観察する眼を得ることができました。私はいま、出家して、喜んで仏道を修めたいと思っています。どうかお許しくださいますようお願いいたします』

ブッダは即座に

『心から歓迎する！　出家者』

と言われた。セーニカはその後清らかな修行を成就して、阿羅漢のさとりを得た。

バラモン・カッサパの質問

外道の集まりの中にカッサパという名のバラモンがいた。彼は次のような質問をした。

『ゴータマ、身体はすなわち命でしょうか。それとも身体は命とはまったく別のものでしょうか』

ブッダはこれに黙して答えなかった。再三の質問にも同じであった。そこでカッサパは言った。

『ゴータマ、もし人が死に、この身体を離れた後、次の世の身体をまだ受けていない間の中間では身体と命とは別物といえないのではありませんか。もし別物であれば、なぜ黙って答えないのですか』

『カッサパ、私は身体と命はみな因縁に従うもので、因縁によって生じないものはないとつねに説いている。身体と命と同じように世間のあらゆるものもそうである』

『ゴータマ、私は世間に因縁に従わないものがあることを見ています』

『カッサパ、世間に因縁に従わないものがあるというが、どんなものか』

『ゴータマ、大火が樹木を焼いている時、突然風が吹いて炎を消したが、火の粉が他のところに落ちたのを見ました。これを因縁がないとはいわないのでしょうか』

『カッサパ、私はこの火も原因から生じると考えている。原因によらないわけはない』

『ゴータマ、炎を吹き消して他のところに落ちて燃えたのは、薪や炭によったわけではありません。どうしてそれが原因によるというのですか』

『薪や炭がないといっても風によって飛ばされているのだから、風を原因としているから炎は消えていないではないか』

『ゴータマ、もし死んでからわが身を離れて、次の世の身体を受けていない間の中間の命は、一体誰によってあるのですか』

『カッサパ、それは無知と五欲を因縁としてある。これら二つの因縁があるから、中間の命がある。カッサパ、因縁があるから身体はすなわち命であり、命はすなわち身体である。因縁があるから身体と命はそれぞれ異なるともいえる。智者が一方的に身体と命はそれぞれ異なると決して説くことはない』

『世尊、私はいま因果の道理を熟知したいと考えます。どうか解るように解説してくださいますようお願いいたします』

『カッサパ、原因は五つの集まり（五蘊）である。結果も五つの集まりである。もし火を燃やさなければ煙が出ないことと同じである』

596c

『世尊、いまの言葉を熟知し、理解しました』

『カッサパ、あなたはどのように熟知し理解したかを述べてみたまえ』

『世尊、火は煩悩のことであり、それは地獄・餓鬼・畜生・人・天において燃焼するものです。煙は煩悩の結果であり、無常・不浄・垢穢（けがれ）であり、憎むべきものです。それを煙といわれたのだと考えます。もし煩悩を起こさなければ煩悩の結果はないはずです。だからブッダは火を燃やさなければ、煙はないと説かれたのだろうと考えます。世尊、私はものを正しく見ることができるようになりました。どうか出家を許可してください』

その時、ブッダはアンニャー・コンダンニャ尊者に告げられた。

『このバラモンに出家を許し、そして正しい習慣を守ることを誓わせたまえ』

アンニャー・コンダンニャ尊者はブッダの命を受けて修行者の中に入れ、出家を許し、戒律を遵守することを誓わせた。このバラモンは五日を経て阿羅漢のさとりを得た。

バラモン・プラーナとの対論

外道の大衆の中にプラーナという名のバラモンがいた。彼は次のような質問をした。

『ゴータマ、あなたは世間は恒常であると観察してから恒常であると言っているのですか。その意味は真実なのか虚無なのか、恒常であるのか、無常であるのか、恒常でもあり無常でもあるのか、恒常でもなく無常でもないのか、いずれの意味ですか。また、限界があるのか、限界がないのか、限界があり限界がないのいずれでもあるのか、限界がないと限界がないのでもないの両方であるのか、いずれの意味ですか。身体が恒常なのか、命が恒常なのか、身体と命とはそれぞれ異なるものなのか。ブッダの死後は存在するのか、存在しないのか、存在すると存在しないとの両方なのか、存在しないと存在しないのでもないの両方なのか、いずれの意味ですか』

『プラーナ、私は世間について真実なのか虚無なのか、恒常であるのか、無常であるのか、恒常でもあり無常でもあるのか、恒常でもなく無常でもないのか、また限界があるのか、限界がないのか、限界があり限界がないのいずれでもあるのか、限界がないと限界がないのでもないの両方であるのか、身体が恒常なのか、命が恒常なのか、身体と命とはそれぞれ異なるものなのか。ブッダの死後は存在するのか、存在しないのか、存在すると存在しないとの両方なのか、存在しないと存在しないのでもないの両方なのか、などについて説いてはいない』

『ゴータマ、あなたは自分の説に誤りがあって説かないのですか』

『プラーナ、ある人が世間は恒常であると説いた時に、この説を真実とし、他の説は真実ではないとしたら、これを見(けん)という。見るはたらきと見られるものがあることを見の行為といい、見の業といい、見の愛着といい、見の束縛といい、見の苦といい、見の執着といい、見の恐れといい、見の炎熱といい、見の纏(まと)われという。

俗人は見に纏われて生まれ・老い・病・死を離れられない。六道に流転して限りない苦しみを受けている。ただ世間は恒常であるか否かの問題に限らず、他の問題についても同じである。私は世間は恒常であるという一方的な見方には誤りがあることを知り、この見方に執着もしないし、それを人々に教えようともしない』

『ゴータマ、もしそのような誤りがあることを知って、執着せず、それを人に教えなければ、あなたはなにを見て、なにに愛着し、なにを説こうとしているのですか』

597a 『プラーナ、見の愛着とは生死のことをいう。私はすでに生死輪廻を解脱しているので、愛着するものがない。私はよく見ることができ、よく説くことができるので、まったく愛着することがない』

『ゴータマ、どのようによく見、どのようによく説くことができるのですか』

『プラーナ、苦についての真理、苦の原因についての真理、苦を超克した境地についての真理、そして苦を超克した境地への道についての真理をはっきりと見、解るように説いている。このように見ているから一切の見、一切の欲、一切の流転、一切のおごりを離れている。だから私は清らかな禁欲行を成就し、無上の平静を得て、常住の身体を完成した。この身体は東西南北の方角にあるものではない』

『ゴータマ、どんな理由で常住の身体は東西南北の方角にないのですか』

『プラーナ、私が今度は訊ねたい。考えていることを述べてもらいたい。あなたは前に大火事のことをいったが、その火が燃えている時に、あなたは火が燃えようとすることを知っていたのか』

『ゴータマ、知っていました』

『プラーナ、では、火が消えようとする時、あなたは消えることを知っていたのか』

『ゴータマ、知っていました』

『プラーナ、もしある人が、火がどこから来て燃えだしたのか、消えた後、火はどこに行くのかと訊ねたら、どのように答えるか』

『ゴータマ、もしそのように訊ねる人がいたら、「この火は種々の条件によって生じたのである。元の条件がなくなり、新しい条件が与えられなければ、火は滅する」と答えるでしょう』

『プラーナ、もしその人が「この火は滅した後、どこに行くのか」と訊ねたら、なんと答えるか』

『ゴータマ、条件が尽きて滅したのだから、どこにも行かないと答える』

『プラーナ、私もあなたのように答えるだろう。無常な肉体、無常な四つの感覚作用があるのは五欲によって燃えている姿である。燃えるならば、二十五種の迷いの生存を受けることになる。だから燃える時、その火は東西南北にあるといわなければならない。いま五欲の火が滅すれば、二十五種の迷いの生存の果報は燃えなくなる。燃えなければ東西南北にあるといえなくなる。

　プラーナ、私においてはすでに無常の肉体も無常の四つの感覚作用もみな滅している。だからこの身体は常住である。身体がもし常住であれば、東西南北にあるとはいえない』

『世尊、喩えで私の考えを述べたいと思いますが、お許しください』

『よし、よし。プラーナ、考えるところを述べたまえ』

『世尊、ある村の外れにシャーラ樹林があります。その中の一本はその樹林ができる百年前にありました。

その時、樹林の持ち主がこの一本に適宜水を注ぎ、与えていました。ところがその木が朽ち、樹皮が剥げ、枝葉はみな落ちてしまい、ただ実だけが残りました。このことと同じことがブッダにもいえます。あらゆる朽ちた物が除かれて、ただ真実の教えだけが残っているのです。私はいま出家して、ブッダの下で修行したいと思います』

『プラーナ、心から歓迎する』

この言葉を聞いて、彼はすぐに出家し、後に煩悩を離れて阿羅漢のさとりを得た。

バラモン・清浄との対論

597b

外道の大衆の中に清浄という名のバラモンがいた。彼は次のように質問をした。

『ゴータマ、人々はどんな教えを知らないために、世間について真実なのか虚無なのか、恒常であるのか、無常であるのか、恒常でもあり無常でもあるのか、恒常でもなく無常でもないのか、また限界があるのか、限界がないのか、限界があり限界がないのいずれでもあるのか、限界がないのでもあり限界がないのでもないのか、身体が恒常なのか、命が恒常なのか、身体と命とはそれぞれ異なるものなのか、ブッダの死後は存在するのか、存在しないのか、存在すると存在しないとの両方なのか、存在しないと存在しないのでもないの両方なのか、などについて知らないのでしょうか』

『バラモン、肉体とはなにか、四つの感覚作用とはなにかを知らないから、世間は、真実である、虚無である、恒常である、無常である、恒常でもあり無常でもある、恒常でもなく無常でもない、また限界がある、限界がない、限界があり限界がないのいずれでもある、限界がないと限界がないのでもないものでもある、身体は恒常である、命は恒常である、身体と命とはそれぞれ異なるものである。ブッダの死後は存在する、存在しない、存在すると存在しないとの両方である、存在しないと存在しないのでもないの両方であるなどと見るのだ』

『ゴータマ、では、どんな教えを知ったら、世間は、真実である、虚無である、恒常である、無常である、恒常でもあり無常でもある、恒常でもなく無常でもない、また限界がある、限界がない、限界があり限界がないのいずれでもある、限界がないと限界がないのでもないのいずれでもある、身体は恒常である、命は恒常である、身体と命とはそれぞれ異なるものである。ブッダの死後は存在する、存在しない、存在すると存在しないとの両方である、存在しないと存在しないのでもないの両方であるなどと見ないのでしょうか』

『バラモン、肉体とはなにか、四つの感覚作用はなにかを知ったら、世間は、真実である、虚無である、恒常である、無常である、恒常でもあり無常でもある、恒常でもなく無常でもない、また限界がある、限界がない、限界があり限界がないのいずれでもある、限界がないと限界がないのでもないの両方である、身体は恒常である、命は恒常である、身体と命はそれぞれ異なるものであると見る。ブッダの死後は存在する、存在しない、存在すると存在しないのでもないの両方であるなどと見ない』

『世尊、私のために世間の恒常と無常の違いを解るように説明してくださるようお願い申し上げます』

『バラモン、もしある人が古い業を捨てて、新しい業を作らなかったら、この人は恒常と無常の違いを知るだろう』

『世尊、私はいまその意味がよく理解できました』

『バラモン、どのように理解したのか述べたまえ』

『世尊、古い業とは無知と五欲のことであり、新しい業とは執着と生存のことだと考えます。もしこの無知と五欲を離れて、執着せず、生存を作らなかったら、その人は恒常と無常の違いをありのままに知るでしょう。私はいま正しくものを見る眼を得ることができました。ブッダ、教え、そして修行者の集まりの三つの柱に帰依します。ブッダ、私を出家させてください』

ブッダはアンニャー・コンダンニャ尊者に告げられた。

『このバラモンを出家させ、正しい習慣を守る誓いをさせたまえ』

時に、アンニャー・コンダンニャ尊者はブッダの命を受けて、彼を修行者の仲間に入れ、誓いをさせて出家させた。彼は十五日後、あらゆる煩悩を断ち、阿羅漢のさとりを得た。

バラモン・ヴァッチャゴッタとの対論

ヴァッチャゴッタというバラモンが訊ねた。

『ゴータマ、いま質問したいことがあるが、聞いてくださいますか』

これを聞いたブッダは黙していた。再三、語りかけたが相変わらず黙していた。そこで彼は別なことを述べて問い質した。

『ゴータマ、私は長い間、あなたとは親しくしてきた友人です。あなたと私との間に意見が違うことはないはずです。そこで私はあなたの考えを聞きたいのです。どうして黙っているのですか』

これを聞いていたブッダは次のことを考えていた。

597c 〈そのとおりだ。バラモン、君の性格は優雅で、純粋で、実直である。知識を得たいためにここに来て質問しているのであって、心が乱れて質問しているのではないことは判っている。質問をしてきたら、彼の願いどおりに答えてやろう〉と。

そこでブッダは

『ヴァッチャゴッタ、承知した。君の疑問にしたがって答えることにしよう』

と語りかけた。ヴァッチャゴッタは言った。

『ゴータマ、世間に善なるものがあるでしょうか』

『そのとおりだ。ある』

『ゴータマ、不善なるものがあるでしょうか』

『そのとおりだ。ある』

『ゴータマ、では、私のためにその善と不善のそれぞれのものを教えてくださいますようお願いします』

『私は分別してそれらの意味をこれまで広く説いてきた。では、君のために簡略に説明しよう。

私はむさぼりを不善と説いている。むさぼりから解脱することを善と説いている。怒りやおごりも同じである。

殺生を不善と説いている。殺生しないことを善と説いている。乃至邪見も同じである。

私はいま君のために三種の善と不善を説き、及び十種の善と不善を説いてみた。もし弟子の中でこれらの三種の善と不善、及び十種の善と不善を分別して理解する者がいたら、彼はむさぼりと怒りとおごりと、そしてすべての煩悩を排除して生死輪廻を繰り返すことはないだろう』

『ゴータマ、いまのブッダの教えを修行している者の中に、このようなむさぼりや怒りやおごりや、そしてすべての煩悩を排除して、輪廻から解脱している修行者が一人くらいいますか』

『ブッダの教えを修行している者には一人、二人、三人、乃至五百人だけにとどまらず、無数の弟子がこのようなむさぼりや怒りやおごりや、そしてすべての煩悩を排除して、輪廻から解脱している』

『ゴータマ、男僧は別にして、このようなむさぼりや怒りやおごりや、そしてすべての煩悩を排除して、輪廻から解脱している尼僧が一人くらいいますか』

『ブッダの教えを修行している者には一人、二人、三人、乃至五百人だけにとどまらず、無数の尼僧がこのようなむさぼりや怒りやおごりや、そしてすべての煩悩を排除して、輪廻から解脱している』
『ゴータマ、男僧や尼僧は別にして、正しい習慣を守り、怠けず、禁欲行を正しく実行し、疑いを持たず、安らぎの彼岸に渡っている男の信者が一人くらいいますか』
『ブッダの教えを修行している者には一人、二人、三人、乃至五百人だけにとどまらず、無数の男の信者が正しい習慣を守り、怠けず、禁欲行を正しく実行し、五つの煩悩を断ち、不退転の境地に至り、疑いを持たず、安らぎの彼岸に渡っている』
『ゴータマ、男僧や尼僧や男の信者は別にして、正しく習慣を守り、怠けず、禁欲行を正しく実行し、疑いを持たず、安らぎの彼岸に渡っている女の信者が一人くらいいますか』

598a

『ブッダの教えを修行している者には一人、二人、三人、乃至五百人だけにとどまらず、無数の女の信者が正しい習慣を守り、怠けず、禁欲行を正しく実行し、五つの煩悩を断ち、不退転の境地に至り、疑いを持たず、安らぎの彼岸に渡っている』

『ゴータマ、一人の男僧や一人の尼僧がすべての煩悩を排除し、一人の男の信者や一人の女の信者が正しい習慣を守り、怠けず、禁欲行を正しく実行し、疑いを持たず、安らぎの彼岸に渡っている例は特別としましょう。ただブッダの教えを修行している者の中で五欲の楽しみにふけっている信者の心にまったく疑いの気持ちがないといえるでしょうか』

『ブッダの教えを修行している者には一人、二人、三人、乃至五百人だけにとどまらず、無数の信者が三つの煩悩を断ってはじめて出家した者や、むさぼりや怒りや無知の煩悩を少なくして、さらに高い段階に到達した者もいる。これは女の信者の場合も同じである』

『ゴータマ、今まで説かれたことを私は喩えでまとめてみたいと思いますが、……』

『よし、まとめてみたいというなら、思いどおりに説いてみたまえ』

『世尊、例えばナンダとウパナンダの龍の兄弟は等しく大雨を降らすことができるが、それとブッダの教えの雨も同じです。ブッダの雨は男女の信者に平等に降ります。

世尊、もし外道の者がきて出家しようとしたら、その意志が本物であるかどうかを何ヶ月くらい確かめようとされますか』

『四ヶ月試みる。一つのことだけを確かめるわけではない』

『世尊、もし一つのことだけでなかったら、私も出家させてください』

このバラモンの言葉を聞いてから、ブッダはアンニャー・コンダンニャ尊者に告げた。

『このヴァッチャゴッタを出家させ、正しい習慣を守ることを誓わせたまえ』

この命を受けてアンニャー・コンダンニャ尊者は多くの修行者の中で宣誓をさせた。ヴァッチャゴッタは出家後十五日を経て聖者の最初のさとりを得た。そのさとりを得たあと、次のことを考えた。

〈もし知慧があり、学ぶことによって得たというなら、私はすでにそれを得ているので、ブッダに面会することができるだろう〉と。

この後、彼はブッダのところに行き、足下に敬礼してから、一隅に対面して坐り、

『世尊、知慧があり、学ぶことによってすべてのことを知り得た者として、私はすでにそれを達成しまし

た。どうか私のために重ねて解るように説法してくださいますよう、また、学ぶものがないところまで導いてくださいますようお願い申し上げます』

『君はこれから努めて二つのことを修習したまえ。一つは止、つまり心を一点に集中して静めること、二つは観、つまり静まった心で対象をありのままに観察することである。出家して聖者の最初のさとりを得たいと思えば、この二つのことを実行すべきである。さらにこの上のさとりを得たい時もこの二つのことを実行しなければならない。

このほか種々の深奥な知慧や神通力や種々の三昧やブッダの最高のさとりを体現する修行などあらゆるものを取得しようとすれば、この二つのことを実行しなければならない』

598b

この説法を聞いてからヴァッチャゴッタはブッダに敬礼して、その場を立ち去った。シャーラ樹林の中でこの二つのことを修習して、久しからずして阿羅漢のさとりを得た。

その時、多くの修行者がブッダのところに行こうとしていた。彼はこの情景を見て、

『みなさん、どこに行こうとしているのですか』

と訊ねた。修行者たちは言った。

『ブッダのところに行こうとしているのだが、……』

『みなさん、もしブッダのところに行かれるのなら、

〈ヴァッチャゴッタは二つのことを修習し終わり、すべて学び終わった境地に至った。いまブッダのご恩に報いるために妙寂に入ります〉

と、このようにお伝え願えないでしょうか』

修行者たちはブッダのところに行き、次のようにブッダに申し上げた。

『世尊、ヴァッチャゴッタ僧は私たちに

〈ヴァッチャゴッタは二つのことを修習し終わり、すべて学び終わった境地に至った。いまブッダのご恩に報いるために妙寂に入ります〉

と伝えてくれるように頼みました』

『修行者たち、ヴァッチャゴッタ僧は阿羅漢のさとりを得たのだ。君たちはすぐに彼のところに行き、身の回りの世話をしなければならない』

修行者たちはブッダの命にしたがって彼のところに戻り、世話をした。

つづれ着のバラモンとの対論

つづれ着のバラモンが質問した。

『ゴータマ、あなたは世間で善と不善を限りなく行なった時、それぞれに善の身体と不善の身体を報いとして受けると説きますが、その考えは正しくない。あなたは現世の身体は煩悩によって受けたといわれるが、もし煩悩によってこの身体を受けたのであれば、身体が先にあったのか、それとも煩悩が先にあったのでしょうか。もし煩悩が先にあったのなら、誰がその煩悩を起こすのでしょうか。どこにその煩悩はあったのでしょうか。もし身体が先にあったのであれば、どうして「煩悩によって」ということができるでしょうか。したがって煩悩が先にあるというのもおかしいことになります。もし身体が先にあるのもおかしいことになります。ある期間だけというのもおかしい。先にも後にもいずれもその意味は成り立ちません。したがって私は「すべてのものにはみな独自の本性があり、それらは因縁によるものではない」と主張しています。

また、ゴータマ、堅いのは大地の性です。湿り気は水の性です。熱いのは火の性です。運動は風の性です。遮るものがないのは虚空の性です。これら五つの性はみな因縁による存在ではありません。世間に一つでも因縁による存在があれば、すべての存在の性も因縁によるものはないのです。もし一つでも因縁による存在があれば、先の五つの性はどうして因縁によって作られないのでしょうか。

598c ゴータマ、人々の善の身体及び不善の身体が解脱を得るのは、みな不滅の本性であって、因縁によって得るのではありません。したがって私は「すべてのものはみな独自の本性があり、それらは因縁によるものではない」と主張しています。

また、次にゴータマ、世間の物事はそれぞれのはたらきに適う所に治まるのです。例えば大工がこの木は車の輿に使える、この木は門戸や机や椅子に使えるというように、また金細工師が作ったもので、額に着けるものを鬘とし、首に着けるものを瓔とし、臂に着けるものを釧とし、指に着けるものを環とするように、それぞれのはたらきにしたがって治まるから、それぞれ決まった本性があるといえるのです。人々の場合も同じです。人々には地獄、餓鬼、畜生、人、天という五つの赴くべきところが生まれた時から決まっています。どうして因縁によるといえましょうか。

また、次にゴータマ、すべての人々の本性はそれぞれ異なります。だから独自の本性というのです。亀が陸で生まれて自力で海に戻り、子牛が生まれてから自力で乳を飲み、魚が釣針の餌をみて自然にそれに食らいつき、毒蛇が生まれてから自然に土を食べることは、誰が教えたのでもありません。刺は芽を出すと自然に先が尖り、鳥たちの羽毛は自然に色が異なるように、世間の人々も聡い人もあり、鈍い人もあり、富める人もあり、貧しい人もあり、好感が持たれる人もあり、醜い人もあり、解脱を得る人もあり、解脱を得ない人もあります。このことからすべてのものにはそれぞれ独自の本性があると知らなければなりません。

また、次にゴータマ、むさぼりや怒りやおごりなどは因縁から生じて、これらの三毒は色、声、香り、味、接触などの五つの塵によって生じるというあなたの説は正しくない。なぜなら次の理由によるからです。人は眠っている時はこれら五つの塵とはかかわりがなくなります。なくなっているがむさぼりや怒りやおごりの煩悩を起こしています。胎内にいる時も同じです。生まれたばかりの時にはまだ五つの塵についてこれが好きで、これが嫌いだという分別はできないが、むさぼりや怒りやおごりの煩悩を起こします。仙人や聖者は静かな場所に住んでいて、五つの塵への執着は皆無ですが、それでもむさぼりや怒りやおごりの煩悩は起こります。

反対に五つの塵によってむさぼりや怒りやおごりの煩悩が起きないことがあります、だから必ずしも因縁によってすべてのものが生じるわけではありません。みな独自の本性によって生じるのです。

また、ゴータマ、世間の人々を見て解ったことですが、身体に障害を持っていても財産を築き、思うように生活している人がいる一方で、五体満足な人が貧しく、卑しく、思うようにならず、人の奴隷になっています。もし因縁の道理があれば、どうしてこのようなことがあるのでしょうか。だから私はものはそれぞれ独自の本性を持っており、因縁によるのではないと考えます。

ゴータマ、子供はまだ五つの塵を分別できないけれども、笑ったり、泣いたりします。笑う時は喜びを
599a 知っているのです。泣いている時は悲しみを知っているのです。これによってものにはそれぞれ独自の本
性があることが知られます。

ゴータマ、世間のものにはあるものとないものがあります。あるものは虚空です。ないものは兎の角です。この二つのもののうち、一つはあるのだから、因縁によるのではありません。もう一つはないのだから、これも因縁によるのではありません。これによってものには独自の本性があるというべきで、因縁によるものではありません』

ブッダは次のように答えられた。

『バラモン、「堅いなどの五つの本性のような独自の本性がすべてのものにはある」というあなたの考えは正しくない。なぜかを説こう。

バラモン、五つの本性はものの中にあって常住であるというが、どういうわけですべてのものは無常なのだろうか。もし世間のものが無常であれば、これら五つの本性はどうして無常でないのだろうか。もし

五つの本性が常住であれば、世間のものも常住であるはずだ。したがって「五つの本性は独自の本性があるから因縁によらない。すべてのものも五つの本性と同じとなる」というあなたの考えは道理に背いている。

あなたは「世間の物事はそれぞれのはたらきに適う所に治まる」と言ったが、それも正しくない。なぜなら、ものはみな因縁によってそれぞれ名字が付けられているからだ。もし原因によって名前を付けたら、原因によって意味が付けられる。どうして原因によって名前があるのだろうか。額の上に着けるから、これを鬘といい、首に着けるから瓔といい、臂に着けるから釧といい、車に付いているから輪といい、火が草木に燃え付いたから草木の火ということと同じである。

木が生じた当初は矢もさやの性もない。訳あって大工が作って矢とし、さやとしたのである。だからすべてのものに独自の本性がもともとあることはない。

バラモン、あなたは「亀が陸で生まれて自力で海に戻り、子牛が生まれてから自力で乳を飲む」と言ったが、それも正しくない。なぜなら、海に戻るのを因縁によらないというなら、どうして火の中に入らないのだろうか。子牛が生まれてから本性によって乳を飲むのを因縁によらないというのなら、どうして角を飲まないのだろうか。

バラモン、もしものがみな独自の本性を持っていて、一切習うことがなく、増長することがなければ、これも正しい考え方ではない。なぜなら、現実に私たちは教えがあり、教えによって増長していることを見ているからだ。だからものに独自の本性があるとはいえない。

もしものに独自の本性があれば、バラモンたちはわが身を清めるために羊を生け贄にして神を祭ることを一切してはならない。もしわが身のために羊を祭るならば、わが身に独自の本性はないと知らなければならない。

バラモン、言葉のはたらきに三種ある。一つは語ろうとする場合、二つは語っている場合、三つは語り
599b 終わった場合である。もしすべてのものに独自の本性があれば、どうして世間に三種の言葉のはたらきがあるのだろうか。三種の言葉のはたらきがあるから、ものには独自の本性はないことが知られる。もしものに独自の本性があるというなら、固定した本性がなければならない。もし固定した本性があるなら、サトウキビという物はなにをもとにして甘い飲み物となり、蜜や砂糖や甘酒や辛い酒などになるのだろうか。もし一つの本性があるのなら、どうしてこのようないろいろの味を生み出すのだろうか。もし一つの物の中からこのような物を生み出すのなら、物は一定のもので、各々一つの本性を持っているのではないことを知らなければならない。

バラモン、もしすべてのものに固定した本性があるなら、聖者はどうして最初にサトウキビの飲み物、砂糖、黒蜜を飲み、さらに甘酒の時に飲まず、辛くなった時にまた飲むことができるのだろうか。これを考えると、固定した本性がないことが知られる。もし固定した本性がなければ、どうして因縁によらないでものはあるのだろうか。

もしすべてのものに独自の本性があるというなら、なにか喩えを示してもらいたい。もし喩えることができるなら、ものに独自の本性がないことを証明することになろう。もし独自の本性があれば、喩えるものはないことになろう。世間の知慧者はみな比喩を使って説明するものだ。ものには本性がない、そして

唯一の本性がないということを証明している。

バラモン、あなたは「先に身体があるというのか、煩悩が先にあるというのか」という言い方をしたが、その考え方は正しくない。なぜなら、もし身体が先にあると私が言えば、あなたはすぐに「あなたも私と同じように先に身体はない」と論難するだろう。どういう理由でこんな論難をするだろうか。

バラモン、すべての人々の身体、及び煩悩は共に先後がなく、一時の間あるにすぎない。一時の間あるといっても必ず煩悩によって身体があり、最後に身体によって煩悩がなくなるのである。もし二つの眼がある時に存在して、互いは因果関係になく、左の眼があるのは右の眼によるのではなく、右の眼があるのは左の眼によるのではないように、煩悩及び身体もこれら二つの眼の関係のようだというならば、これは正しくない。なぜなら、炎と明かりを目で見た時、一時といっても明かりは必ず炎によってあり、最後には明かりによらないでも炎はある。

バラモン、もし身体が先にないから、原因がないと知ることができるとあなたがいうなら、これは正しくない。なぜなら、もし身体が先にあって、因縁がないためにないというならば、あなたはすべてのものにはみな因縁があると説けなくなる。もし見えないから説かないというなら、現に瓶などが因縁によってでてくるのを見ることができるだろう。瓶のように、身体が先であるという因縁もこれと同じであるとどうして説かないのか。見えるもの、見えないもの、すべてのものはみな因縁によってあるので、独自の本性を持っていない。

バラモン、もしすべてのものに独自の本性があり、因縁によって生じないならば、あなたはどういうわ

けで地・水・火・風・空の五つの要素があると説いているのか。この五つの要素は因縁によってあるので
599c はないか。五つの要素が因縁によってあるといっても、すべてのものはみな五つの要素の因縁と同じだということはできないはずだ。世間では出家した人はみな厳しく修行し、正しく習慣を身に付けていると話しているように、下賤の身分の者もこのように厳しく修行し、正しい習慣を身に付けているといえるだろうか。

バラモン、あなたは五つの要素は決まって堅い性質のものというだろう。私はこれらの性質は変わるものであるから決まっている性質とは見ていない。獣の垂れ下がった肉や脂や草や臘（ろう）などはあなたの説では地というのか。そうであれば地は固定したものではない。あるいは水と同じであり、あるいは地と同じでもある。それならば独自の本性は堅い性質のものとはいえまい。

バラモン、白い臘・鉛・錫・銅・鉄・金・銀などはあなたの説では火というのか。火というのは四つの性質を持っている。流れる時は水の性質がある。動いている時は風の性質がある。熱している時は火の性質がある。堅い時は地の性質がある。どうしてこれに火の性質があると断定的にいうことができよう。

水の性質は流れることであれば、水が凍った時に地といわず水というのだろうか。また、どういうわけで波立って動いている時に風といわないのだろうか。もし動いている時風といわなければ、凍っている時も水ということはできないのではないか。

もしこの二つの意味を考えてみた時、あなたはこれでもすべてのものは因縁によらないというのか。

バラモン、眼・耳・鼻・舌・身の五官の性質が見る、聞く、覚る、知る、触れるという感覚をするのは

みな独自の本性がすることで、因縁によらないというのか。このような考え方は正しくない。その理由を説こう。

バラモン、独自の本性とは変わらないものである。もし眼だけで見るというなら、いつも見るはたらきがなければならない。まさに見る時があり、見ない時があることがあってはならないはずである。だから因縁によって見るのであり、因縁によらずに見ることはない。

バラモン、あなたは色・声・香り・味・接触などの五つの対象によらずにむさぼりが生じたり、解脱を得たりすると説いているが、その考え方も正しくない。その理由を説こう。

むさぼりを生じたり、解脱を得たりするのは直接に五つの対象の因縁によらないとはいっても、悪い考えによってむさぼりの煩悩は生じ、善い思量によって解脱を得るのだ。要するに自己の内面の条件によってむさぼりを生じたり、解脱を得たりし、外の条件によってそれが一層増長するのである。だからあなたがすべてのものは各々独自の本性があり、五つの対象によってむさぼりが生じたり、解脱が得られたりすることはないというのは正しくない。

バラモン、「五官を具足しても、思いどおりに使えるほどの金銭のない人がいる一方で、五官は欠陥だらけでも、思いどおりに使えるほど金銭が豊富にある人がいる。これで解るように、各々独自の本性にしたがっていて、因縁によっていないことが明らかである」とあなたは言っているが、これも正しくない。その理由を説こう。

バラモン、人々は自分の行ないにしたがって報いを受ける。この報いに三種ある。一つは現世で受ける報い、二つは次の生まれで受ける報い、三つは次の次の生まれで受ける報いである。貧乏の報い、富裕の報い、五官に障害のない報い、五官に障害がある報いなどはそれぞれ異なる行ないによるものである。

もし独自の本性があったら、五官に障害のない人は必ず金銭に恵まれなければならないし、金銭に恵まれる人はみな五官に障害のない人でなければならないことになる。現実はそうではない。したがってもの
600a に独自の本性はなく、みな因縁にしたがってあることを知らなければならない。

あなたは「世間の子供はまだ色・声などの五つの対象についてよく分別できないが、それでも泣き笑いする。それは独自の本性があるからだ」と説いている。それは正しい考え方ではない。その理由を説こう。

もし独自の本性があったら、笑う時はいつも笑っていなければならない。泣く時はいつも泣いていなければならない。ある時は笑ったり、ある時は泣いたりできないはずである。ある時は笑い、ある時は泣いたりすることが、みな因縁によって起こることだと知らなければならない。だからすべてのものには独自の本性があり、因縁によらないといってはならない」

ここでバラモンは言った。

『世尊、もしすべてのものが因縁によるのであれば、私の身はどのような因縁によってあるのでしょうか』

ブッダは言われた。

『バラモン、この身体は煩悩と行為によって生じたのである』

『世尊、もしこの身体が煩悩と行為によって生じたのであれば、この煩悩と行為は断たなければならないのでしょうか』

『バラモン、そのとおりだ』

『世尊、お願いがあります。私が解るように解説してください。聞き終わったら、この場で煩悩を断つことができるようにしてください』

『バラモン、もし二つの極端を離れてバランスのとれた自在の歩みを会得したら、すぐに煩悩と過去の悪業を断つことができる』

『世尊、私はいまよく理解できました。正しい教えの眼を会得できました』

『では、どのようにあなたが会得したかを述べてみたまえ』

『世尊、二つの極端は物質的要素である肉体とその肉体からの解脱です。バランスのとれた自在の歩みとは八正道です。これは感受作用・表象作用・意志作用・識別作用の四つの感覚作用の場合も同じです』

『バラモン、よく理解した。よく二つの極端について理解した。これであなたは煩悩と過去の悪業を断つことができた』

『世尊、世尊のもとで出家し、弟子になることをお許しください』

『大いに歓迎する。バラモンよ』

すぐに彼は世間の煩悩を断ち、阿羅漢のさとりを得た。

バラモン・弘広との対論

時に弘広という一人のバラモンがブッダに次のような質問をした。

『ゴータマ、あなたは私がいま考えていることが解りますか』

ブッダは言われた。

『弘広、妙寂は常住である。世間の在り方は無常である。曲がった形は邪見である。直線の形は正道である』

『ゴータマ、どういう理由でそんなことをいうのですか』

『弘広、あなたの意見に従っていうと乞食(こつじき)は恒常であり、それ以上に求めることは無常であり、曲がった形は戸の錠前であり、直線は帝王の旗である。だから私は妙寂は常住であり、世間の在り方は無常であり、曲がった形は邪見であり、直線は八正道であるといった。あなたが先に考えていたようなこととは異なる』

『ゴータマ、あなたは私の考えていることをよく解っておられます。ところでこの八正道は人々の煩悩をみななくすことができるのでしょうか』

これを聞いたブッダは答えなかった。すると弘広はまた質問した。

『ゴータマ、あなたはすでに私の考えていることが解っているのに、いまになって私が質問していることに黙ってしまい、なぜ答えないのですか』

するとアンニャー・コンダンニャ尊者が次のようなことを言った。

『弘広、もし世界は有限であるか、無限であるかを質問するならば、世尊はつねに黙ってお答えになりま
600b せん。八正道は直線であり、妙寂は常住です。もし八正道を修めれば、すぐに煩悩を取り除くことができます。もし修めなければ、取り除くことはできません。

弘広、喩えて説明しましょう。大きな城を囲む四方の城壁にまったく穴がなく、ただ一つの門があったとしましょう。その門の守衛人は聡明で、知慧があり、よく物事を分別し、通すべき人は通し、遮るべき人は遮ることを知っているとしましょう。また門を出た人数、入った人数の多少をつかむことはできなくても、出たり入ったりした者はみなこの門からであることを十分に知っていることと同じです。

弘広、世尊もそうです。城は妙寂に喩えられ、門は八正道に喩えられ、守衛人は世尊に喩えられます。世尊はいま煩悩は尽きるのか、尽きないのかについてなにも答えられていないが、煩悩を尽くすためには必ずこの八正道を修めなければならないと教えておられるのです』

弘広は言った。

『すばらしいことです。大徳アンニャー・コンダンニャ尊者、世尊はなんと不可思議の教えをお説きになっている。私はいま本当の城を知り、道を知り、そして守衛人になろうと思いました』

『すばらしいことです。弘広、あなたはこの上ない広大な心を持たれました』

このやり取りを聞いてブッダは次のように言われた。

『もうその辺で止めなさい。アンニャー・コンダンニャ尊者、弘広はたまたまいまその心を持ったのではない。じつははるか昔、数えきれない過去の世に普光明（ふこうみょう）という如来がおられた。弘広はこの普光明如来の

ところでブッダの最高のさとり得ようという気持ちを起こしたのである。修行して後ブッダとなった。それからずっとあらゆる教えに通達して、すべてを知り尽くしている人である。人々を救済するために仮に他宗教の修行者に変身したのであって、知らないことはない人である。

こういうわけであるから、アンニャー・コンダンニャ尊者、「すばらしいことです、あなたはよくぞ広大な心を持たれた」と称賛の言葉を掛けては失礼になる』

第五十八章　阿難尊者を心配するブッダ

この時、ブッダはアンニャー・コンダンニャ尊者に告げられた。

『阿難尊者はいまどこでなにをしているのか』

『世尊、阿難尊者はいまシャーラ樹林の外におられ、ここから約百三十四キロメートル離れたところで、六万四千億の悪魔にいじめられておられます。この悪魔はみな如来の姿に変身しているようです。

その中には「すべてのものは因縁から生じる」という者がいたり、「すべてのものは原因から生じない」という者がいたり、「すべての因縁はみな不変不滅であり、条件によって生じたものはみな無常である」という者がいたり、「五蘊は真実である」という者がいたり、「すべてのものは空しく仮の姿であり、感覚の対象も感覚する領域もみな空しく仮の姿である」という者がいたり、「ものの生起は十二種の因果関係による」という者がいたり、「四つの条件から生じる」という者がいたり、「すべてのものは幻のよう
600c であり、お化けのようであり、熱した時の炎のようである」という者がいたり、「聞いてはじめて教えを得る」という者がいたり、「考えてはじめて教えを得る」という者がいたり、「修行によって教えを得る」という者がいます。「身体は不浄である」という者がいたり、呼吸法を説く者がいたり、三昧において心

にとどめるべき四つのことを説く者がいたり、三種の世界の見方や七種の方便を説く者がいたり、低い段階から高度の段階までの修行の十種のステップを説く者がいたり、三種の三昧を説く者がいたり、十二種の説法集を説く者がいたり、三十七種のさとりへの修行項目を説く者がいたり、二十五種の空を説く者がいます。

また、神通力で種々の変化を現わす者がいます。彼は身体から火や水を放出したり、あるいは上半身から水を出し、下半身から火を出したり、また下半身から水を出したり、上半身から火を出したり、左脇を下にして右脇から水を出し、右脇を下にして左脇から水を出し、あるいは一つの脇から雷を起こし、一つの臂から雨を降らしたりしています。

いろいろのブッダの世界を現わす者がいたり、ブッダが誕生し、七歩歩き、宮殿にあって五欲に耽溺している時、はじめて出家し、苦行している時、そして菩提樹のところで三昧に入って坐っている時、悪魔の軍を滅ぼし、説法している時、そして偉大な神通力をもって妙寂に入る時などを現わし、見せている者がいます。

世尊、阿難尊者はこれらのことを見て次のように考えました。

〈これらの神通力による変化はこれまでまったく見たことがなかった。誰が現わしているのだろうか。恐らくは世尊が現わしておられるのではないだろうか〉と。

阿難尊者はその場から立ち上がろうとしたり、語り掛けようとしたが、身は思うようにならないのです。それは彼が悪魔の網に掛かっているからです。また、次のようにも考えています。

〈ブッダたちが説かれていることは各々が同じではない。私は誰の言葉を受け取るべきであろうか〉と。世尊、阿難尊者はいまきわめて苦しんでいます。ブッダを念じていますが、救いだしてくれる方がおられません。だから尊者はここに来られないのです』

これを聞いていた文殊菩薩がブッダに次のように申し上げた。

601a 『世尊、ここに集まっている人たちの中にもたくさんの菩薩がいます。すでに一生の間にさとりを求める気持ちを起こしてから、すでに数えきれない生まれ変わりをしている間にさとりを求める気持ちを起こし続けてきて、無量のブッダに供養してきています。その心は堅固で、布施をはじめとして六つの完全なさとりへの修行を修め、多くの功徳を積んできています。久遠に無量のブッダに親しく仕え、仏道を修め、さとりを求める気持ちにくじけるところはなく、種々の三昧を習得してきています。

このような菩薩たちは大乗の教えを聞いてもまったく疑う気持ちがありません。ブッダ、教え、そして修行者の集まりという三つの柱は一味であり、その本性は常住であり不変であると説いています。不思議なことを聞いても驚くことがありません。種々の空の教えを聞いても恐れることがありません。すべての教えの本質について十分に理解し、ブッダの十二種の説法集を理解し、他の多くのブッダの十二種の説法集も伝え、理解しています。どうしてここで説かれている妙寂の教えを私どもが伝え、理解しないことがあり得ましょう。どういうわけでアンニャー・コンダンニャ尊者にわざわざ阿難尊者の所在をお聞きになるのですか』

ブッダは文殊菩薩に告げられた。

『よく聞きたまえ。文殊菩薩、私はブッダになって二十年を過ぎた頃、王舎城にいた。その時、私は修行者に次のことを言ったことがある。

「いま、君たちの中に誰か私の十二種の説法集を伝え、身の回りの世話をしてくれる人がいないだろうか。決して修行の妨げになるようにはさせないつもりである」と。

その修行者の中にアンニャー・コンダンニャ尊者がいた。彼は私のそばに来て次のように言った。

「世尊、私はブッダの十二種の説法集を伝え、身の回りのお世話をしても修行の妨げになることはありませんが、……」

そこで私は、

「アンニャー・コンダンニャ尊者、君はもう老いている。かえって世話する人を頼むべきではないか。どうして私のために給仕したいというのか」

と返答した。

この時、舎利子尊者が次のように言った。

「世尊、私はブッダのすべてのお言葉を伝え、そして身の回りのお世話をします。私の修行の妨げにはなりませんが、……」

舎利子尊者にも

「君はもう老いている。かえって世話する人を頼むべきではないか。どうして私のために給仕したいというのか」

と返答した。このように五百の阿羅漢からも申し出があった。しかし私はみな受け付けなかった。

その時、目連尊者がいて、彼は次のようなことを考えていた。

〈如来はいま五百の阿羅漢から申し出があった給仕を断られた。一体、如来は誰に給仕をしてもらいたいとお考えなのだろうか〉と。

このように考えて、すぐに三昧に入ってちょうど日の出の光が西壁を照らしているように私の心が阿難尊者に向けられていることを見て取ったのである。そこで三昧から出て、彼はアンニャー・コンダンニャ尊者に

「大徳、私は阿難尊者に身の回りの世話をさせたいと如来は願っておられることを知った」

と告げたのである。これを聞いたアンニャー・コンダンニャ尊者は五百の阿羅漢と一緒に阿難尊者のいるところに行き、次のように言った。

「阿難尊者、いま如来の世話係になってもらいたい。どうか頼む」

阿難尊者は答えて言った。

「多くの大徳、じつのところ私では如来のお世話は到底できません。というのは、如来は余りにも貴い方
601b だからです。獅子王のような方です。龍王のような方です。火のような方です。私は汚く、虚弱です。どうしてよくお仕えできましょう」

これを聞いた多くの修行者は言った。

「阿難尊者、私たちの言うことを聞いて如来のお世話をしなさい。あなたにとって大いにためになります」

二人、三人とみな同じことを告げた。すると阿難尊者は言った。

「多くの大徳、私は自分のためになることを求めようとは思っていません。本当に私はお世話するには力不足なのです」

これを聞いていた目連尊者が、

「阿難尊者、あなたはまだ解っていないようですね」

と言うと、阿難尊者は
「大徳、一体どういうことですか。教えてください」

と訊ねた。すると目連尊者は次のように言った。

「如来は先日修行者たちの集まりの中で給仕をしてくれる人を求めておられた。五百の阿羅漢が申し出たが、如来はこれを断られた。そこで私は三昧に入って如来のお心があなたに世話をしてもらいたいことにあると知ったのです。このようなことだからどうしてあなたがそれを拒んでいるのか解らない」

これを聞いた阿難尊者は合掌し跪いて、

「多くの大徳、もしそういうことで、如来が私に三つの願いをくださるようであれば、みなさまの命令を受け取り、給仕いたします」

と述べた。そこで目連尊者が
「その三つのお願いとはなんですか」

と訊ねると、阿難尊者は答えて次のように言った。

一つはもし如来が着用された衣を私に賜ることがあっても、お断りしたい。二つは如来がもし在家信者から特別の招待を受けられても一緒に行かない。三つは如来のそばから用事で離れることが自由にできること。以上の三つを許してくださるならば、命令に従って如来のお世話をいたします」

この後、アンニャー・コンダンニャ尊者と五百の修行者は私のところに来て

「私たちが阿難尊者に給仕役を勧めたところ、彼は三つの願いを要求しました。もし如来が許してくださるならば、みなの命令に従います」

と言ったことを報告した。

文殊菩薩、私はそれを聞いて阿難尊者を称えて次のように言った。

「よくぞ言ってくれた。阿難尊者は人からどういう誹りを受けるかをあらかじめ理解していたようだ。なぜなら、阿難尊者が飲食のために如来の世話をしていると人は非難すると知っていたからであろう。だから私の着用した衣を受けないとか、特別の招待には一緒に行かないとか先に述べたのであろう。阿難尊者は知慧者である。私のもとにいたり、離れたりするのに自由がきかないと、多くの修行者や信者の求めに応じることができなくなる。だから自由に離れられることを求めたのであろう」

文殊菩薩、私は阿難尊者の三つの願いを許した。その時、目連尊者は阿難尊者のところに戻り、「私は君が求めた三つ願いを申し伝えたが、如来はお慈悲によってみな許してくださった」

と告げた。これに対して阿難尊者は、

「大徳、如来が許してくださったのであれば、早速行き、お世話いたします」

と応えたのである。

文殊菩薩、阿難尊者は私に仕えること二十有余年であった。その間、次の八種の不可思議を身に付けた。

一、二十余年の間、最初から私に特別招待があっても侍従することがなかった。

二、二十余年の間、最初から私が着用した衣を貰い受けなかった。

三、二十余年の間、私のもとに来る時に遅れることはなかった。

四、二十余年の間、私のもとにあっても煩悩を離れることはできなかったが、私が貴族、富豪などの大
600c 家に出入りする時に付いて来ても、そこで多くの女たちを見ても欲を起こさなかった。

五、二十余年の間、私の十二種の説法集を暗記した。一度聞いたら、繰り返し質問することがなかった。瓶の水を他の瓶に注ぐようであった。ただ一つだけ例外がある。

それはこういうことである。瑠璃（るり）太子が釈迦族の者をみな殺戮し、カピラ都が壊滅した時のことである。これを知った阿難尊者は悲しみ、憂い、声を上げて泣いた。私のところに来て、

「私と如来は一緒にこの都に生まれ、二人は釈迦族の出身です。それなのに如来はどうしていつものようににこやかにしておられるのですか。私は悲しみで疲れきっているというのに」

と告げた。これに応えて私は次のように述べた。

「阿難尊者、私はすべての形あるものはみな空であると観察する三昧を修めているので、君とは違う」

三年を過ぎてから、私に次のような質問をした。

「世尊、私はかつてカピラ都で如来はすべての形あるものがみな空であると観察する三昧を修めていると

いうお言葉を聞いたことがあります。あれは嘘だったのですか。それとも本当だったのでしょうか」

それに対して私は、

「阿難尊者、そうだ、まったくそうだ。君の言うとおりだ」

と答えたことがある。
六、二十余年の間、まだ人の心を読み取る知慧を習得していなかったが、私が種々の三昧に入るところを知っていた。
七、二十余年の間、まだ願いどおりになんでも知る知慧を習得していなかったが、説法を聞いた人々の中に聖者の四つのさとりを得ている者がいたり、すでにさとって人々を教化している者がいたり、来世で人に生まれたり、天界に生まれたりする功徳を積んでいる者がいることを私のところに来て知った。
八、二十余年の間、私のあらゆる秘密の言葉をよく理解していた。
以上の八つの不可思議を阿難尊者は習得していたのである。だから私は彼を多くの教えを聞き納めた蔵とあだ名した。

文殊菩薩、彼は次の八つの事を具足して、さらに十二種の説法集を暗記した。その八つの事とはなにか。一、ブッダのさとりへの堅固な信心があること。二、その心が素直であること。三、身体に病の苦しみがないこと。四、いつも勤勉であること。五、教えを忘れない心を持ち続けていること。六、おごり・侮りの気持ちを持たないこと。七、正しい注意と正しい理解を心掛けること。八、教えを聞いたら正しくものを観察する習慣を持つこと。

文殊菩薩、じつは過去七仏のうち、ヴィパシイン仏の侍従であった弟子アショーカもこの八つの事を具足した。また、シッキン仏の侍従であった弟子クシェーマンクラも、ヴィシッヴァフー仏の侍従であった弟子ウパシャンタも、クラクッチャンダ仏の侍従であった弟子バドリカも、カナカムニ仏の侍従であった弟子スダッターも、カーシャパ仏の侍従であった弟子パラシャミトラ（？）もみなこの八つの事を具足した。

602a 文殊菩薩、君が説いているように、この大衆の中には数えきれない菩薩がいるが、彼らは限りない慈悲の心を起こしている。この慈悲の心を起こしているために、彼らはこの八つの事をもって即座に対応して、仲間を教化すると同時に、自らも治めている。このことを考えると、私が妙寂に入った後に私の十二種の説法集は世間に十分に伝わることはないだろう。菩薩たちはある時はうまく説法するだろうが、それでも人々は信じて、それを伝えてはくれないだろう。

文殊菩薩、阿難尊者は私の従兄弟である。私の身の回りの世話をしてもう二十余年になるが、その間に聞いた教えをすべて暗記し、理解している。喩えていえば、一つの瓶から他の瓶に水を注ぎ込むように受け継いでいる。だから私はいま阿難尊者がどこにいるのかと訊ねたのである。私は彼にこの妙寂の教えを受け継がせたい。私が妙寂に入った後、阿難尊者がまだ聞いていない教えは弘広菩薩が広めるであろうが、阿難尊者が聞いた教えは彼自身で宣教することであろう。

文殊菩薩、阿難尊者はここから百三十四キロメートル離れた場所におり、六万四千億の悪魔にいじめられているという。菩薩、そこに行き、大声で次のように悪魔たちに告げてもらいたい。

「悪魔たちに告げる。よく聞きたまえ、如来はいま大いなるダラニを説かれた。

じつはこのダラニを聞いた世界のあらゆる神々はみな尊敬の気持ちを持ち、これを唱えない者はなかった。私はこのダラニを十個のガンジス河の砂の数に等しい数の仏たちと一緒に唱えたことがある。唱える者は女は女身を転じることができ、また、自分の前世を知ることができる。

また、一、禁欲し、二、肉食を断ち、三、酒を断ち、四、刺激の強い食べ物を断ち、五、静かなところを好むなどの生き方をして、心からダラニを信じ、暗記し、唱え、そして書写したら、七十七億の悪が巣くうわが身を超えることができるであろう」と。

この時に説いたダラニが次のものだ。

阿磨隷、毘磨隷、涅磨隷、伽隷、醯磨羅若竭裨、三曼多跋提隷、娑婆羅他娑檀尼、婆羅磨他娑檀尼、磨那斯阿歩提、毘羅氏、菴摩頼低、婆嵐弥、婆嵐摩莎、富羅泥富羅那摩奴頼梯。

この時、文殊菩薩はブッダからこのダラニを受けて、阿難尊者のところに行った。悪魔たちの中に入って行き、次のように大声で告げた。

602b 『悪魔たち、私がブッダから受けてきたダラニの呪文をよく聞きたまえ』

これを聞いた悪魔たちはみなブッダの最高のさとりを求めようという気持ちを起こし、いじめをやめて阿難尊者を解放した。文殊菩薩は阿難尊者をブッダのところに連れて行った。阿難尊者はブッダを仰ぎ見て、心から敬礼して対面して坐った。

ブッダは阿難尊者に向かって告げた。

『このシャーラ樹林の外にスバドラというバラモンがいる。百二十歳の老人で、すでに五つの神通力を習得しているが、おごりの心を捨てきれない人である。一切の心のはたらきを超えた究極の三昧の境地を体験していて、すべてを知り尽くした心を持っていて、解脱の境地に至っているという気分でいる。そこでその人のところに行き、次のように私の言葉を伝えてもらいたい。

「私が世間に出現するのは優曇華が三千年に一度咲くことと同じである。今夜半に私は妙寂に入るだろう。もしなすべきことがあったら、いまのうちにしておくべきである。後になって後悔することがあってはならない」と。

これを伝えたら、彼は必ず信じるだろう。なぜならば、君はかつて五百回生まれ変わっている中で彼の子供となったことがあるからだ。彼は恩愛の名残りがまだ尽きていないはずだ。そのようなわけで君の言うことを必ず信じるだろう』

阿難尊者はブッダの命令を受けてすぐにスバドラのところに行き、告げた。

『スバドラさま、「ブッダがこの世間に出現されるのは優曇華が三千年に一度咲くことと同じである。今夜半にブッダは妙寂に入るだろう。もしなすべきことがあったら、いまのうちにしておくべきである。後になって後悔することがあってはならない」とブッダは告げられた』

スバドラは答えて言った。

『有難いことです。阿難尊者、私はいますぐにブッダのところに行きます』

阿難尊者はスバドラを連れてブッダのところに帰った。

第五十九章〃百二十歳スバドラの帰依

スバドラは早速ブッダに質問した。

『ゴータマ、訊ねたいことがあります。私の質問にお答え願いたい』

『スバドラ、よい機会であるから、君の質問に答えよう。できる限り解るように君の質問に答えよう』

『ゴータマ、多くの沙門やバラモンたちは次のように言っております。

「すべての人々が苦しみと楽しみのそれぞれの報いを受けるのは、昔各人が積んだ行ないの結果である。だからもし正しい習慣を身に付けて、怠けず努力して身心を苦しめるならば、昔積んだ悪業の力がなくなり、苦しみを受けることがない。苦しみがなくなれば、解脱できる」と。

この意味は正しいのでしょうか』

『スバドラ、もし沙門やバラモンなどの中にこんなことを言う人がいたら、私はその人のところに行き、「立派なお方、本当にこんなことを言っているのか」と聞いてみたい。もしかしたら、その人は次のように答えるだろう。

「そうです、そのように説いています。なぜなら、ゴータマ、私は現実に悪行をいつもしていて、しかも

602c

豊富な財宝を持ち、したい放題のことをしている人がいっぱいいるのを見ています。一方、善いことをしていても、貧乏で、身の自由がない人がたくさんいるのを見ています。また、努力して求めても手に入れられない事例を見ています。また、求めていないのに、欲しい物が手にはいる事例も見ています。また、慈悲の気持ちから殺生をまったくしない人が人生半ばで亡くなる事例を見ています。また、かえって殺生を楽しみ、天寿を全うした人の事例も見ています。また、禁欲して正しい習慣を身に付けて、怠けず修行して解脱した人があり、していない人がいる事例があります。

このようなことから判断すると、私はすべての人々の苦しみや幸せの報いはみな、前世に積んだ善行や悪行の原因によるものだと考えます」と。

スバドラ、私がさらに、

「君は過去に積んだ種々の行ないをすべて見たことがあるかどうか。もしその行ないを見たというなら、たくさんの行ないを見たのか、わずかな行ないを見たのか。現在修めている苦行によってたくさんの悪業が取り除かれるのか、それともわずかばかりなのか。その悪業をすでに取り除いてしまっているのか、しまっていないのか。その悪業がすでに取り除かれているならば、残らず取り除かれているのかどうか」

と質問したら、恐らく彼は、

「じつのところ私にはよく解らない」

と答えることは目に見えている。そうなった時に、私は次のような喩えをもって教えるだろう。

「例えばある人が毒矢で射られたとしよう。その家の者が医者を呼んで毒矢を抜かせた。抜いたのでその人は助かった。それから十年後にもこの時のことをはっきりとおぼえていた。つまり医者がきて毒矢を抜き、薬を塗ってくれ、治療してくれたおかげで助かったのだ。このようにおぼえているなら別だが、君は過去に積んだ種々の悪業についてなにも知らないと言っているのに、どうしていまの苦行が過去の悪業を取り除くと解るのだろうか」と。

するど、相手はまた、次のように言うだろう。

「ゴータマ、過去に積んだ種々の行ないは厳然としてあります。どうして一人私だけの行ないを取り上げていわれるのですか。ゴータマ自身が説法している言葉の中にもこれに類することを述べているではありませんか。すなわち裕福で、自在に生活している人は前世で多くの布施をしたおかげであると説いているではありませんか。これは過去の行ないによることを説いているのではありませんか」と。

これに私は答えるだろう。

「そのようなことが解るのは比べて解ることであり、本当に解ったことではない。私の説いている中には原因によって結果を知ることもあり、あるいは結果から推して原因を知ることもある。また、過去の行ないもあり、現在の行ないもあると私は説いている。あなたの説き方では過去の行ないだけがあって、現在の行ないはないとなる。あなたの教えでは方便によらないで悪業を断つが、私の教えではそうではなくて方便によって悪業を断つのである。あなたは悪業が取り除かれたら、苦しみは消滅するというが、私はそうではなく、煩悩が取り除かれたら、悪業による苦しみは消滅するというのだ。だから私はあなたの過去の行ないに関する考え方を責めたのである」と。

これに対して相手がまた、

「ゴータマ、私はじつのところよく理解しているわけではないが、師からこの教えを受け継いだのです。私の師が説いていることで、師を責めてください」

と言うだろう。すかさず、私が

「あなたの師は誰だ」

と訊ねると、相手は

「プーラナ・カッサパ師です」

と答えるだろう、そこで私は相手に次のように告げるだろう。

「どうして最初の頃、あなたの師に向かって説法のあるたびに、過去の行ないを師は知っておられるのかどうかを質問しなかったのか。もし師が知らないと言われたら、師の言葉を受けることはないのではないか。もし師が知っていると言われたら、苦しみに上・中・下があったとして、下の苦しみをもたらした原因によっても中や上の苦しみも起こるのだろうかどうかと質問しなければならない。また、中の苦しみをもたらした原因によっても下や上の苦しみも起こるのだろうかどうかと質問しなければならない。また、上の苦しみをもたらした原因によっても中や下の苦しみも起こるのだろうかどうかと質問しなければならない。もしそうではないと答えたら、さらに質問しなければならない。どうして苦しみや幸せの報いは、ただ過去の行ないだけによって、現在の行ないによらないのか、と。さらに質問しなければならない。

603a

「現在の苦しみは過去にあったのだろうか。もし過去にあったのであれば、過去に積んだ行ないは時間的にはすでになくなっているのだから、どうして現在のわが身がここにあるのだろうか。もし過去の行ないがなく、現在のわが身だけがあるのならば、どうして人々の苦しみや幸せの報いだけが過去の行ないによるのだろうか。もし現在の苦行によって過去の悪業を取り除くことが判るなら、現在の苦しみをなにが取り除くのだろうか。もし取り除くことができなければ、苦しみは恒常なものとなろう。苦しみがもし恒常であれば、どうして苦しみから解脱するといえようか。もし別の行ないが苦しみを取り除くなら、過去の行ないはすでになくなっているのだから、どうして苦しみがあるといえるだろうか。

ところでこのような苦行は楽しい行ないをすれば苦しみの報いを受けるようにするのだろうか。それとも苦しい行ないをすれば幸せの報いを受けるようにするのだろうか。あるいは苦でもなく楽でもない行ないをすればどんな報いも受けないようにするのだろうか。

現世で報いを受けるとそれが次の生における報いとなるのだろうか。あるいは次の生の報いを受けるとそれが現世の報いとなるのだろうか。これら二つの報いはまったく報いをもたらさないのだろうか。決められた報いをまったく報われないものにするのだろうか。反対に報われないものを決められた報いにかえてしまうのだろうか」と。

このように言うと相手は、

「ゴータマ、それはできません」

と言うだろう。そこで私はまた、畳み掛けて言うだろう。

『もしそれができなかったら、どうして苦行をしたのだ。過去の行ないそのものにも現在の行ないの因縁がかかわることを知らなければならない。だから私は煩悩によって行ないが生じ、行ないによって報いを受けると説いているのだ。

人々は過去に種々の行ないをしている。現在の私の原因がそこにある。人々には過去の命の潜在力があるといっても必ず現在飲食している条件によっている。もし人々が苦しみを受け、幸せを受けているのは、かならず過去のもともとの行ないが原因であるというならば、これは正しい考え方ではない。その理由を喩えで説明しよう。

ある人が王を守るために敵を討った。そのおかげで多くの財宝を賜り、それによって現在幸せな生活をしていたとしよう。この人は現に幸せの原因を作り、現に幸せの報いを受けているのである。反対にある人が王の最愛の子を殺した。そのために命を失ってしまったとしよう。このような人は現に苦しみの原因を作り、苦しみの報いを受けているのである。

人々は現在、地・水・火・風によって、時や季節によって、土地や人々によって苦しみや幸せを受けている。だから私は人々は必ずしも過去のもともとの行ないが原因で苦しみや幸せを受けているのではないと説いているのだ。

もし悪業を断った因縁で解脱を得るのであれば、聖者はみな解脱を得ることはないだろう。なぜなら、人々の過去の行ないはすでに始めも終わりもないのだから。だから私は聖者の道を修める時、その道は始めも終わりもない行ないの活動を抑えると説いている。もし苦行して道を得ることができたら、畜生でも

みな道を得ることができなければならない。だからまず心を調え、制御して、そして身を調え、制御しな
603b ければならない。このことから、私はかつて
「この林を伐採せよ。ただし木を伐採してはならない。なぜか、恐怖心は林によって生じたのであり、木によって生じたのではないからだ。身を調え、制御しようと思ったら、まず心を調え、制御しなければならない。心は林に喩え、身は木に喩える」
と説法したことがある』

　スバドラはこれを聞いて言った。

『世尊、私はすでに心を調え、制御しました』

『スバドラ、あなたはどのようにして先に心を調え、制御することができたのか』

『世尊、私は先に欲望は無常であり、自分の思うようにならないものであり、不浄なものと観察し、肉体は恒常であり、好ましいものであり、清浄なものと観察していました。このように観察して欲望から起こる煩悩を断ち、欲望のない肉体を獲得しました。だから先に心を調え、制御したといったのです。

　次に肉体を観察しました。肉体は無常であり、腫れ物のようであり、傷のようであり、毒のようであり、矢のようであると観察しました。肉体を離れたものは恒常であり、清浄であり、静寂であると観察しました。このように観察して肉体から起こる煩悩を断ち、肉体を離れた境地を獲得しました。だから先に心を調え、制御したといったのです。

　次に心に起こる思いを観察しました。これも無常であり、腫れ物のようであり、傷のようであり、毒の

ようであり、矢のようであると観察しました。このように観察して思うこともなく、思わないこともないという境地を獲得しました。この境地はすべてを知り尽くした心のはたらきであり、静寂であり、清浄です。堕落することもなく、常住で、不変の境地です。だから心を先に調え、制御したといったのです』

『スバドラ、あなたはどうして心をよく調え、制御することができたといえようか。あなたがいま得た最後の境地はそれでもなお心の思いがあるところである。妙寂の境地はじつはまったくの思いがないところである。あなたは妙寂を得た境地にいない。

あなたは先に表面に現れた荒々しい思いを非難しているが、どうして潜在している細かい心の思いに執着している点を非難しないのだろうか。あなたが言う最後の境地はそれこそ心の思いである。腫れ物のようであり、傷のようであり、毒のようであり、矢のようである。

あなたの師ウッダカ・ラーマプッタはすぐれた能力があり、聡明な方であるかもしれないが、このような思うこともなく、思わないこともないという境地の思いを断つことができなかったので、恵まれない身分を受けたのである。ましてや他の者たちも同じである』

『世尊、どうすれば輪廻する苦の生存を断つことができるのでしょうか』

『スバドラ、もしものの真実を観察する心を持ったら、苦の生存を断つことができる』

『世尊、ものの真実の姿とはなんでしょうか』

『スバドラ、本来ものには固有の特徴がないことを特徴とするのが、ものの真実の姿である』

『世尊、では本来ものには固有の特徴がないことを特徴とするとはなんでしょうか』

『スバドラ、すべてのものには、もの自体の特徴、もの自体とは無関係のものの特徴、もの自体と無関係
のものとを共有する特徴、原因を持たない特徴などはない。ものにはなにかを作り出す特徴も、作られる
特徴も、作る主体の特徴も、作られるものの特徴もない。ものの特徴とものでない特徴もない。男とか女
という特徴もない。人という特徴もない。微塵の特徴もない。時節の特徴もない。自分のためという特徴
もなく、他人のためという特徴もない。また自他同時のためという特徴もない。あるという特徴も、ない
という特徴もない。生じるという特徴も、生じるものという特徴もない。原因という特徴もなく、原因の
原因という特徴もない。結果の特徴もなく、結果の結果という特徴もない。昼夜の特徴もなく、明暗の特
603c 徴もない。見るという特徴もなく、見る者という特徴もない。聞くという特徴もなく、聞く者という特徴
もない。知るという特徴もなく、知る者という特徴もない。さとりの特徴もなく、さとった者の特徴もな
い。行ないという特徴もなく、行ないをなす者の特徴もない。煩悩の特徴もなく、煩悩を起こす者の特徴
もない。

　スバドラ、このようにすべてのものはそれ自身の特徴を持たない点を観察するならば、それをものの真実を観察する心という。世間のすべてのものはみな虚しい仮の姿である。それが滅したところを実という。このように見ることを実想といい、真理の境地といい、畢竟の心のはたらきといい、世間の第一義の真理といい、第一義の空という。

　スバドラ、この思いは真理の境地であり、畢竟の心のはたらきといい、世間の第一義の真理といい、第一義の空という。下位の段階の観察では未熟な修行者のさとりしか得られないが、上位の段階の観察では

ブッダの最高のさとりを得ることができる』

以上のような教えをブッダが説いていた時に、一万の菩薩は真実を観察する知慧を取得し、一万五千の菩薩は真理の境地を取得し、二万五千の菩薩は畢竟の知慧を取得し、三万五千の菩薩は世間の第一義の真理を取得した。

この第一義の真理はまた第一義の空ともいい、また首楞厳三昧ともいう。四万五千の菩薩は虚空三昧を取得した。虚空三昧は広大三昧ともいい、智印三昧ともいう。五万五千の菩薩は不退転の境地を取得した。この不退転の境地はブッダの教えを理解したという安らぎの境地（如法忍）ともいい、真理の境地に似た境地（如法界）ともいう。六万五千の菩薩はダラニを取得した。このダラニは大念心ともいい、無礙智ともいう。七万五千の菩薩は師子吼三昧を取得した。この師子吼三昧は金剛三昧ともいい、五智印三昧ともいう。八万五千の菩薩は平等三昧を取得した。この平等三昧は大慈大悲ともいう。

数えきれないほどのガンジス河にある砂の数に等しい人々はブッダの最高のさとりを得たいという気持ちを起こした。数えきれないほどのガンジス河にある砂の数に等しい人々は出家して修行したいという気持ちを起こした。また、人間界と天界の二兆を数える女性が女の身体を男の身体に変身することができた。スバドラは最高の阿羅漢の境地に達した。

田上　太秀（たがみ・たいしゅう）

昭和10年（1935）生まれ。
最終学歴　東京大学大学院卒
職　　歴　駒澤大学教授、同副学長、駒澤大学禅研究所所長を歴任。
駒澤大学名誉教授・文学博士。

［主な著書］
『仏典のことば　さとりへの十二講』『ブッダのいいたかったこと』『道元の考えたこと』『ブッダ最後のことば』（以上、講談社学術文庫）、『ブッダの人生哲学』（講談社選書メチエ）、『仏教の真実』（講談社現代新書）、『ブッダが語る人間関係の智慧　六方礼経を読む』『仏教と女性』（以上、東京書籍）、『釈尊の譬喩と説話』『人間ブッダ』（以上、第三文明社レグルス文庫）、『迷いから悟りへの十二章』『ブッダの最期のことば　涅槃経を読む』（以上、ＮＨＫ出版）、『仏性とは何か』（大蔵出版）、『道元のこころ』（大法輪閣）ほか多数。

本書は、1996～97年に大蔵出版株式会社より刊行された
『ブッダ臨終の説法—完訳 大般涅槃経—』の新装版です。

ブッダ臨終の説法 ④ —完訳 大般涅槃経—

2022年11月11日　初版第1刷発行

著　者　田　上　太　秀
発行人　石　原　俊　道
印　刷　亜細亜印刷株式会社
製　本　東京美術紙工協業組合
発行所　有限会社 大　法　輪　閣
〒150-0022 東京都渋谷区恵比寿南 2-16-6-202
TEL 03－5724－3375（代表）
振替 00160－9－487196 番
http://www.daihorin-kaku.com

　ISBN978-4-8046-1440-3 C0015